鉄道の雑学大全《たいぜん》

通も知らない
驚きのネタ!

櫻田純［監修］

青春出版社

はじめに

２０１６（平成28）年、ＪＲ西日本が京都鉄道博物館を開業し半年余りで１００万人が来場しました。

ＪＲ東日本の鉄道博物館（埼玉県さいたま市）、ＪＲ東海のリニア鉄道館（愛知県名古屋市）と３大鉄道博物館が揃《そろ》ったわけですが、いずれ劣らぬ人気ぶりです。ここに来ると、かつて現役で走っていて見たり乗ったりしたことがある車両と再会することが出来ます。また、本やテレビ番組、インターネット等でしか見たことがない歴史的、文化的に貴重な車両も展示されています。さらに、展示を見るだけでなく実際にシミュレーターなどを使って運転を疑似体験したり、鉄道の仕組みや歴史を学んだりなど興味は尽きません。鉄道博物館がこのように人気なのは、日本人が鉄道に対して或《あ》る種特別な思い入れを持っているということでしょうか。

鉄道の楽しみ方は景色の良い路線の列車や魅力的な車両などに「乗ること」、車窓風景やかっこいい車両、ユニークなデザインの駅舎などを「見ること」、車内で駅弁や沿線の名物料理などを「食べること」、風景や鉄道車両の写真を「撮ること」、時刻表やインターネットなどを使って、あるいは実際に現地へ行ってみて「調べること」、思い出の鉄道車両や情景を模型として形に残すために「作ること」など様々です。

残念ながら旅情あふれる夜行列車は定期運用としてはなくなってしまいましたが、クルーズトレインというオリエント急行顔負けの豪華列車が次々と誕生しています。また、蒸気機関車の運転による地域の活性化の事例も増えています。このように鉄道は、単なる輸送機関でなく、過去・現在・未来にわたり時代や世代を超えて次々と新しい魅力を生みだしています。そこが、鉄道が人気のある理由なのでしょう。

本書は最新の鉄道事情よりも、むしろかつてこんなことがあった、こんな路線に乗ったことがあるといった過去から現在に向けた内容に軸足《じくあし》を置いています。だから、明治時代から昭和の戦前にかけて日本の鉄道が発展する過程での知る人ぞ知るエピソードも紹介しています。

さらに日ごろ何気なく通勤通学で利用している鉄道路線やその車両などで疑問に思っていることの謎解きも行なっています。

ああ、こんなことがあったな、そうだったんだと思い読んでいただければ幸いです。

櫻田　純

通も知らない驚きのネタ! 鉄道の雑学大全■目 次

第3章 思わず行って確かめたい！ 駅に秘められたミステリー

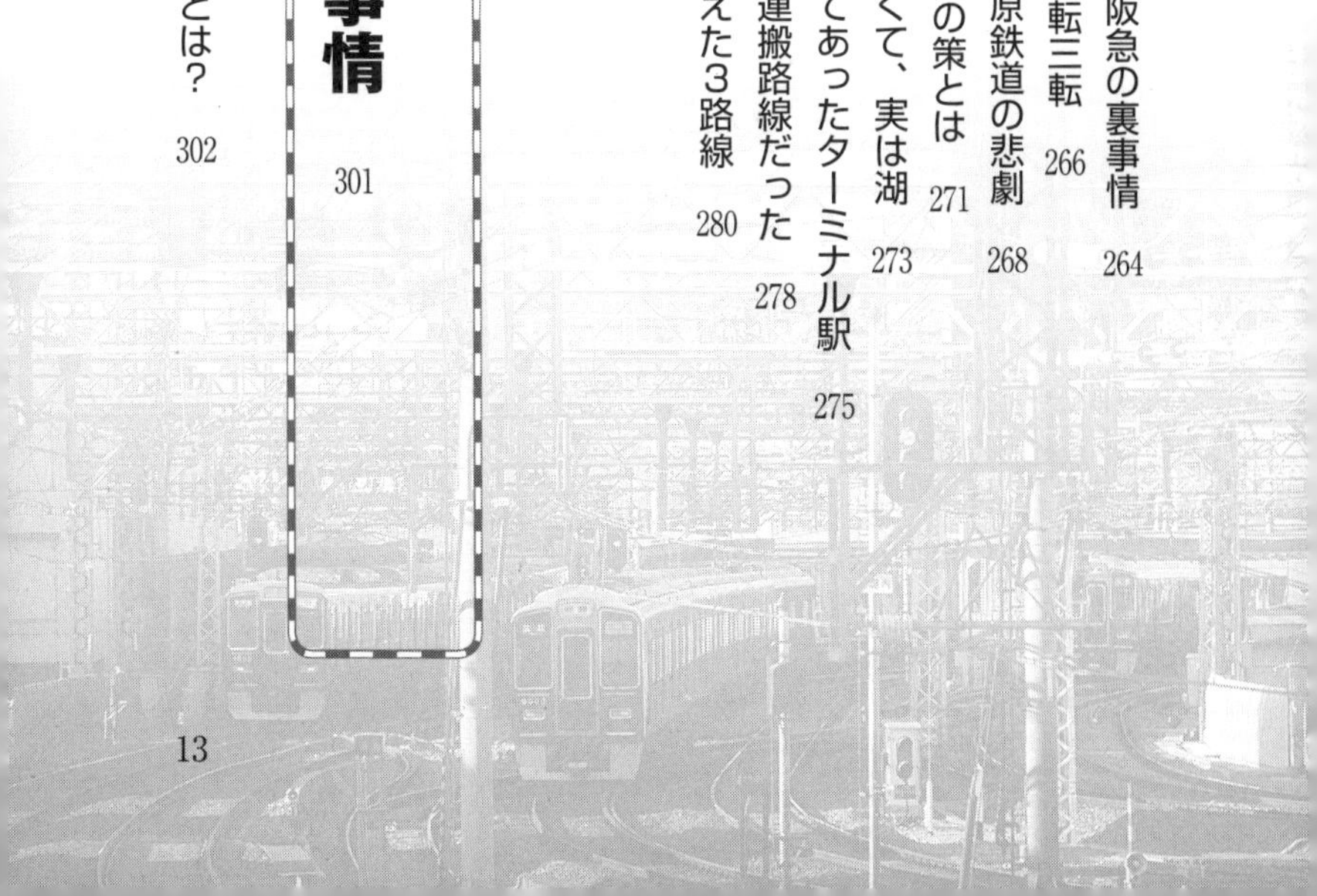

カバーイラスト提供■Rvector/shutterstock.com
図版・DTP■ハッシィ

＊本書に記載されている情報は、２０１７年１月現在のものです。価格・サービス等は予告なく変更されることがありますので、必ず事前にご確認下さい。

第1章

鉄道ファンも知ってビックリ！

鉄道地図の驚きの謎

山手線も大阪環状線も輪になっていないってホント？

東京の中心部を、ぐるりと回って走っているのがJR東日本の山手《やまのて》線である。外回り、内回りのどちらに乗っても都心を34・5㎞で一周できるし、郊外に延びる私鉄各線も山手線の駅から出発している。まさに首都の鉄道の基本といえる路線である。

しかし、じつはこの山手線、運転系統を表わす名称としては環状の路線区間を指しているが、正確には環状線ではない。本当の山手線の路線は、田端《たばた》〜新宿〜品川という円の西側の区間だけで、残りの田端〜東京間は東北本線、東京〜品川間は東海道本線の支線である。

しかもそれだけではなく、その中の新宿〜代々木間と東京〜神田間は中央本線というややこしさである。

つまり山手線の電車はつぎはぎの路線を走行していて、環状運転しているにすぎないのだ。「山手線」というのは、あくまで便宜上《べんぎじょう》の名称である。

路線の一部ができたのは明治時代のことで、もともとは環状運転をするために建設され

輪がつながっていない山手線と大阪環状線

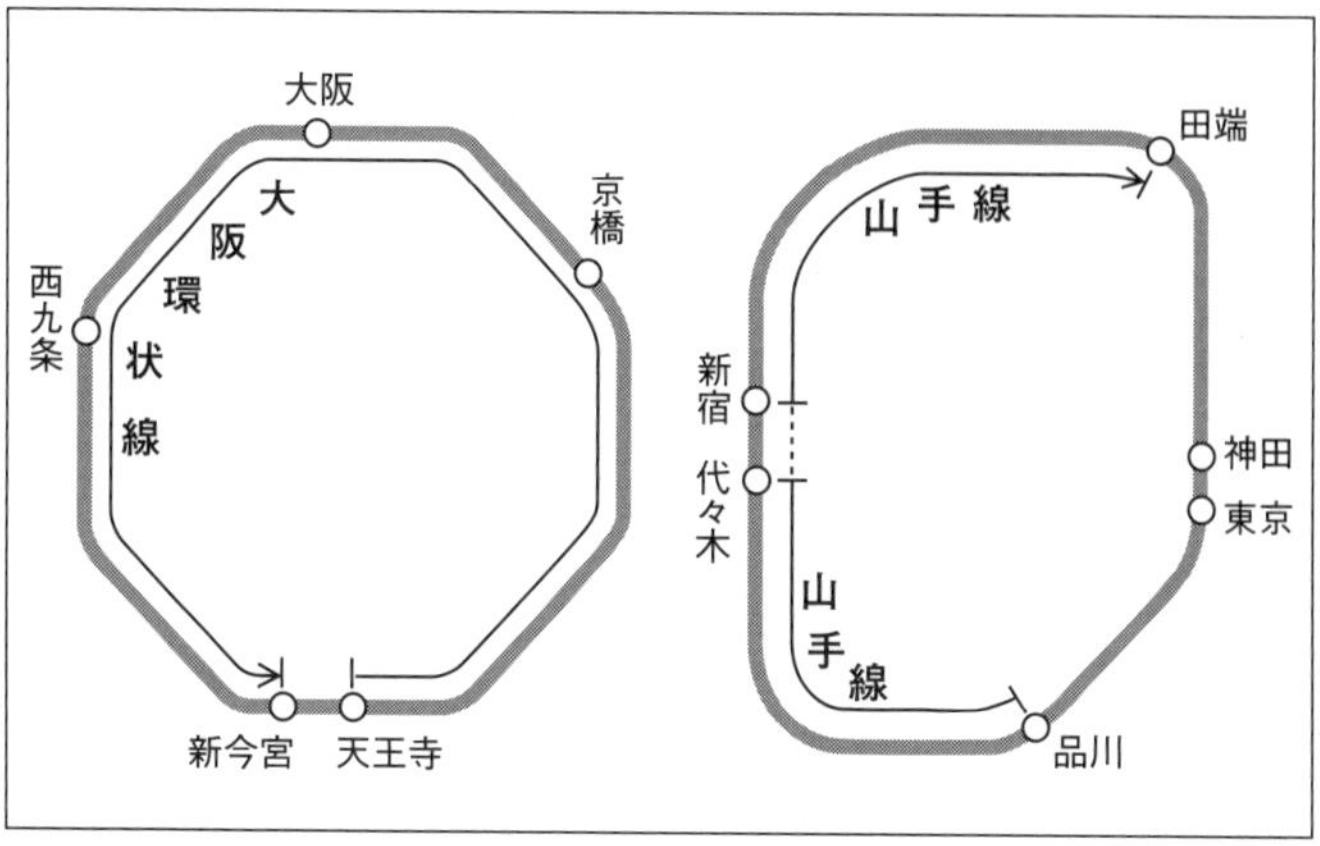

東京の山手線も大阪の環状線も、運行は環状だが路線は正確には環状ではない。

た路線ではなかった。だが、東京が大都市として発展していくつもの路線ができ、このようなコースを走ることが求められた結果、1925（大正14）年から現在のような環状運転が始まったのである。

回って走っている山手線であるが、正式には起点が品川、終点は田端ということになっている。

ＪＲ西日本の大阪環状線も大阪市を21・7㎞でぐるりと一周しているが、こちらも厳密な意味では、「大阪環状線」という名を裏切っている。

天王寺《てんのうじ》から京橋～大阪～西九条《にしくじょう》を経由して、天王寺の隣の新今宮《しんいまみや》に至る路線は大阪環状線だが、新今宮～天王寺のわずか1区間およそ1㎞だけは関西本線なのである。

こちらの成り立ちも複雑で、路線の一部ができたのはやはり明治時代のこと。その後、いくつもの路線がひとつになって大阪環状線となり、環状運転が開通したのは１９６１（昭和36）年のことである。ただ、当初は西九条で乗り換えるという運行で、現在のような環状運転となったのはその3年後のことだった。大阪環状線の起点は天王寺で、終点は新今宮である。

どちらも、運行が環状で、一般的な呼称も一本の路線として「山手線」と「大阪環状線」だ。輪がつながっていないと言われても初めは理解に苦しむが、大都市ならではの鉄道の歴史を経て現在のような形になったという経緯を知ると、なるほどという話である。

国土地理院の地図上から瀬戸大橋線が消されてしまったミステリー

本州と四国を鉄道で結ぶというのは、明治時代以来の懸案事項だったが、１９８８（昭和63）年瀬戸大橋の完成により、岡山県の児島《こじま》と香川県の坂出《さかいで》が結ばれた。ここにＪＲ四国が走らせているのが、岡山～松山間を結ぶ「特急しおかぜ」だ。これはまさに瀬戸内海をひとまたぎというスピードを誇る列車だが、瀬戸大橋からの瀬戸内海の眺めを楽しみたい人のためには、岡山〜高松間を走る「マリンライナー」が用意されている。リゾート列車らしい展望車両が連結してあるのだ。

瀬戸内海に浮かぶ櫃石島《ひついしじま》、岩黒島《いわくろじま》、与島《よしま》を経由して、三つの吊橋《つりばし》とふたつの斜張橋《しゃちょうきょう》とひとつのトラス橋で結び、いずれは新幹線も走らせられるよう複々線のレールが敷かれている。

このＪＲ瀬戸大橋線だが、国土地理院発行の５万分の１地形図には記載されていない。たしかに瀬戸大橋は描かれているが、黒白まだらの線路を表す地図記号がどこにも見当たらないのだ。同じように本州と九州、本州と北海道をつなぐＪＲの関門トンネルも青函トンネルも記載されているのに、瀬戸大橋だけがないのはいかがなものかといいたくなるが、これにはれっきとした理由がある。

国土地理院が制作する地形図は、航空写真をもとにつくられる。瀬戸大橋は２段構造になっていて、上が自動車道路、下が鉄道路線。上空から写真を撮ると自動車道路だけが撮影できて、下を走る鉄道路線は姿を見せない。そのため、瀬戸大橋として地図に記載されるのは、中央分離帯のある有料道路図だけになってしまっているのである。

ただし海上に描かれた橋の脇には「瀬戸中央自動車道・瀬戸大橋線」という路線名の併記がある。あくまで正確を旨《むね》とする国土地理院の地図だから起きてしまうことで、地下トンネルではないから関門トンネルや青函トンネルのような記号も使えないし、並べて描いたら橋が2本あると誤解されてしまうというジレンマなのだ。

富山〜長野間に線路のない鉄道路線があるって、ホント？

「立山黒部《たてやまくろべ》アルペンルート」は、3000m級の峰々が連なる山岳地帯を抜ける観光ルートだ。富山県の富山地方鉄道立山駅と、長野県のJR大糸《おおいと》線信濃大町《しなのおおまち》駅を結んでいて、四季折々の雄大な自然を体験することができるうえ、全線トンネルのケーブルカーや電気で走るトロリーバス、支柱が1本もないロープウェイなど、めったに体験することのできない乗り物が数多くあり、鉄道ファンにも非常に人気が高い。

ここで、「鉄道が走っていないのに、なぜ鉄道ファンの人気が高いのか？」と疑問に思った人も多いかもしれないが、じつはトロリーバスは、れっきとした鉄道なのだ。トロリーバスは、たしかに見た目はバスそっくりである。ただ、バスと決定的に違うのが、屋根の上の2本のポールから電気を取り込み、モーターを回転させて動力としている点だ。トロリーバスが走る道路の上に架線《かせん》が張られており、ここから電気を集めるのである。

関電トンネルのトロリーバス

トロリーバスは、屋根の上に架線とつながるポールを持つ。

だから、トロリーバスは、見た目はバスでも、架線のある場所しか走れない。このように、電車のような軌道はないが、あくまで架線の張られているところしか走行できず、走行路線が限定されるものを国土交通省では「無軌《むき》条《じょう》電車」といい、鉄道として分類されているのである。

鉄道事業法では、一般的なレールを敷いた鉄道を「普通鉄道」、「無軌条電車」の他にも、ケーブルカーを「鋼索《こうさく》鉄道」、モノレールを「懸垂式《けんすいしき》鉄道」「跨座式《こざしき》鉄道」、ゆりかもめなどの新交通システムを「案内軌条式鉄道」、さらにリニアモーターカーを「浮上式鉄道」と呼んでいる。

日本でトロリーバスが運行されているのは、ここ立山黒部アルペンルート内の扇沢《おうぎさわ》

〜黒部ダム6・1㎞を結ぶ関西電力の「関電トンネルトロリーバス」と、室堂《むろどう》〜大観峰《だいかんぼう》3・7㎞を結ぶ立山黒部貫光《かんこう》の「立山トンネルトロリーバス」の2路線しかない。

立山黒部アルペンルートでトロリーバスが採用されたのは、建設費用が普通鉄道よりも安いからという理由に加え、トロリーバスは排気ガスを排出しないため、自然環境への負担が小さいことと、ほぼ閉鎖空間であるトンネル内のみを走行する路線に適しているという理由からだ。

関電では1964（昭和39）年の開通当時からトロリーバスを採用しており、立山黒部貫光は、かつてはディーゼルエンジンを積んだバスが走っていたが、1996（平成8）年にトロリーバスに置き換えられた。

トロリーバスの路線は道路のように見えるが、設置されている信号機などの標識類はすべて鉄道とそっくり。バスが鉄道を走っているかのようなミスマッチの雰囲気が楽しめて、じつにユニークだ。

地下鉄にも踏切があるって、知ってる？

地下鉄にも踏切があると聞かされても、私鉄との相互乗り入れが普通になっている東京メトロの利用者は、奇異に思わないかもしれない。地下を走ってきたメトロ所有の車両が、高架化されていない私鉄路線の線路を走る光景は、よく見かけるからだ。

たとえば東武線竹ノ塚《たけのつか》駅は東京メトロ日比谷線が乗り入れており、その車両が駅そばの踏切でしょっちゅう人や車の流れを止めている。

ところが、私鉄他社との乗り入れがないにもかかわらず東京メトロ銀座線に踏切がある。しかも、この踏切が東京メトロが所有する線路で唯一のものだという。ただし営業区間ではなく、上野検車区と営業駅とを結ぶ線路上にあるものだから、乗客のいる状態で踏切を走ることはない。

場所は台東区東上野４丁目、銀座線稲荷町《いなりちょう》駅から歩いて10分ほどのところで、検車に向かう車両や、検車を終えた車両が営業路線から出入りするときに走ると、道路に遮断機が下りることになっている。おもしろいのは、遮断機が道路側だけでなく、線路側にもあること。線路側の遮断機は、いつもは下りていて電車が走行してこないことを示す。これは銀座線が、架線ではなく線路脇から電気をとっているため、間違って人が線路に入ってしまうと感電する危険性があるからだ。

道路に遮断機が下りて人や車の流れを止めると、線路の遮断機が上がって電車が走ってくる。道路を電車が横切るのは、一日平均5～10回くらいだ。朝夕のラッシュ前後が多いというから、その時間を狙っていけば珍しい光景が見られそうだ。こんな光景が発生することになったのは、上野検車区の構造が2層になっていて、地下だけでなく地上にも車両留置する設備があるためだ。

この検車区の歴史は古く、1927（昭和2）年の銀座線開通時から設けられていた。当時は工場兼検車場だったため、地下鉄車両の出し入れのときも踏切が作動していたという。1963（昭和38）年に工場が廃止されてからも、検車区機能だけは残され、安全走行のための点検が行なわれている。

「大阪行き」なのに大阪を通り越してしまう大和路快速の謎

電車にとって行先表示は大切なものだ。乗客にわかりやすくきちんと伝えなくては、乗り間違いにつながる恐れがある。

ところが、「大阪行き」と銘打《めいう》っていながら、大阪が終点にならない電車がある。関西本線大和路《やまとじ》線の大和路快速である。大和路快速は、奈良駅と大阪駅を結ぶ快速列車だ。と

大和路快速の運行

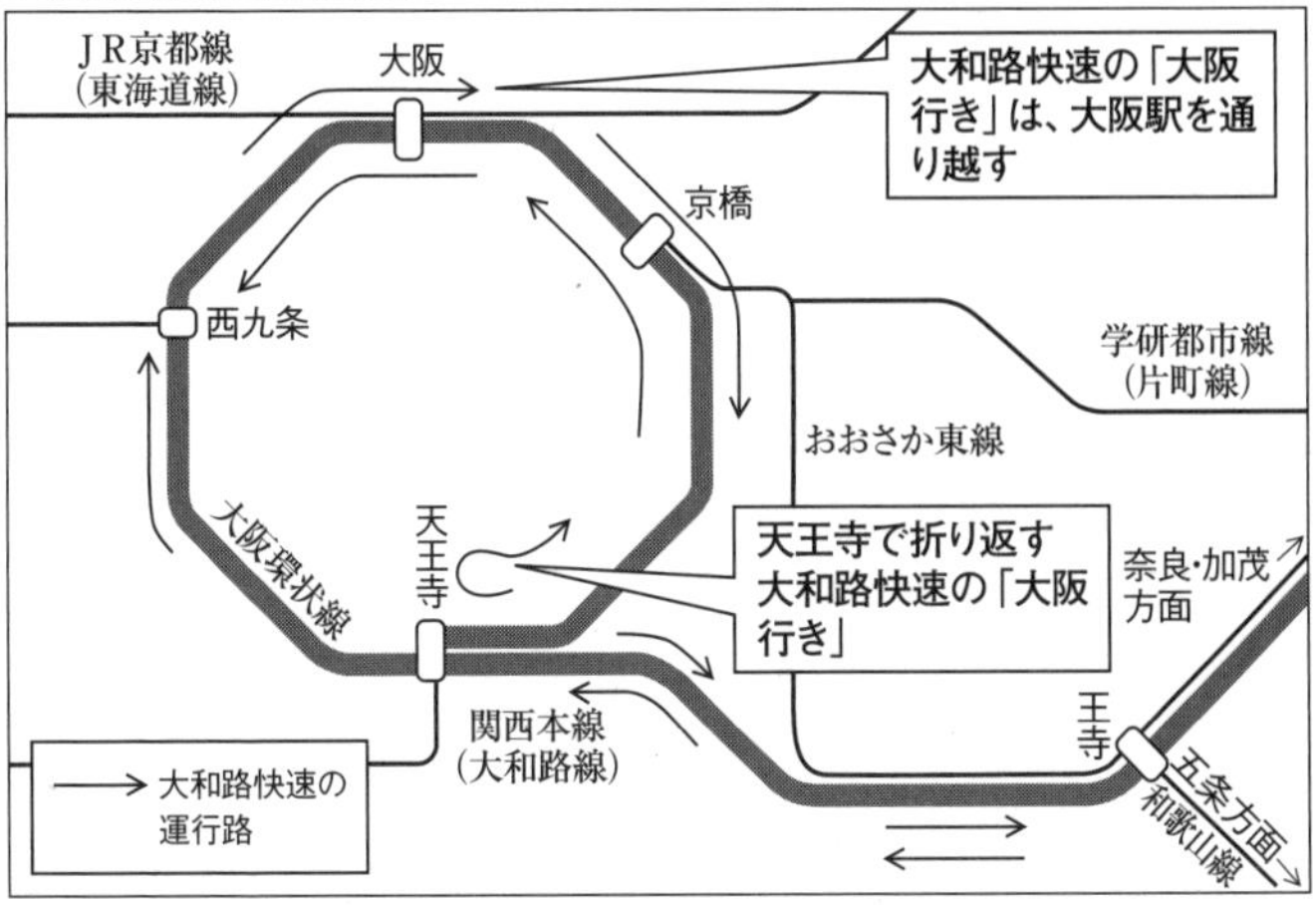

大和路快速は「大阪行き」なのに大阪を越え、天王寺で折り返す。

ところが、大和路快速は、大阪駅までは行先を「大阪」ではなく「大阪環状線」と表示して運行。そして「行先」だったはずの大阪駅で、行先表示が突然「天王寺行き」となり、実際に、列車は天王寺駅に向けて動きだしてしまう。

ここで、大和路快速の、なんとも妙な運行経路を見てみよう。まず奈良駅を出発した大和路快速は大阪市内まで順調に辿りつき、大阪環状線の天王寺駅から環状線に接続、環状線を半周して大阪駅へ到着する。ここまでは、ごくふつうの運行経路である。

ところが、大阪駅に着くと、折り返すのかと思いきや前述のとおりに、「天王寺行き」となり、進行方向を変えずにそのまま環状線を前進。ぐるっと回って天王寺駅まで走る。

そして天王寺駅に着いてやっと折り返し運転となり、今度は今来た線路を奈良駅に向かう。環状線をほぼ一周するような形を取ってから、環状線を離れ奈良駅へと向かうことになる。

このような不可解な運行をするのは、ひとえに大阪駅の事情である。大阪駅では、ホームの両側とも電車が発着できる〝島式〟ホームを採用している。そのために不都合が起きるのだ。

大阪環状線の福島駅側から大阪駅に到着した大和路快速は、外回りホームに入る。そこからすぐに折り返し運転をして、もう一度福島駅方面へ行けるのがベストなのだが、電《でん》留《りゅう》線（車庫）は、福島駅側にある。

そのため、折り返し運転をしたいなら、一度、電留線に電車を入れて、向きを変えなくてはいけない。そして、向きを変えた電車で、内回りホームから発車することになる。

とはいえ、大阪駅のなかでも環状線はとくに電車が頻発しており、そのような入れ替え作業をやっている暇がない。次から次へと電車が到着してくるからだ。そのうえ、大阪駅止まりの電車も多く、混雑している。大和路快速の折り返し運転準備のために、ほかの電車の運行を遅らせるわけにはいかないから、大和路快速は、天王寺駅まで行き、そこで折り返し運転のための作業をするというわけだ。

大阪駅で折り返さないで必ず天王寺駅まで行くのだから、「天王寺行き」にすれば矛盾がなくなり、すっきりする気がするのだが、それはそれで、環状線ゆえに誤って遠回りしてしまう利用者が出る恐れがあり、そう単純な問題ではないようだ。

4線分のスペースに井の頭線の線路が2線分しかないのはなぜ？

東京都の西部の羽村《はむら》市から都心に向かって、玉川上水《たまがわじょうすい》という用水路が流れている。江戸時代に建設された水路で、その姿は時代によって変わってきている。杉並区の旧玉川上水水道橋は、往時の名残だ。山手線の渋谷と中央線の吉祥寺《きちじょうじ》を結ぶ京王井《けいおうい》の頭《かしら》線は、明《めい》大前《だいまえ》駅を過ぎると旧玉川上水の水道橋《すいどうきょう》をくぐり抜ける。

井の頭線は上り下りの2線が走る複線だが、現在、水道橋に4線分のスペースが確保されている。近年、複々線化の計画が持ち上がって4線分の土地が確保されたわけではない。ではなぜ、余分に2線あるのだろうか。

この使われていない2線分の土地は、大正時代に構想された「東京山手急行電鉄」が走るはずだったスペースなのである。

旧玉川上水の水道橋付近

左側に2線分のスペースがある。

じつは、構想のみで幻に消えてしまった東京山手急行電鉄は、山手線のさらに外側を、現在の環状道路のように敷かれようとしていた。山手急行電鉄の計画とはこうである。

現在のＪＲ京浜東北線大井町《おおいまち》付近を起点に、世田谷～中野～田端～平井～洲崎《すさき》に列車を走らせようと考えた。また、通勤客だけでなく、旧国鉄と連携して貨物列車を走らせることも検討していたという。山手急行電鉄は、首都圏ほぼすべてのＪＲや私鉄と交差、すべての道路と立体交差させ、貨物用エレベーターの設置、隅田川での水陸連絡設備など、壮大なスケールの構想を持っていた。

なぜ、実現することができなかったのか。それは関東大震災、昭和初期の不景気と世界恐慌、日華事変《にっかじへん》など、次々に起こった天災や事件のために、鉄道会社自体が経営難に陥り、計画がすっかり流されてしまったのだ。こうした事態がなかったとして、構想のすべてが実現できたかどうかはわからない。しかし大胆な発想の計画だっただけに、構想のみで終わってしまったのは惜しいことである。

大都市・東京で25㎞もの直線路線が敷設できた意外なワケ

鉄道を敷くとき、なるべく直線にしたほうが、走行距離は短くなる。

当たり前のことだが、実際にはなかなか直線的に鉄道を敷くのは至難の技だ。鉄道は公共機関のため、多くの人が利用する。皆が利用しやすいところに駅を設けようとすると、多くの路線は回り道となり、曲線になってしまう。

そんななかで、理想的な直線路線となっているのが、東京都のＪＲ中央線の東中野～立《たち》川《かわ》間の25㎞だ。

この直線は、在来線に限って言えば、北海道のＪＲ室蘭《むろらん》本線の白老《しらおい》～沼《ぬま》ノ《の》端《はた》間の28㎞に次いで、国内で二番目に長い直線路線といわれている。

それにしても、大都市・東京で、このような理想的な直線路線を敷設できたのは、どのような努力がなされたためだろうか。

結論から言えば、意外にも「仕方がなかったから」「なりゆきで」ということになる。

現在の中央線の東中野～立川間を敷設したのは甲武《こうぶ》鉄道で、1904（明治37）年に飯《いい》田町《だまち》～中野間にはじめて電車を走らせた（路面電車は除く）会社として、鉄道史にその名を残している。

甲武鉄道の最初の計画では、甲州《こうしゅう》街道沿いに路線を設置するはずだった。しかし、周辺住民から猛反対されてしまった。

というのも、甲州街道沿いは宿場町が多かったからだ。宿場町は、旅人が泊まり、そこで飲み食いしてくれることで栄えていた。そこに鉄道が走ったりしたら、旅人は宿場町に泊まる必要がなくなってしまう。つまり、鉄道が開通することは、町にとっては死活問題になってしまうというわけだ。

甲武鉄道としては、荷物の運搬がおもな目的で鉄道を敷こうとしているものの、加えて旅人が列車に乗ってくれるなら、まさに一石二鳥になる。ぜひとも人口が多い町を経由したいというのが本音だった。

ところが、宿場町の住民だけならまだしも、そのほかの農民や住民からも反対の声が上がってしまったのである。「蒸気列車の黒い煙が農作物に悪い影響を与える」に始まって、

「列車の轟音《ごうおん》に驚いて牛が乳を出さなくなる」「魚が驚いて逃げてしまう」「火事になりやすい」など、理由もさまざまだった。

当時の蒸気機関車の煙突からは火の粉が煙と同じように吹きあげられていた。しかも、当時の住宅の屋根はワラぶきという事情があった。つまり、列車からの火の粉が屋根に落ちて火事になるということも、まったくの杞憂《きゆう》とはいえなかったのだ。

仕方なく甲武鉄道では、甲州街道沿いをあきらめ、青梅《おうめ》街道沿いを第二の候補としたが、こちらも同じように反対されてしまった。そこで、大きな町がない、辺鄙《へんぴ》な土地に路線を敷くことにしたのである。

その路線が、甲州街道と青梅街道のちょうど真ん中にあたる、現在の東中野～立川というわけだ。

人が少ない土地に鉄道を敷くのなら、せめて効率よく走れるように直線にしようということになったのである。当時の沿線は武蔵野《むさしの》という呼び名がふさわしい広大な雑木林《ぞうきばやし》であった。

また、この路線近くには、境村《さかい》、立川村、砂川村《すながわ》があったが、これらの地域では、鉄道反対ではなく賛成の声が多く協力的だったので、これらの村を結ぶと直線になったという背景もある。

地下鉄だから気づかないが、副都心線は意外と急勾配

２００８（平成20）年６月に開通した東京メトロ副都心線は、和光市《わこうし》駅（埼玉県）から小竹向原《こたけむかいはら》、池袋、西早稲田、新宿、神宮前《じんぐうまえ》、渋谷駅までの路線で、「都市高速鉄道13号線」として構想された。和光市～池袋までは東京メトロ有楽町線として１９８７（昭和62）年に開業していた。

２００８年に新しく開業したのは、池袋～渋谷間までの残りの８・９㎞である。副都心線は、池袋、新宿、渋谷と、いずれも多数の路線が乗り入れている３大副都心を縦断していることから、その名がついた。

副都心線のラインカラーは茶色。東京メトロの最新車両が走る。この車両は、２００７―２００８年グッドデザイン賞を受賞したもので、車両内部のドアには東京メトロ初の液晶案内モニターも設置された。

この副都心線が〝最新〟なのは、車両だけではない。建設技術も、最新のものが随所に導入されている。

東京メトロ副都心線の急勾配

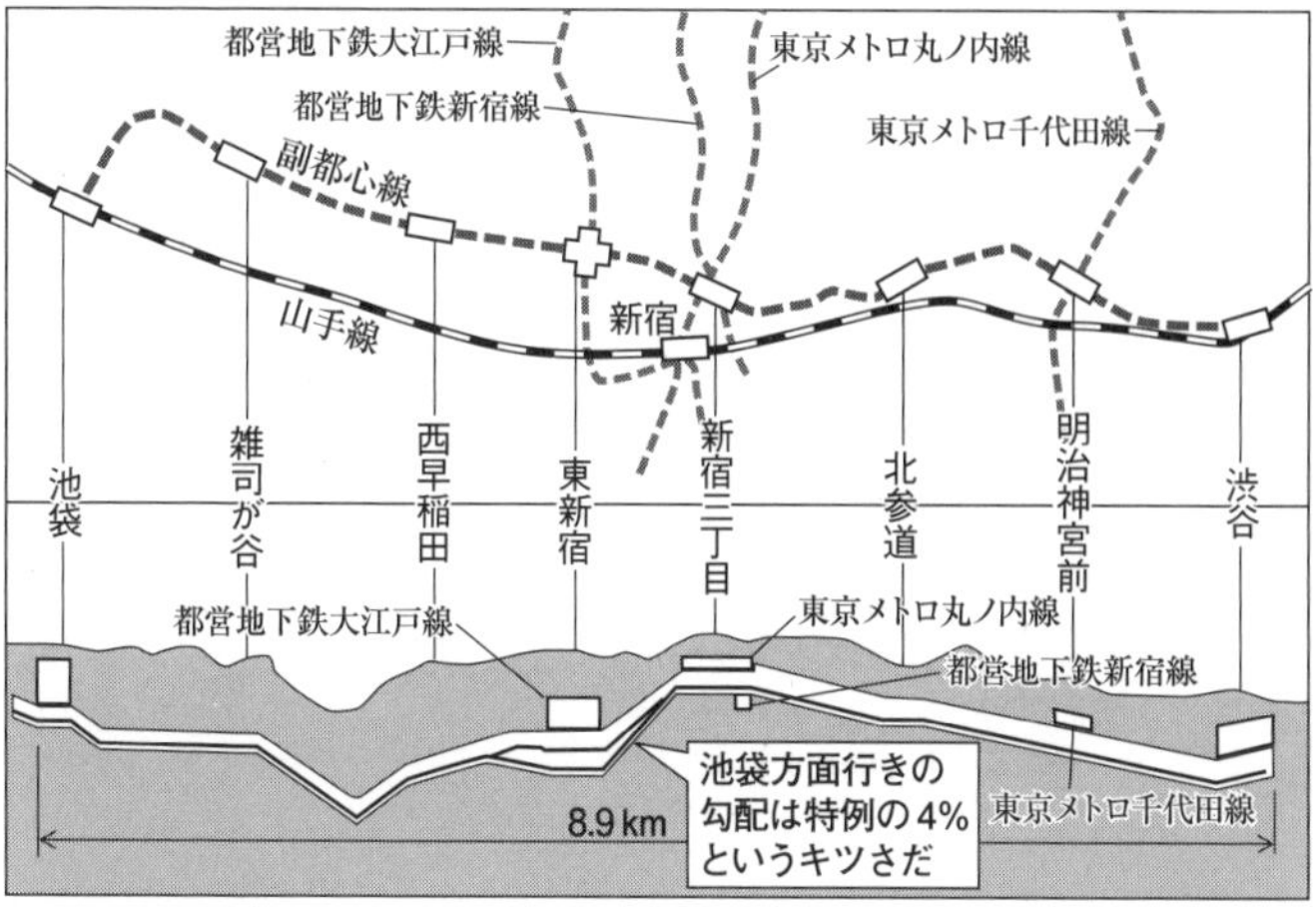

既存の地下鉄を避けつつトンネルを掘ったため、勾配がキツくなった。

たとえば、明治神宮前～渋谷間の７３８ｍのトンネル工事では、複合円形シールド工法（イー・マック工法）が採用された。これは断面が楕円形になるように掘削《くっさく》できるため、完成したのちに不要となる掘削空間を極小化する工法だ。

また、池袋～雑司《ぞうし》が谷《や》の間は、親子シールド工法により、駅舎とトンネルを１台のシールド機で構築した。

渋谷から池袋までの様子を断面図で見ると、アップダウンを繰り返す複雑な路線になっていることがわかる。これは、電気や下水道、そして既存の地下鉄などがこの路線の経路途中に密集していて、その間を縫うように８駅を設置するという〝荒技《あらわざ》〟を実現しているからだ。

なかでも、新宿三丁目から東新宿までの1・1㎞の区間は、4％の下り勾配《こうばい》となっている。通常の設計基準で認可されるのは勾配が3・5％以内。国土交通省から特例として認められたものである。

新宿三丁目では東京メトロ丸ノ内線の下でかつ都営地下鉄新宿線の上を、東新宿では都営地下鉄大江戸線の下を走るための究極の選択だった。

副都心線の計画が提出されたのは1972（昭和47）年のこと。もっとも、このときの計画では新宿が終点とされており、85年に終点は渋谷と変更されたが、完成したのは2008（平成20）年である。

最初の計画から換算すると36年。現在の路線の形に最終決定されてからでも、じつに23年の月日をかけた大事業だったのだ。

線路のカーブが明かす新京成線と旧日本陸軍の意外な関係とは？

新京成《しんけいせい》電鉄は、千葉県松戸《まつど》市にある松戸駅から千葉県習志野《ならしの》市にある京成津田沼《つだぬま》駅まで、走行距離26・5㎞、24駅からなる路線だ。営業距離や駅数からみても、それほど大きな規

新京成の急カーブ

カーブを曲がる新京成線の車両。同路線では鉄道連隊に由来する急カーブが連続する。

模の路線ではないものの、朝夕のラッシュ時には多くの通勤客でごったがえす。

　この電車に乗ると気付くが、とにかくカーブが多い。それも半端ではない急カーブだ。そのカーブのすごさを実感したいなら京成津田沼駅から新津田沼駅までのひと駅間、1・2㎞区間を乗るだけでも、十分に味わえるだろう。

　京成津田沼駅と松戸駅を結んだ直線距離は15・8㎞だから、営業距離26・5㎞との差し引き10・7㎞の距離をくねくねと迂回《うかい》して走っていることになる。

　山岳地帯などでは勾配を稼ぐために、あえてカーブを増やすこともあるが、新京成が走っているのは平地である。マンションや一戸建てが立ち並ぶ住宅地を縫うように走っている。カーブが多いと、スピードも落とさなければならない。「真っすぐに線路を敷けば、もっとスピードアップできたろうに」と誰もがそう考えるだろうが、じつは、これにも深い理由がある。

新京成電鉄の鉄道線路は、大半が旧日本陸軍鉄道第二連隊の旧軍用鉄道を転用したもので、陸軍鉄道練習部の演習線を利用している。

カーブが多いのは、運転の練習のために故意に曲げて敷設《ふせつ》したため。それを、受け継いだものなのだ。

新京成電鉄では、このカーブの多い路線を安全に運行するために、大きく曲がるカーブ部分でも運転台から確認しやすい場所に信号機や標識等を設置するなどの工夫をしている。

また、踏切の数が81ヶ所、平均間隔327mと多いため、踏み切り接近時には信号はもとより、踏切内の支障物の確認にはとくに注意して運転をしているそうだ。

車で幹線道路をわずか5㎞走行する間に、4ヶ所も新京成線の踏切を渡る区間もある。

鉄道軌道のカーブは乗務員にとっても乗客にとってもありがたいこととは言えないが、曲がりくねった線路は歴史の碑《いしぶみ》であり、これも線路の個性といえるだろう。

たったひと駅しか走らない、もったいない列車がある？

日本の鉄道でいちばん保有する路線の長さが短い鉄道会社は、千葉県の成田国際空港内にある東成田駅と、芝山千代田《しばやまちよだ》駅の２駅を結ぶ芝山鉄道で、その距離、わずか２・２㎞。所要時間はわずか４分でしかない。

だが、列車運行の距離に注目すると、さらに短い路線がある。たとえば、阪和《はんわ》線の鳳《おおとり》～東《ひがし》羽衣《はごろも》間（大阪府）はたったの１・７㎞しかなく、鳳駅で始発の電車に乗ると、次は終点の東羽衣駅になる。鳳～東羽衣間は単線のため、電車はピストン輸送している。特徴は、俗に「盲腸線」と呼ばれるように、その路線の駅が、ほかの鉄道路線と接続していないことだ。

たったひと駅だけの路線とは、とても無駄な気がするが、実情はそうではない。ＪＲ阪和線と南海本線との短絡線として通勤や通学の需要が多いために、ひと駅区間だとしてもわざわざ電車を走らせているのだ。

その証拠に、鳳～東羽衣間の電車は、上下線合わせると、１日１４８本にもなる。いかに、多くの乗降客に利用されているかがわかるだろう。

同様にたったひと駅しか走らない電車は、この鳳～東羽衣間に限ったことではなく、全国にも例があるが、その背景事情には、いくつかのタイプがある。

まずは、鳳～東羽衣間のように、通勤や通学の需要のためといったケース。たとえば、鳳～東羽衣間のほかに津山《つやま》線の岡山～法界院《ほうかいいん》（岡山県）の路線がある。法界院駅の近くに岡山大学や岡山理科大学があるため、大学へ通う学生や教員たちの足になっている。

ふたつめのケースとしては、ＪＲの新幹線や特急が停まる主要駅の位置が街の中心部より離れている場合である。

東能代《ひがしのしろ》駅（秋田県）は、奥羽《おうう》本線の特急電車の停車駅だが、街の中心からは遠く、駅前にはタクシー数台が停まっているぐらいである。そこで、街に近い能代駅までのひと駅を走らせることで、特急電車の乗降客の便宜を図《はか》っているが、実際は東能代～能代間は、五能《ごのう》線の中の一区間にすぎない。

山陽新幹線の小倉～博多間（福岡県）のケースは、非常に珍しい新幹線のひと駅走行である。

併行する在来線があり、新幹線はＪＲ西日本、在来線はＪＲ九州の管轄となるため、お互いに競合していることから、新幹線側はひと駅走行を実施しているのである。

小湊を通っていないのに、なぜ小湊鉄道というの？

房総《ぼうそう》半島の外周を囲むように走っているＪＲの路線が内房《うちぼう》線と外房《そとぼう》線だ。

小湊《こみなと》鉄道線はその東京湾側の内房線五井《ごい》駅から内陸部に向かい、上《かず》総《さ》中野《なかの》駅で、いすみ鉄道とドッキングする。いすみ鉄道は太平洋側の外房線大原駅から分岐して延びている路線である。この小湊鉄道線、その路線に「小湊」と名の付く駅はない。にもかかわらず、なぜ小湊鉄道線という名がついているのか。

明治に入って鉄道網がつくられ始めたころ、鉄路は江戸時代から要衝の地だったところを経由して敷設されていった。海岸沿いにはそうした地が多く、やがて鉄道の国有化が始まると、内陸部を走る路線はあと回しになるケースも出てきた。房総半島もそのひとつである。

１９１７（大正６）年、東京湾沿いを走る国鉄の五井駅と太平洋側の町、小湊を結ぶ計画を立て１９２５（大正14）年に五井駅側から新しい鉄道会社が開業した。このとき会社名を、最終目的地の町名からとって「小湊鐵道《てつどう》」とし、これが路線名となったのである。

小湊鉄道線

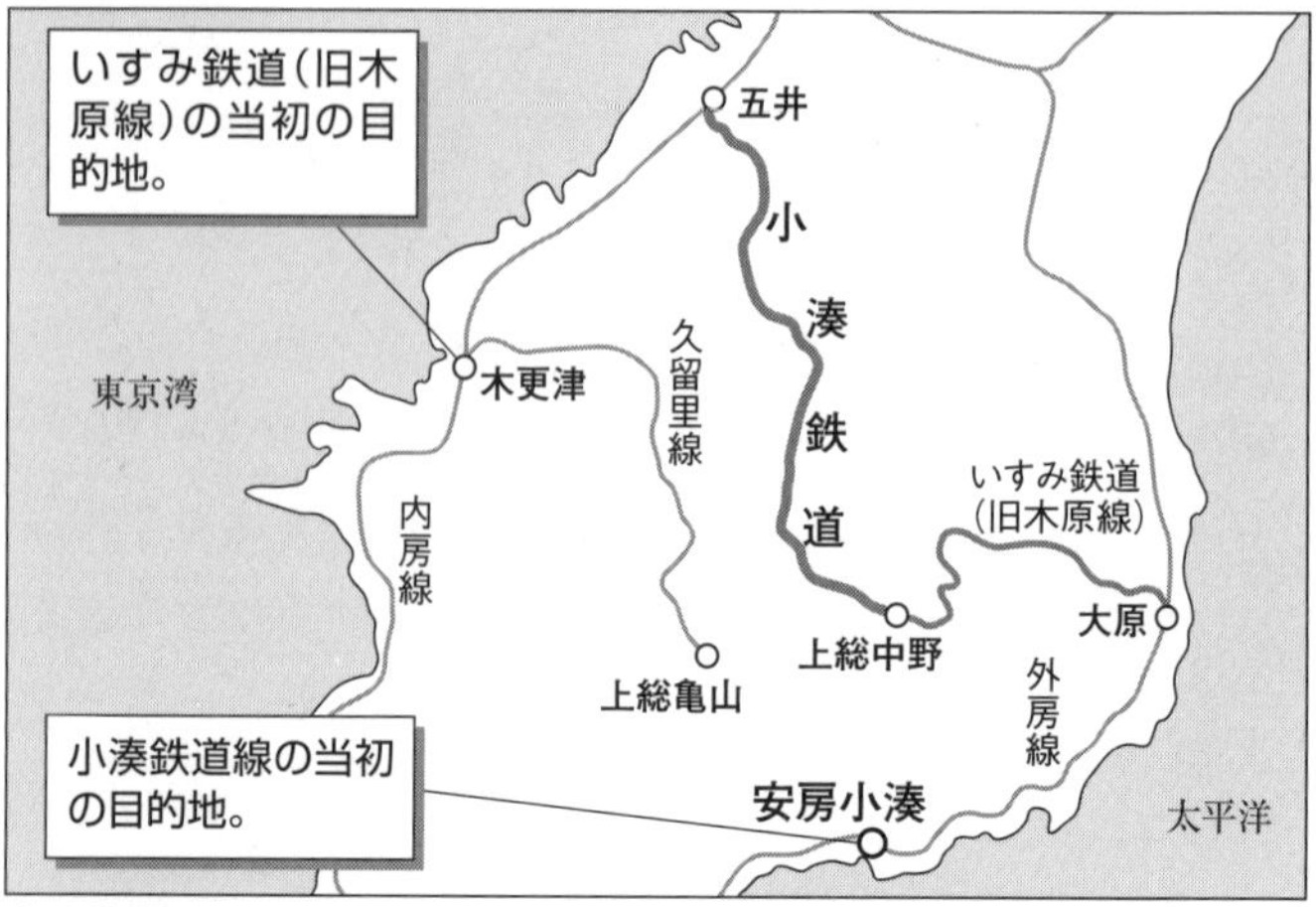

小湊鉄道は、安房小湊と接続することなく、離れたところを走る。

ところが路線が上総中野駅まで延線した1928（昭和3）年、小湊鉄道線は国鉄が大原から延線していた木原《きはら》線の上総中野駅とぶつかった。目的地の安房《あわ》小湊ではないものの、小湊鉄道線は、結果的に太平洋側とつながったので、そこから先の工事を中止してしまった。

それでも路線名と会社名はそのまま残され、開業当初に託した夢を今に伝えているのである。

一方の国鉄も、当初は東京湾岸の木更津《きさらづ》と太平洋側の大原を結ぶつもりで木原線の工事を進めていたところ、上総中野で小湊鉄道線と結ばれたことで内陸部の連絡線が完成したと考え、木原線の工事を中止。ここでも「木」更津と大「原」を結ぶ予定の木原線という名称が残ることとなった。

東京湾側の木更津から進めていた工事は、上総亀山まで完成したところで中止となったが、これが現在の久留里《くるり》線である。木原線はその後、第三セクターのいすみ鉄道となり、路線名もいすみ線と改称され、今日に至っている。

全国で唯一、地下鉄が環状運転するのは名古屋市営地下鉄だけ？

地下鉄は全国で都市部の便利な移動手段として利用されている。

最も地下鉄網が発達しているのは東京だ。２００８（平成20）年には東京メトロ副都心線が開業し、13本もの路線が走っている。「網の目」とよくたとえられる東京の地下鉄だが、じつは環状の路線は存在しない。ところが、東京にもない環状地下鉄が存在する都市がある。

全国で唯一、地下鉄が環状運転をするのは愛知県名古屋市の名古屋市営地下鉄名城《めいじょう》線。名古屋市営地下鉄の路線数は６本と、東京の半分以下、大阪の８本よりも少ないが、環状地下鉄の整備はこれら二都市に先駆けた。

名城線の大きさは、山手線と大阪環状線のちょうど中間くらい。山手線が一周34・5㎞、大阪環状線の一周は21・7㎞に対して、名城線は26・4㎞である。山手線には及ばぬものの、かなりの規模である。28の駅があり、最短48分で環状線をぐるりと一周する。じつは名古屋は地上よりも地下のほうが鉄道が発達しており、全長80㎞近い路線網を誇っているのだ。

名古屋市営地下鉄は、2004（平成16）年10月6日に名城線の名古屋大学〜新瑞橋《あらたまばし》間を開通したことで、完全な環状運転をするようになった。

それまでは、名古屋市の西側に、半円のような路線ができている状態だったのである。環状線は、地上に敷かれる計画も何度か浮上したらしい。しかし、その度に立ち消えになってしまっていた。

名古屋は自動車への依存度が高く、100m道路と称される幅の広い道路が2本も整備されるなど、道路は発達している。

一方で、地上の鉄道整備は後手にまわりがちだった。代わりに公共の交通機関として名古屋で発達したのが地下鉄だったというわけだ。

その地下鉄で環状化が計画され、名古屋でかねてから懸案であった鉄道の環状運行がついに実現されることとなったのである。

走って追い抜ける？　飯田線5駅6㎞のカラクリとは

ＪＲ飯田《いいだ》線は明治時代から私鉄によって建設が進められた路線で、豊橋《とよはし》と辰野《たつの》を結ぶ94駅、全長１９５・７㎞、普通列車の所要時間が片道約6時間の長い路線である。単純計算では、時速32㎞程度しか出さないのんびりした路線ということになるが、これはもともとが私鉄だったために駅間隔が狭いことと、山間部を走ることが多いためスピードがあまり出せないのだ。

途中、深い山と清流が車窓に変化を与えており、観光シーズンにはトロッコ列車も走る。天竜川に沿って走ったかと思うと、飯田から辰野にかけての伊那谷《いなだに》と呼ばれるあたりは、列車はカーブを繰り返しながら、いくつもの鉄橋を渡り、窓の左右に中央アルプスと南アルプスを望むことができる。

景色の良さだけでなく、珍しい光景を見ることができるのも飯田線の魅力だ。田切《たぎり》駅付近では、Ωの形をしたカーブがあるし、向市場《むかいちば》駅と城西《しろにし》駅の間には、渓谷を渡り始めたかと思ったら、反対岸に渡らずに元の岸へと戻る鉄橋もある。

飯田市街地付近のJR飯田線

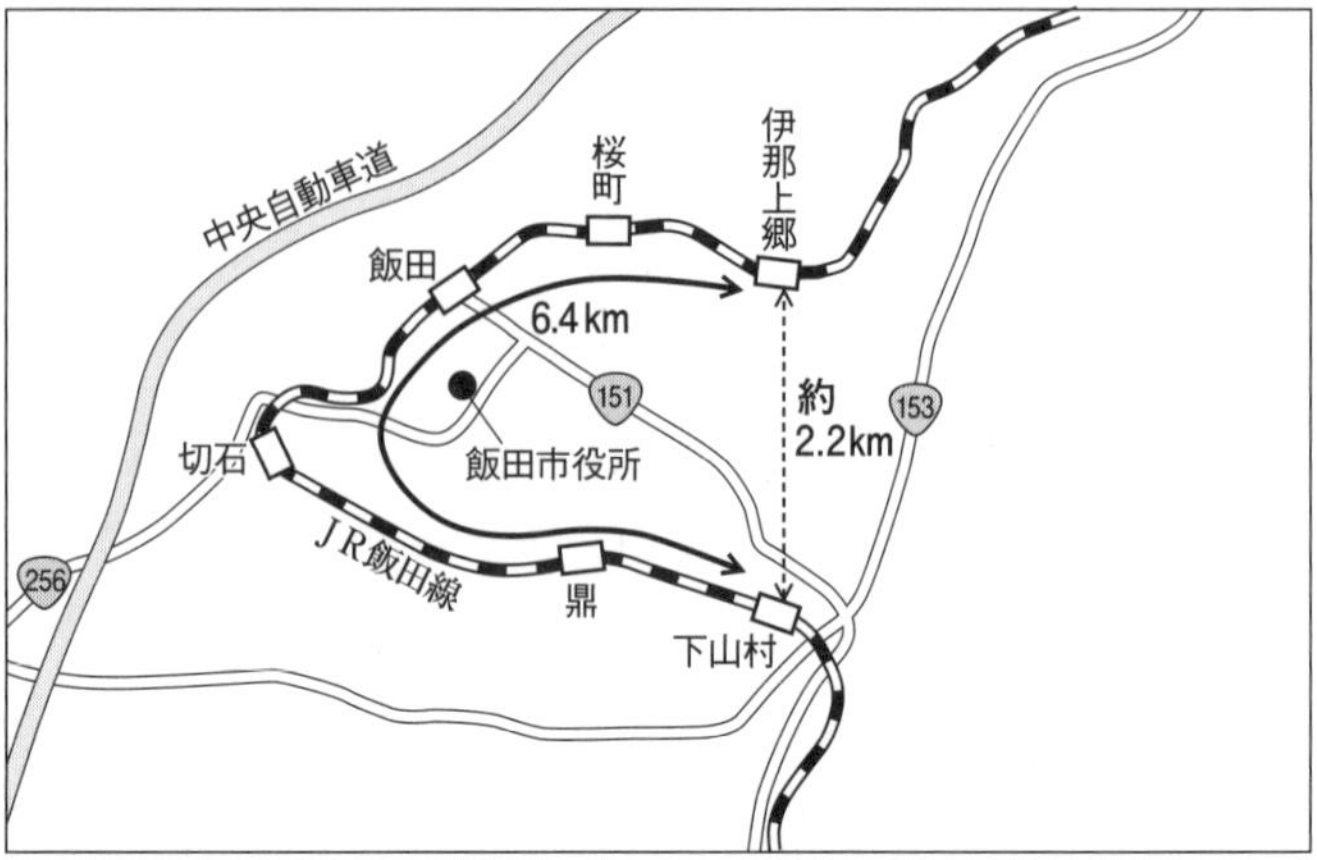

伊那上郷～下山村まで直線距離・約2.2km。列車の所要時間14分なら走って列車に勝つのも可能。

路線がユニークな形に敷かれている場所が多い飯田線のなかでもユニークなのが、次の区間だ。

伊那上郷《いなかみさと》駅で天竜峡《てんりゅうきょう》方面行きの電車に乗らなければいけなかったのに、電車は目の前で発車してしまった——。これは大ピンチ！ でも、諦《あきら》めることはない。すぐさま市街地南部に向けて走り出そう。2・2㎞の距離を14分で走りとおすことができたら、5つ先の下山村《しもやまむら》駅で、今乗り遅れた電車に追いつけるのだ。

5つも先の駅まで電車を走って追いかけるなど、常識的には有り得ない話。ところが、飯田線の伊那上郷駅から下山村駅までは、線路が飯田市の市街地を回り込むように大きく迂回《うかい》している。路線がU字を描くこの区間には、6・4㎞の路線内に5つもの駅があり、所要時間は14分ほど。伊那上郷駅と下村山駅の間は、直線距離にすると2・2㎞しかないので、ちょっと健脚な人なら、十分に走って追いかけられるというわけだ。

ただ、両駅を結ぶ直線道路はない。実際に走るとなると、14分で2・2㎞以上走る必要がある。

路線図に偽りあり？飯田線はそんなに蛇行していなかった

もう一つ飯田線の話題。時刻表の索引地図を見るとかなり大きくグニャグニャ蛇行《だこう》した路線図が描かれている。乗車したら南へ東へ、今度は西へと方向転換がさぞや目まぐるしいかと思いきや、実際の鉄路は、時刻表の路線図から想像するほど大きく曲がってはいない。

では、どうして「索引地図」では大きく蛇行して描かれているのだろうか。

その答えは、なんと「誌面の都合」だ。というのもこの路線には駅の数が94駅と多いため、実際の路線の形で路線を描こうとすると駅を表わす○印が書ききれなくなるのだ。つまり、狭い誌面に駅名を入れるために、やむなく蛇行させて描いているのである。

実際、他の路線に比べて圧倒的に駅の数が多い。

飯田線は全長195・7㎞に94もの駅がある。つまり、2㎞ごとに駅がある計算だ。JR線のひと駅区間の平均距離は約4㎞であることを考えると、その多さがわかるだろう。

これではまるで大都市の鉄道並みの間隔。飯田線にそれほど多くの駅が必要なのかと言うと、これがそうともいえない。沿線人口がとくに多いわけではなく、それどころかそのほとんどが、のんびりと山間を縫うようにして走る路線なのである。なかには駅として実際に利用されてないのでは？　と思うところも。とてもではないが、これほどの数の駅をつくる必要があったようには見えないのだ。

ならば、いったいどうしてこんなに駅を多く設けたのだろう。それは、飯田線が複数の私鉄を統合した路線だったからである。

飯田線の前身は古く、1897（明治30）年に開通した豊橋～豊川《とよかわ》間の豊川鉄道に始まった。

その後、他の私鉄も合わせて豊川上流の三河川合《みかわかわい》まで延びていった。一方、長野側からも1909（明治42）年以降、鉄道敷設《ふせつ》が始まった。そして、南北から延びてきたそれぞれの鉄道を結んだのだ。愛知の豊橋から長野の辰野まで4つの私鉄で構成する一本の路線が誕生したのである。

その内訳は豊橋〜大海《おおみ》間の「豊川鉄道」、長篠《ながしの》（現・大海）〜三河川合間の「鳳来寺《ほうらいじ》鉄道」、三河川合〜天竜峡間の「三信《さんしん》鉄道」、天竜峡〜辰野間の「伊那電気鉄道」。これらはいわば、地域密着型の路線であり、特定の地域内の人々を運ぶことを目的に設けられたもの。そのため、地域内の移動に便利なようにこまめに駅がつくられたのである。これが１９４３（昭和18）年、軍事的な目的から国鉄に買収されて豊橋〜辰野を走る国鉄飯田線として生まれ変わったが、駅はそのまま持ちこされたというわけだ。

それから半世紀以上経った今、飯田線の西側を走る中央本線の名古屋〜松本間が乗り継ぎながらの旅でも3時間半なのに対し、飯田線は直通を利用してもその倍近くの時間がかかるのだ。

全国でも珍しいＪＲがひと駅だけ途切れる高知のある区間

四国の西南部を列車で楽しむなら、土讃《どさん》線から予土《よど》線へつながるルートがかなり面白い。

土讃線は香川県の多度津《たどつ》から四国を南北に縦走して高知へ、高知から土佐湾沿いに窪川《くぼかわ》へ至る路線で、四国山脈を越えて瀬戸内と太平洋沿いを結んでいる。途中には、金毘羅《こんぴら》の門前駅・琴平《ことひら》や、深い谷の底にあるスイッチバックの駅・坪尻《つぼじり》や新改《しんがい》があり、吉野《よしの》川の川岸をのんびり走るかと思えば、深い渓谷で有名な大歩危《おおぼけ》、小歩危《こぼけ》渓谷も通過する。

高知県に入ると、伊野《いの》から佐川《さかわ》に向かう道と並行して走る。この道は幕末の志士《しし》・坂本《さかもと》龍馬《りょうま》の「脱藩《だっぱん》の道」として有名だ。さらに、広大な太平洋を左手に見ながらいくつかの峠を越えると、やがて終点窪川に至るのである。

ここで土讃線は終了し、次に予土線へ。予土線は、窪川のひとつ隣にある若井《わかい》から愛媛の北宇和島《きたうわじま》へと続く路線で、四国が誇る清流・四万十《しまんと》川に沿って走る。とくに土佐大正《たいしょう》から江川崎《えかわさき》までは四万十川が間近に迫り、増水すると水中に沈む有名な「沈下橋《ちんかばし》」もある。トロッコ列車も運行されており、四万十川の自然を満喫できるルートだ。

さて、ここまでの沿線ガイドを読んで、違和感を覚えた方はいないだろうか。土讃線の終点は窪川、予土線の起点は、その隣の若井。では、窪川駅と若井駅との間はどうなっているのか。

そう、この両駅の間が、全国的にも珍しいJRがひと駅だけ途切れた場所なのである。とはいえ、実際には窪川駅のJR線ホームには予土線の列車がちゃんと乗り入れており、なんら問題はない。

ＪＲ四国の路線網

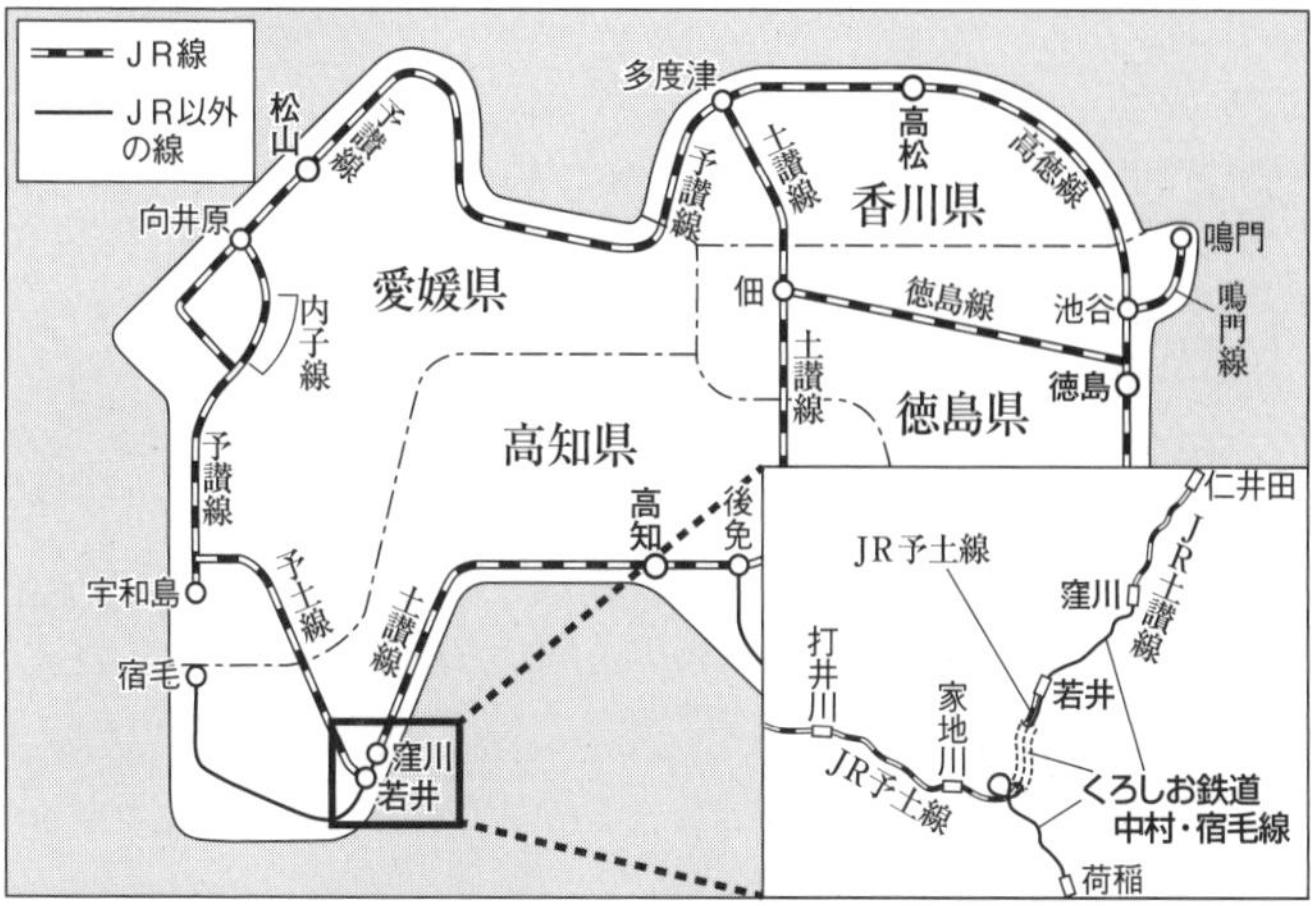

土讃線窪川と予土線岩井は隣駅だが、間を結ぶのはＪＲ線ではない。

じつは、窪川と若井の間は、第三セクター土佐くろしお鉄道の中村線だ。

中村線は、窪川から若井を経て、太平洋の海岸沿いに中村へと向かう路線だが、かつては国鉄の路線で、国鉄再建法に基づいて民営化される際、１９８６（昭和61）年５月27日に廃止対象となったのだが、土佐くろしお鉄道が運営を継承することで存続した路線なのである。

四国の西南部を走る土讃線、中村線、予土線の３路線がすべて国鉄の路線だった頃には、土讃線の終点・窪川を中村線が起点とし、中村線の窪川からひと駅目・若井から予土線が分岐するという路線図は、特段、不自然だったわけではない。

しかし、３線のうちの中村線のみがＪＲで

はなく第三セクターに継承されたため、窪川と若井は「隣り合ったJR四国の駅なのに、他社線を経由しなければ接続できない」という、すっきりしない区間となってしまったのだ。

運行の合理性を考慮すれば、民営化に当たって窪川〜若井間を土讃線か予土線の路線として扱ってしまえばJRの駅同士がJRの線で結ばれてスッキリするように思えるのだが、結局、窪川〜若井間は従来どおりに中村線としてJRに継承されず土佐くろしお鉄道の路線へと移行し路線は寸断されてしまった。

JR四国によれば、当時の記録があるわけではないが、信号等の設備上、廃止は従来どおりの路線で区切るのが都合が良かったことと、全国規模で路線廃止が検討されていたために、この地区だけ例外対応することは難しかったのではないかという。

おかげで、窪川〜若井間をまたいで列車に乗るときは気をつける必要がある。たとえば、各駅停車ならば1日乗り放題の青春18切符を使うとき、このふた駅間は別料金が必要となる。

ただし、途中でJR以外の路線が入るからといって、初乗り料金を2回取られることはないし、ふたつの駅をまたいだ区間の定期は1枚で発券されるそうだ。日常的な利用には、利便性が考慮されているようだ。

上越新幹線中山トンネル内に不可解な大カーブがあるワケ

上越新幹線は、「モグラ新幹線」といわれるほどトンネルの多い路線である。そのなかでも、最大の難工事といわれたのが高崎～上毛高原間にある中山トンネルだ。

このトンネルのなかで、今も、その難工事の歴史を物語っているのが、２ヶ所の不自然な急カーブである。

直線を多くしてスピードアップをはかるはずのトンネル内に、異例ともいえる半径１５００ｍの「カーブ」。そのおかげで上越新幹線は、ここを通過するとき時速１６０㎞まで減速しなければならない。

できるだけ直線の路線を多くしたい新幹線のトンネル内に、いったいどうしてこのようなカーブをつくったのだろうか。その理由を探るために、少し歴史をさかのぼってみよう。

新潟の人々にとって、雪にも負けず、東京と約１時間半で結ぶ新幹線の開通は、長い間の悲願だった。新潟出身の田中角栄《たなかかくえい》元首相の尽力が実り、１９７２（昭和47）年、上越新幹線の工事が始まった。

ところが、トンネルの多いこの路線は予想以上の難工事を強いられる。

なかでも、工事の厳しさを象徴する出来事として語られるのが、中山トンネルの大事故である。トンネルのほぼ中間地点で2度も異常出水が発生したのだ。毎分4立方m以上もの勢いで吹き出した水が工事の進捗《しんちょく》を妨げたどころか、それまで掘った区間まで水没させてしまったのだ。

『日本の鉄道こぼれ話』（沢和哉著、築地書館）によると、当時、工事をせかされていたため、建設前に中山トンネルの複雑な地層を十分調査しないまま、見切り発車したのが原因ではないかと事故を報道する新聞記事が指摘していたという。

この異常出水に対し、新しい工法を取り入れるなど試行錯誤したが、自然の猛威の前にどうにもならなかった。

とはいえ、まさか途中で工事をとりやめるなどできない。そこで苦肉の策として用いた手段がルートの変更である。この地点を迂回することで、何とかトンネルの貫通にこぎつけたものの、そのため異例のカーブができてしまったというわけだ。

このように難工事だったこともあり、完成まで当初予定の2倍の11年を要した。１９８２（昭和57）年、予定されていた東北新幹線との同時開通にも間に合わず、東北新幹線より半年遅れでようやく大宮～新潟間を開業にこぎつけたのだった。

東京～大阪を１時間余りで結ぶリニア中央新幹線はいつ走る？

現在、東京～新大阪までを2時間30分余りで走り抜ける新幹線であるが、さらにその上を目指しているのが、「リニア中央新幹線」である。これが実現すれば、東京～大阪間をわずか1時間余りで結ぶことになる。

東京から山梨県甲府市付近、名古屋市付近、奈良市付近などを経由して大阪に至るルートを想定している。

最大の特徴は、リニアモーターカーを使用した新幹線だという点。レールに車輪を回転させて走る従来の鉄道では、現在以上のスピードアップが難しいとされ、新たに考案された画期的な輸送システム、それがリニアモーターカーである。

そもそもは、１９９０年からはじまった国家プロジェクトで、山梨県の富士山の北側にある山梨リニア実験線がスタートである。

リニアモーターカーは、車両に「超電導磁石」を積み、磁力で浮いて走行する。物質をある温度以下に冷やすと電気抵抗がなくなる現象を「超電導現象」というが、これを利用

リニアモーターカー

今も試験走行が繰り返されるリニアモーターカー。

すると摩擦を極限まで減らせ、高速運転が可能になる。

理論上は、時速500キロメートル走行が可能で、東京~大阪間をわずか1時間余りで結べる計算になる。

当然、運転の仕組みも大きく変わる。なんとリニア新幹線からは運転士の姿が消えることになるのだ。

リニアモーターカーは時速500キロメートルものスピードで走行するだけに、あまりの速さで目視による運転ができない。また、車両のモーターで加速や減速するのではなく、地上のコイルの電流を制御して運行させるシステムなので、運転は運転席ではなく地上のコンピュータで操作を行なうことになる。だから、中央リニア新幹線には運転士が必要ないわけだ。

ただ、巨額の建設費をはじめ、ルートの選定など難問が山積しているため、技術的に可能でも、実現性がどこまであるのかは、不透明な部分がある。それでも、リニア中央新幹線を主導してきたJR東海は、2027年に東京（品川）～名古屋間の、2045年には名古屋～大阪間の開業を目指すとしている。

「夢の超特急」と呼ばれた0系新幹線の登場から50年余り、次世代新幹線が走る日が、もうそこまで来ているのだ。

これぞ仙台市民の心意気！ 仙台駅近くの大カーブ

仙台市の中心街を描いた地図を見ると、北上してきた東北本線が、広瀬《ひろせ》川を渡ると北西に大きく進路を変えて仙台駅に入る。駅を出た列車は、再び大きくカーブして東へ進み始める。

別に山や丘陵を迂回しているわけでもないのだから、こんな無理なカーブをつくらず、直進させれば距離も短く、工事も簡単だっただろうと思えてしまう。しかし、JR東日本に話を聞くなどしてその経緯を知ると、じつはこのカーブこそ、仙台市民の心意気の表われだったのだとわかってくる。

仙台に鉄道が走るという話が持ち上がったのは、明治10年代の終わりころだった。上野～熊谷《くまがや》間をいちはやく開通させた民間の日本鉄道会社が路線延長してきたもので、当初はカーブがなく、直進させる計画だった。

ところが、この計画どおりに工事が進むと伊達《だて》藩城下町として発展してきた仙台の、もっとも開けた場所から遠く離れた東の郊外に駅が誕生することになる。それを知った市民たちが立ち上がった。

駅をなんとか市街地に建設して、鉄道が走りぬけるようにしないと仙台がさびれかねないと危機感をもったのだ。

ときの松平正直《まつだいらまさなお》県知事も市民の声に応え、1886(明治19)年4月に市内の有志を集めて協議をさせ、市街地への駅誘致を決める。商法会議所も素早く動き、同月内に「仙台停車場変更の請願書」「仙台停車場非常嘆願書」が立て続けに出された。

それと同時に、有志から寄付を募って駅の場所変更に伴って増える経費の補填《ほてん》も決めている。それでも、城下町の中心地を列車が走りぬけたわけではない。

商店が軒を連ねている大通りから離れ、城を中心に扇形に広がっていた武士の居住区の外縁付近の空き地を中心にレールが敷かれ、１８８７（明治20）年末に無事に開通している。

それが、市街地に近い立地が功を奏して数年もしないうちに駅を中心に旅館や運送業の店などが建物を構え、現在の賑《にぎ》わいにつながっていったのだった。

仙台市民は、鉄道の経済効果もはっきりしないうちから、街の発展には交通アクセスが最優先事項ということを感じ取り、町の中心部への駅誘致を進めたのである。鉄道反対の声が多く聞かれる時代にあって、その先見の明には感服すべきものがある。

乗客が多いのに取手駅〜水海道駅が電化できない国際的な事情

電車が電気で動くのは周知の事実。そのため、線路の上に架線を張り、そこに電流を流す。電車はパンタグラフから供給される電気によって動くのである。電化していない鉄道は、ディーゼルエンジンを載せた気動車《きどうしゃ》を使うのが現在では一般的だ。すべての鉄道が電化すればよいと思うが、費用等の問題もあり、利用者の少ないローカル線などは非電化のケースも多い。なかには、架線が張られているにも関わらず、ランニングコストの問題から安価なディーゼル車を運転している区間もあるくらいだ。

ところが、この電化問題、どうやら費用の問題ばかりでもないようだ。電気というエネルギーの繊細な特質上、周囲への配慮から電化できない理由もある。

JR常磐《じょうばん》線の取手《とりで》とJR水戸線の下館《しもだて》を結ぶ関東鉄道常総《じょうそう》線もそのひとつ。取手〜水海道《みつかいどう》間は、朝の通勤客の利用も多く複線化されているにもかかわらず、非電化のままなのである。

『ローカル私鉄なるほど雑学』（二村高史・宮田幸治著、山海堂）によると、複線を持つ非電化の中小私鉄といえばこの路線だけなのだそうだ（第三セクターを除く）。

じつは、この路線が複線なのに非電化という、不自然な形になったのは、地理上、やむにやまれぬ事情が横たわっている。

それは路線の近く、茨城県石岡市の柿岡《かきおか》に気象庁の地磁気観測所が設置されているからだ。

1913（大正2）年に東京から移転してきたこの観測所は、地磁気、地電流、空中電流などの調査をする施設。たとえば、地震の予知研究にも関わる重要な観測所である。

大きな直流電流を流すと、その周囲には磁場が発生する。電流が発生させた磁場が観測所から近ければ、地磁気観測に誤差を生じさせてしまう。

地磁気観測所近くのおもな鉄道

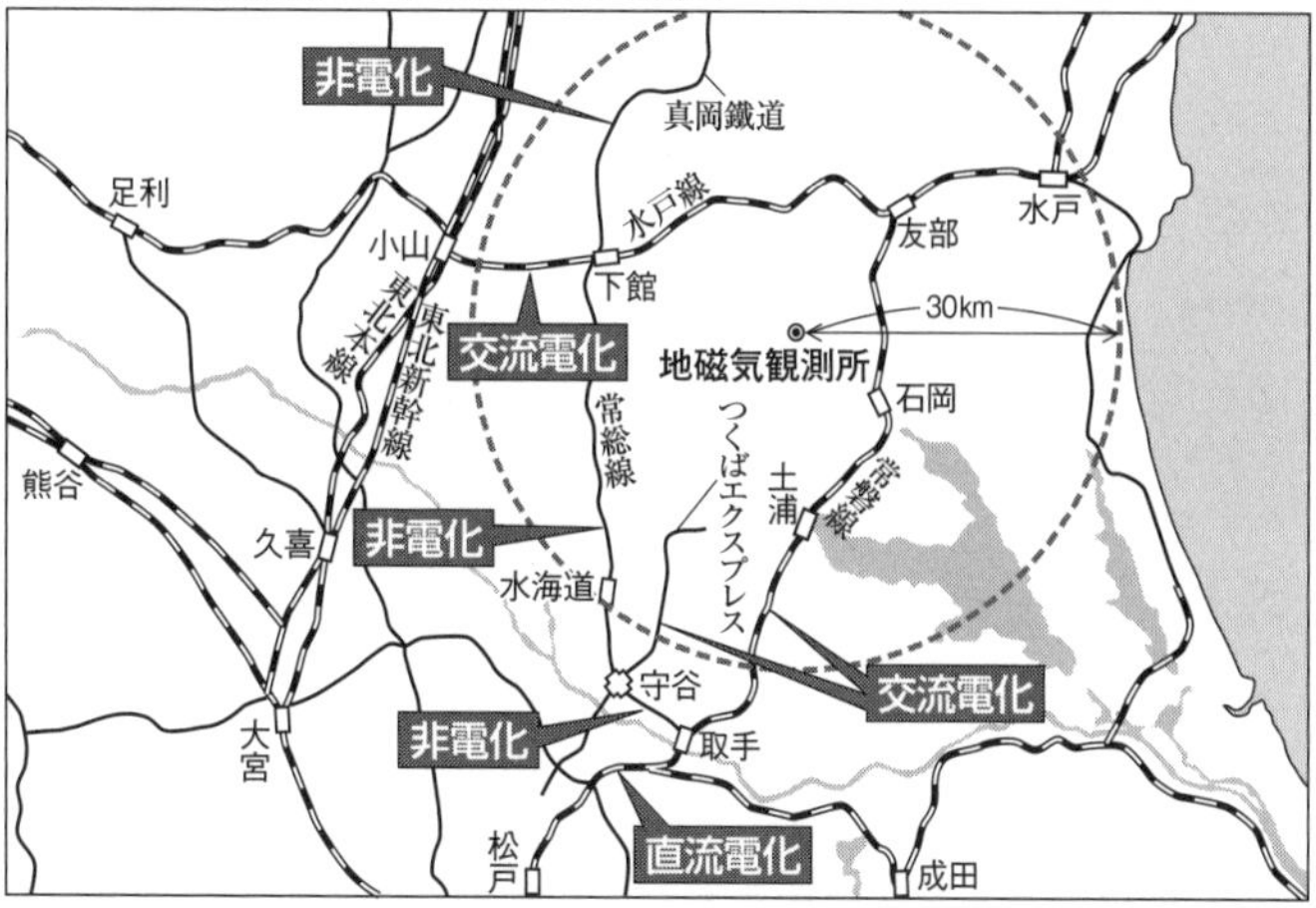

地磁気観測所の半径30km圏内は直流電流の電車は走れない。

（参考：『ローカル私鉄 なるほど雑学』二村高史・宮田幸治〈山海堂〉）

そのため、観測所の半径30㎞以内では直流電化することが禁じられているのである。

直流電流を流しても観測所に影響を与えない方法も研究されたが、コストなどの問題があり実現しなかった。

また、直流ではダメでも交流電化なら問題がないという。そのため、常磐線などは、取手までは直流、それ以降は交流と分けて運行している。ただし、これも交流電化の車両が割高のため、簡単に取り入れるというわけにもいかないらしい。

水海道は観測所がある柿岡からほぼ30㎞。水海道以北の関東鉄道常総線は30㎞圏内だ。このため常総線は電化したくてもできず、非電化のままなのである。

なんと「新幹線」という地名がある場所とは？

海外でも通用し、日本の鉄道の代名詞ともなっているのが「新幹線」だ。

この高速鉄道は戦後、国家プロジェクトとして計画され、東海道に始まり、山陽、東北……と建設がすすみ、日本を縦横に結んでいる。この国家プロジェクトの名称を地名にしてしまった地域がある。

「新幹線」が地名となっているのは静岡県田方《たがた》郡函南《かんなみ》町の一地区で、地名辞典に採用されるような正式名称ではないが、国土地理院2万5000分の1の地図「三島《みしま》」版には、地区名としてその名が記されている。

函南町では、行政区分上の地名ではないとしながらも、その呼称を許容している。函南町役場によると、この地域では、任意のエリアの名を「区」を用いて呼ぶが、「新幹線区」と地元の人たちが呼ぶ地域が、たしかに存在する。行政による住居表示としては「上大沢」地区が、その新幹線区に該当するのだという。

その区名は、新幹線公民館という名の地域のコミュニティの場を生み、地元を走るバス会社の、幹線上・幹線下という2ヶ所の停留所名にも反映されている。

この上大沢地区が、新幹線区の名前で呼ばれるようになった由来は単純だ。新幹線の工事に携わる人たちのための住まいがあった集落だからである。といっても、戦後に東京五輪を目指して敷設された新幹線ではない。第二次世界大戦前の新幹線計画による工事だった。

当時の計画では新幹線ではなく、弾丸列車と呼ばれていた。

最初の幹線である東海道線に使われたレール幅は、世界で普及していたレール幅よりも狭い狭軌《きょうき》で、国際的には少数派だった。そのうえ広い軌道幅の鉄道と比べると輸送能力にも限界があった。そこで広軌の新しい幹線に特急列車を走らせようという弾丸列車計画が生まれたのだ。

１９４１（昭和16）年には、東海道本線の熱海～函南間にある丹那《たんな》トンネルのほど近くで、その弾丸列車用の新丹那トンネルの掘削工事が始められた。工事従事者とは、このトンネル工事に関係した人たちのことだ。

戦時色が強まってトンネル工事は2年後に中断、戦後の再開を待つことになってしまったものの、新幹線の地名だけが残ったのである。

地下鉄にカーブが多くなる意外な障害物とは？

東京の地下鉄に乗ったときに、「カーブが多いなあ」と感じたことはないだろうか。「地下なんて障害物がないのだから、真っすぐの線路を敷くなんて簡単」とおもいきや、そうではないらしい。地下には、地中を真っ直ぐに突き進めない事情がある。

地方の山中に掘るならいざ知らず、都会の地下を掘るとなると、様々な障害物が目の前に登場する。上下水道管、ガス管、ビルの基礎、先につくられた地下鉄——誤って破壊したら、それこそ一大事になるような障害物ばかりなのだ。

こうした物理的な障害物もさることながら大きな障害は、「地下使用料」である。道路の下に地下鉄を走らせる場合は、国や都道府県の道路所有者から許可を得る必要があるが、使用料を払う必要はない。

しかし民家やビルの下など、私有地の下を掘る場合は、地下権の買い取りといって、地下使用料を払わなくてはならない。私有地の下を掘ると余計に建設費がかかってしまうことになる。使用料の必要のない道路の下を通り、私有地にかからないようにトンネルをつ

くるので、道路のカーブに合わせて曲がった地下鉄が出来上がったというわけだ。

さらに、東京で地下鉄を掘る場合はもう一点押さえておかなければならないことがある。皇居である。皇居の内濠《うちぼり》で工事を行なうためには、国の許可が必要になる。では、許可を申請すれば、認めてもらえるかといえば、そうではない。安全上の問題もあり、皇居内の地下鉄工事について許可は下りないという。だから地下鉄は都心中央部を避けるように計画するのが一般的なのだ。

東京の地下鉄は、埋設される都市のインフラを避け、土地の権利問題を避け、そして皇居を避けて建設されてきたために曲がりくねった路線となったのである。

ディズニーリゾートラインに、なぜ通学定期券があるの？

千葉県浦安《うらやす》市に東京ディズニーランドが完成したことで、ＪＲは京葉《けいよう》線に舞浜《まいはま》という最寄駅を誕生させた。ところがディズニーの影響力は駅新設程度ではとどまらない。東京ディズニーランドに隣接して東京ディズニーシーが完成、さらに周辺のホテル群とあわせて東京ディズニーリゾートとして発展すると、一帯を結ぶ路線まで新設してしまったのだ。

それがディズニーリゾートラインだ。一周約5㎞の環状線で、東京ディズニーランドと隣接する複合商業施設イクスピアリ、来園客用駐車場、東京ディズニーシーの各入り口となる4駅をもつ跨座式《こざ》モノレールである。既存の鉄道JR京葉線舞浜駅とは、イクスピアリに隣接する「リゾートゲートウェイ・ステーション」が乗換駅となっている。

モノレールの窓や吊り革はディズニー・キャラクターのシンボルであるミッキーマウスがデザインに取り入れられていて、乗った瞬間、いや見た瞬間から東京ディズニーリゾート気分になれるよう工夫されている。

こんなふうに来園者を徹底的に別世界に運ぶ工夫が凝らされたディズニーリゾートラインに、なんと定期券があるという。ディズニーリゾートラインは第一種鉄道事業免許を受けた路線だ。だから定期券があっても不思議はないが、定期券は来園者用ではない。東京ディズニーリゾートの施設で働くスタッフのためのものなのだ。おもに海側の駐車場に設けられた駅を利用するために、近接する東京ディズニーリゾート・オフィシャルホテルで働く従業員たちが購入しているという。

さらに通学定期もあるが、これは専門学校生のためのもの。東京ディズニーリゾート・オフィシャルホテルでは、ホテルマン育成の専門学校生の研修を受け入れている。そんな学生たちが、研修期間にホテルに通うため、通学定期を設定しているのだそうだ。遊園地の乗り物のようでも、ディズニーリゾートラインはほかに回数券や一日乗車券などの切符も取り扱う普通の鉄道なのである。

妖怪の国の入口か！米子駅「0番線」から鬼太郎のふるさと境港へ

現代のファンタジー小説を代表する『ハリー・ポッター』では、あるはずのない「9と4分の3番線ホーム」から不思議な世界へと入り込むが、鳥取県のJR米子《よなご》駅では0番線が妖怪の国への入口だという。

といっても不気味で怪しげな雰囲気ではない。なんとも明るく愉快に出迎えてくれるのだ。そう、妖怪といっても『ゲゲゲの鬼太郎《きたろう》』ワールドが広がっているのである。いたるところに描かれた妖怪のイラストや、ねずみ男、鬼太郎の像、天井から下がる「一反木《いったんも》綿《めん》」のしめ縄……。さながら妖怪たちの世界に迷い込んだかのような楽しい気分にさせてくれる駅なのだ。

じつはこのホーム、「ゼロばんせん」ではなく「れい（霊）ばんせん」と読む。実際に0番線へと行くと、その一帯を彩る妖怪たちのイラストの出迎えに驚かされるだろう。

それにしても、いったいどうしてここに鬼太郎なのだろうか。それは『ゲゲゲの鬼太郎』の生みの親でもある漫画家の水木《みずき》しげる氏がJR米子駅を起点とする境線《さかい》の終点、鳥取県境港《さかいみなと》市の出身だからである。

境港が町おこしを計画した際、その一環として、水木しげる氏の描く「鬼太郎」をはじめとした「妖怪」に光が当てられた。駅を出ると、「水木しげるロード」で妖怪ブロンズ像153体が観光客を出迎える。そのほかにも、「水木しげる記念館」、「妖怪神社」や「妖怪街灯」など、妖怪の第一人者水木氏の地元らしい施設が市内につくられ、今ではすっかり鬼太郎の町として有名である。

JR境線もこの町おこしに協力。2005(平成17)年からは「妖怪路線」として、妖怪たちの愉快なイラストが施された鬼太郎列車などを走らせている。

しかもそれだけではない。境線の各駅に妖怪の名をつけ、妖怪駅名の看板もとりつけた。米子駅の「ねずみ男」で始まり、終点の境港駅の「鬼太郎駅」でしめくくる。その間の駅にもおなじみの妖怪たちの名前がつけられているのである。

のどかな沿線を眺めながら、次々と妖怪たちの駅に乗客を運んでいく境線。終点の境港についたころには、あなたもすっかり水木氏の妖怪ワールドにどっぷりひたっているに違いない。

一般人が自由に立ち入れない黒部峡谷鉄道の幻の軌道とは

黒部《くろべ》峡谷《きょうこく》鉄道のトロッコ列車は、もともとは黒部ダム建設のための資材や作業員を輸送することを目的として、１９２３（大正12）年から１９３７（昭和12）年にかけて建設されたものである。その後も電力会社の専用鉄道として使用されていたが、１９５３（昭和28）年に一般に開放され、今や黒部峡谷の自然を満喫できるとして観光客に大人気の鉄道となった。

黒部峡谷鉄道の走行距離は全長20・１㎞。宇奈月《うなづき》温泉～欅平《けやきだいら》を約80分で走行している。しかし、この路線は、じつは全行程の一部に過ぎない。黒部ダムの建設用に敷かれた路線なのである。当然黒部ダムまで続いていなければならないわけで、実際、欅平から黒部川第四発電所まで続く路線が存在している。

一般にはあまり知られていないこの区間は上部軌道と呼ばれ、営業運転している区間は下部軌道と呼ばれる。上部軌道は、地方鉄道となった後も電力会社の工事用路線として運用されてきた。つまり、存在はするが、一般人には入ることのできない幻の鉄道だったわ

黒部峡谷鉄道

新緑の黒部峡谷を走る黒部峡谷鉄道。

けだ。

ところが、この幻のルートが、1996（平成8）年、ついに一般人も体験できるようになった。

といっても、誰でもいつでもというわけにはいかない。一般人が自由に立ち入れるだけの設備が整っていないというのが原因で、2016（平成28）年の場合、5月から10月まで全34回、各回30名×2コース（欅平出発と黒部ダム出発）の抽選制だ。競争率は高いが、見学する価値は十分にある。

ここで上部軌道のルートを紹介しよう。

欅平で工事用のヘルメットを被り、専用列車で3分ほどトンネル内を進み、ここでエレベーターに乗り換えて一気に200mほど上昇して欅平上部駅へ。ここから上部軌道のトロッコ列車に乗り込んで30分。やがてトンネルを抜けると仙人谷駅《せんにんだに》へ到着。さらに約１㎞進めば黒部川第四発電所前へと到達する。欅平上部駅から仙人谷駅までの途中には、トンネル掘削時には温度が１６５度にも達したといわれる高熱隧道《こうねつずいどう》があり、仙人谷駅では仙人谷ダムや壮大な渓谷を眺めることもできる。

黒部川第四発電所内が見学できるのも、この見学ルートの魅力のひとつで、さらに、発電所からは業務用ケーブルカー・インクラインに乗って、トンネル内を一気に４５６ｍも上昇する。

その先は、これまた全線トンネル内にある関西電力の専用道をマイクロバスで進み、ついに黒部ダムへ到着するのである。

やたらトンネルが多く、地上に出る機会はほとんどないが、本来ならば関係者しか立ち入れない場所。鉄道ファンならずとも、ぜひとも体験したい幻のルートである。

勾配もないのになぜかスイッチバックする一畑電車の不思議

スイッチバックを国語辞典で引くと、「勾配がきつい場所で、勾配を緩和するために列車がポイントを切り替えながら上り下りするためジグザグに設置する線路」と説明されている。ジグザグに走りながら坂を登っていく山岳路線を想像するとわかりやすいだろう。

ところが島根県を走る一畑《いちばた》電車は、平地であるにもかかわらずスイッチバックする場所がある。

一畑口《いちばたぐち》駅が、そのスイッチバックが行なわれる駅だ。松江しんじ湖温泉駅を出た列車が、宍道湖《しんじこ》北岸沿いの区間で松江を経由して電鉄出雲市《いずもし》駅に向かうとき、一畑口駅までは先頭だった車両が、同駅を出るときはなぜか最後尾車両となって走り始める。地図を見る限り、まっすぐ一方向に走りつづけても不都合はなさそうな地形である。

この平地でのスイッチバックが誕生した陰には、一畑電車の誕生の経緯と日本の昭和時代の歴史が秘められている。

一畑電車は、一畑軽便《けいべん》鉄道として1912（明治45）年に誕生。1914（大正3）年に出雲今市《いまいち》（現・電鉄出雲市）駅から雲州平田《うんしゅうひらた》駅までが開業、翌年には路線が延びて小境灘《こざかいなだ》（現・一畑口）駅から次の一畑駅までの営業が始まる。この路線延長は、一畑薬師《やくし》への参拝客への利便性を考えてのものだった。その後は、1928（昭和3）年に、現在の松江しんじ湖温泉駅までが開通し、宍道湖南岸を走る山陰本線と並ぶ島根県民の足となった。

一畑電車

スイッチバックが行なわれる一畑口駅。

そんな一畑電車に、１９４４（昭和19）年、太平洋戦争の影響が及ぶ。小境灘から一畑駅までが、「参拝客用の路線など、この戦時下では不要不急なものだからレールを供出せよ」と命じられたのだ。

この時代、輸入に頼っていた鉄が開戦のため不足してきた日本では、お寺の鐘など鋳《ちゅう》鉄《てつ》製品の供出が命じられていた。家庭では、鉄鍋や鉄製のタンスの取っ手などまで供出した例もあった。物資輸送に不可欠な路線でなく、参拝のような遊興に近い目的の鉄路など不要だと見なされての撤去命令だった。

このとき廃止された薬師参拝路線は、今も復活していない。その結果、参拝線に都合のいいようにレールが敷かれ、松江方面との分岐駅として機能していた一畑口は、当初のレールの状態がそのままになりスイッチバックせざるを得なくなってしまったのである。ただ、勾配を登るために数回のスイッチバックを繰り返す山岳鉄道と異なり、一畑電車では、一度の方向転換だけである。

かつて、同様に一度だけのスイッチバックを行なっていたのが、長野電鉄の終着・湯田《ゆだ》中《なか》駅だ。ここでは、到着の際いったん駅のホームを通り過ぎてからバックしてホームに止まる。発車するときも、一度、逆方向に走ってから進行方向に走り始める。長野駅と湯田中駅を結ぶこの路線は山岳列車ではあるが、湯田中駅のバックは勾配を登るための切り返しではない。

長野電鉄は3両編成の列車だが、湯田中駅は上り坂と踏み切りに挟まれていて2両分の長さしかホームがつくれなかった。そのため、直進してきたままホームに入ると、後ろ1両分が本線に取り残されたまま停車することになる。そこで、本線はいったんホームを通り過ぎ、ポイントを切り替えて停車用の線路に入り、前の1両が踏み切りにかかった形で停車するという方式になった。

反対に発車するときも、いったん踏み切り側へ走ったあとポイントを切り換えて本線に入り、走り始めるという車両一両分のスイッチバックだった。この珍しいスイッチバックも2006（平成18）年の大改修工事によって解消された。

東京23区と大阪24区で地下鉄が走っていないのは、どことどこ？

営団地下鉄という半官の事業者から、民営化して東京メトロになった東京の地下鉄。現在の銀座線の一部、浅草～上野間が１９２７（昭和２）年に開通したのを皮切りに、東京の地下はクモの巣のように路線が張り巡らされている。東京都が運営する都営地下鉄も加わって、まさに縦横無尽の活躍ぶりだ。

ところが、これだけ張り巡らされた地下鉄網のなか、いまだに地下鉄が走っていない区が、23区のなかにふたつもある。世田谷区と葛飾区だ。世田谷区は、東急田園都市《でんえんとし》線が地下を走っているが、これは地下鉄とは呼べない。

地下鉄と称するには、

①都市計画法に定める都市高速鉄道
②地方自治体や公益法人が運営するおもに地下を走る鉄道
③交通網整備計画の策定により対象となる一部私鉄区間

といった条件がある。田園都市線のように地下を走っているというだけでは、地下鉄の範疇《はんちゅう》に入らないのだ。同じ定義で大阪24区を見てみると、此花区《このはな》と西淀川区《にしよどがわ》に地下鉄が走っていない。いずれも大阪湾沿いの区で、大阪市の西部地域が地下鉄でカバーされていないことがわかる。此花区には人気スポットＵＳＪもあることだし、地下鉄の新しい路線が建設されるとしたら、次はここかもしれない。

東京都区内や大阪市内で地下鉄の走っていない区がある一方で、周辺の自治体へ路線を延ばしている地下鉄も多い。東京メトロ東西線は営団時代から江戸川区を通って千葉県の西船橋《にしふなばし》まで路線を延ばした。有楽町線は、板橋区から埼玉県和光《わこう》市までを走るようになった。大阪市営地下鉄も、市の公営鉄道ながら谷町《たにまち》線が守口《もりぐち》市に、中央線が東大阪市に、御《み》堂筋《どうすじ》線は堺市へと、府下にテリトリーを広げている。

53㎞でズレはわずか数十㎝！世界に誇れる青函トンネル工事の精巧さ

津軽海峡をくぐる「青函トンネル」は、全長53・85㎞もある。イギリスとフランスを結ぶドーバー海峡トンネルでも50・5㎞だから、それより3㎞以上も長いことになる。

青函トンネルの工事は、次のような段階を追って進められた。まず湧水や地質を調査するための穴が掘られた。これを「先進導坑《せんしんどうこう》」という。その次には、機械や資材を運ぶための穴が掘られた。これが「作業坑」だ。

このように、まさに脇から固めるかのような準備をすべて整えた段階で、列車が走るための「本坑《ほんこう》」が掘られたのである。

１９７１（昭和46）年に着工し、１９８３（昭和58）年に先進導坑が貫通した。先進導坑は、本州側と北海道側の両方から、対岸へ向かって掘り進められたが、合流地点での誤差は、距離が２cm、高低20cm、左右64cmだったという。

50km以上も離れており、しかも対岸はまったく見えない状態で、十年以上掘り続けたのである。そのような条件にもかかわらず、数十cm単位のズレしか起きなかったのは、きわめて画期的だったといえるだろう。これほどの正確さをもって作業を進めることができたのは、先述した綿密な準備に加え、最新型のレーザー測量機など、先端技術を動員して掘り進めていったからである。その後、１９８５（昭和60）年には、本坑が貫通し、３年後に、ＪＲ北海道海峡線として開業した。

ところで、本坑の前段階で掘られた先進導坑と作業坑だが、貫通とともにその役目を終えたのかというと、そうではない。今でも現役バリバリである。先進導坑は、排水や換気のための通り道となり、作業坑は、メンテナンスのためのトラックや自動車が通る通路となっている。

青函トンネル構想は、じつは大正時代にまでさかのぼり、実質的な調査がはじまったのは、１９４６（昭和21）年だった。敗戦後すぐに、青函トンネルをつくる準備が着々となされていたとは驚きだ。

青函トンネルでは、当初、ふたつのルートが検討された。ひとつは、下北半島を通る東ルートで、もう一方は、現在の津軽半島から松前半島を通る西ルートである。東ルートを選択したほうが、海底部分の距離は短かったが、この地帯は火山帯があることから、安全策をとって西ルートを選択したのである。

営業距離はわずか２・７㎞、紀州鉄道は平均時速20㎞で行ったり来たり

日本でもっとも営業距離の短い鉄道は、前述の通り、千葉県の芝山《しばやま》鉄道である。

この芝山鉄道が誕生する以前に、日本一短い鉄道として長年その地位を保っていたのが和歌山県の紀州鉄道だ。ＪＲ紀勢《きせい》本線の御坊《ごぼう》駅から西御坊駅までの2・7㎞を走る路線で、その短い区間に御坊、学門《がくもん》、紀伊御坊、市役所前、西御坊と5つも駅があるものだから、

紀州鉄道

西御坊駅に停車する紀州鉄道の車両キハ603。

もっとも短い駅間はわずかに３００ｍ。時速は20㎞ほどなので、所要時間は芝山鉄道の２倍、８分もかかる。

じつにのんびりとした路線であり、駅員がいる駅は御坊と紀伊御坊のふたつだけ。しかも、そのうちの御坊駅は、ＪＲ西日本の御坊駅に併設されているため、駅業務はすべてＪＲ西日本が行なっている。ＪＲから紀州鉄道に乗り換える切符などは販売されておらず、紀州鉄道に乗ると伝えれば改札を通ることができ、運賃は車内で支払う仕組みだ。

紀州鉄道は、１９２８（昭和３）年12月に設立された御坊臨港《りんこう》鉄道株式会社が始まりだ。

御坊臨港鉄道は街の有志たちの手によって設立されたもので、１９７２（昭和47）年に、経営不振であえいでいたところを、不動産会社によって買収され、現在に至っている。

地元の人は、今も親しみをこめて「りんこう」と呼び、御坊の町をのんびり走る紀州鉄道は、地元の人から愛され、２００８（平成20）年には、紀州鉄道80周年を記念して「友の会」も発足した。街の風景の一部として親しまれている鉄道を、地域で応援しようという動きが始まったのである。

しかし、日本一短い鉄道の看板が掲げられなくなったことは、観光客誘致という意味ではかなりインパクトが弱くなる。地元も頭の痛いところなのだが、じつは、かつての「日本一」の看板は、ここしばらく我慢すれば、どうやら戻ってきそうな気配なのだ。

芝山鉄道は、成田空港が開港する半年前の１９７７（昭和52）年秋に、空港南側に隣接する芝山町への地域整備事業として、設立された第3セクターの会社である。

建設予定ルートに空港反対派の農地などがあったために、用地買収に手間取って開業が遅くなったが、京成電鉄と相互乗り入れをしており、芝山鉄道自体は短いが、決して単独営業しているわけではない。しかも、将来的には九十九里方面へも延ばそうという構想すらあるのだ。

芝山鉄道が延伸されれば紀州鉄道の「1位」返り咲きは必至。さて、その日はいつ来るのだろうか。

東海道本線の終点は大阪ではなく神戸だという意外な事実

東海道本線の終点は大阪ではなく神戸である、と聞けば首をひねる人も多いかもしれない。たしかに東海道本線の運行のほとんどが東京～大阪間。神戸を始発、または終点とする列車は早朝や深夜に一部あるのみで、ほとんどの列車は素通りしてしまう。

しかも、新幹線開通以前は、多くの特急列車が大阪を終着駅とし、山陽方面の列車は大阪を始発駅とするなど、大阪が東西分岐の中心駅だった。第一、神戸駅自体、どちらかというと存在感が薄い。兵庫県の県庁所在地の市名を冠してはいても、神戸市における駅としての主役を三ノ宮《さんのみや》に奪われている。

今や三ノ宮には多くの交通機関が乗り入れ、特急が停まる本数も神戸より断然多い。利用客ももちろん多く、神戸観光の際には三ノ宮を起点にする人が圧倒的多数だ。

こうした実態を踏まえると、なぜ、神戸駅が東海道本線の終点なのかピンとこない人もいるだろう。

しかし、神戸が東海道本線の終点というのはまぎれもない事実。神戸には「東海道本線終点・山陽本線起点」と書かれた標識がしっかり立てられているのだ。

いったいどうしてひとつの中間駅でしかない神戸が終点なのだろうか。

『鉄道地図の楽しい読み方』（ベストセラーズ）の所澤秀樹氏によると、それは東海道本線、山陽本線の成り立ちが大きく関わっているという。

官営による東海道本線の大阪〜神戸間が開通したのは1874（明治7）年。これはやがて京都まで延長する。それより14年遅れて1888（明治21）年に私鉄の山陽鉄道が、山陽本線を開通。兵庫〜明石《あかし》間の運転を皮切りに西に延長する一方、官営鉄道の神戸にも乗り入れた。いわば、国鉄と私鉄とが相互乗り入れしたのが神戸だったのである。そして、このとき、国鉄の東海道本線の終点は神戸となった。というのも、それ以西が私鉄の「山陽鉄道」の管轄だったからである。この明確な違いが、のちにも活かされたようだ。

山陽本線は明治末期に国に買収されたが、国鉄となってもその名残《なごり》が活かされたのではないかと所澤氏は推測している。

ただし、この起点と終点、厳密にいうともう少し複雑である。

国土交通省鉄道局が監修する日本の鉄道の基礎情報を網羅した『鉄道要覧』によると、東海道本線はJR各社の東日本、東海、西日本、貨物の4社の所有となっており、それぞれ起点と終点が設けられている。

Q クイズ 難読駅名 PART 1

駅名をこたえてください。

① 吉里吉里 （　　　　　　）

② 九品仏 （　　　　　　）

③ 百舌鳥 （　　　　　　）

④ 五十崎 （　　　　　　）

⑤ 武豊 （　　　　　　）

⑥ 半家 （　　　　　　）

A クイズ 難読駅名 PART 1
答え

① きりきり

岩手県上閉伊《かみへい》郡大槌《おおつち》町吉里吉里にあるＪＲ東日本・山田線の駅。昭和 13 年４月５日開業。1981 年に出された小説『吉里吉里人』井上ひさし著（新潮社）がベストセラーとなり、一躍有名になった。

② くほんぶつ

東京都世田谷区にある東京急行電鉄・大井町《おおいまち》線の駅。駅の両端に踏切が設置されていてスペースに余裕がないため二子玉川《ふたこたまがわ》駅寄りの１両がホームにかからない。駅周辺には駅名の由来となる九品仏浄真寺《じょうしんじ》がある。

③ もず

大阪府堺市堺区百舌鳥夕雲《せきうん》町にあるＪＲ西日本・阪和《はんわ》線の駅。駅周辺の世界最大級の墳墓仁徳《にんとく》天皇陵（大仙《だいせん》古墳）が有名。上下線で別々に改札があるため上下間のホームを行き来できない。

④ いかざき

愛媛県喜多《きた》郡内子《うちこ》町にあるＪＲ四国・内子線の駅。難読駅名としても有名だが、ローマ字表記（IKAZAKI）にすると左右どちらからでも同じに読めるユニークな駅としても知られている。

⑤ たけとよ

愛知県知多《ちた》郡武豊町にあるＪＲ東海・武豊線の駅。ジョッキーの武豊《たけゆたか》騎手のおかげで有名になった。現在のＪＲ武豊駅は武豊線の終着駅になっているが、かつては武豊港まで線路が続いていた。現在でも武豊駅の先に百メートルほど線路が残っている。

⑥ はげ

高知県四万十《しまんと》市西土佐半家にあるＪＲ四国・予土《よど》線の駅。髪の毛に関連して、JR 北海道・留萌《るもい》本線の増毛（ましけ）駅（廃駅）、阪急電鉄・京都本線、嵐山線の桂（かつら）駅も合わせて紹介されることが多い。

第2章

一度は乗ってみたくなる！

日本全国不思議路線

車が電車に正面から向かってくる！ビックリ仰天の伊野線

高知市には、市街地を縦横に走る形で3路線の路面電車が走っている。高知県唯一の私鉄であるとさでん交通が経営しているもので、南北に走る3・2㎞の桟橋《さんばし》線は高知駅前駅から高知港に程近い桟橋通五丁目駅を結ぶ。桟橋線の途中駅であるはりまや橋駅から東進するのが御免《ごめん》線、西進するのが伊野《いの》線、それぞれ南国《なんごく》市の御免町駅と伊野町の伊野駅を結ぶ。東の端の御免町から西の端の伊野まで、二線合わせると22・1㎞の距離となる。

市街地をのんびり走る路面電車である。停留所の数が非常に多く端から端まで乗ろうとするとやたら時間はかかるが、南国土佐の景色を眺めながらの市電の旅は、なかなかのどかで、そしてなぜかスリリングだ。のどかはわかるが、なぜスリリングなのか、と訝《いぶか》しいところだが、その理由は伊野線に乗ってみればわかる。

伊野線は11・2㎞を約40分かけて走る。途中の鏡川橋《かがみがわばし》駅から単線となって、鴨部《かもべ》駅からは商店や住宅が立ち並ぶ狭い道を進む。問題はここからだ。路面電車だから、当然道路の上を電車が走るのだが、なんと電車は片側一車線、合わせて二車線の対面通行の道路の右側を走っていく。この道路は一方通行ではない。つまり、右側車線を電車が走るということは、車にとっては対抗車線を電車が逆走しているということに他ならないのである。実際、路面電車に乗っていると、前方から対向車が走ってくる。そのまま行けば正面衝突は必至！　慣れない人ならとても車の運転などできない状況だ。

ところが、前方から来た車は慌てることもなく、衝突寸前、するりと対向車線へ車線変更をして、すいすいすれ違っていく。アクション映画なら、激しいクラクションやタイヤが軋《きし》む効果音が入りそうだが、ここでは整然としたものだ。

こんな常識外れの状況が出来上がったのは、とさでん交通の前身、土佐電鉄の開業が1904（明治37）年という古さで、当時は車社会がやってくることなど想定外だったこと と、道幅が狭く、専用車線を確保できなかったからというのが理由。とさでん交通に聞いても、なぜ左側ではなく右側に線路が引かれたのかはわからないという。

走行中も、車の接近をセンサーなどで知らせるような対策はとくに行なわれておらず、ときに電車のスピードを緩めたり、停車してやり過ごすといった対応をするのみというから、この交通習慣がいかに高知市民に浸透しているかがわかる。

近年、リスボン、オスロといった世界各国の車両が走っている。日本にいながらにして様々な国の電車で異国情緒を味わいつつ、のんびり、かつスリリングに路面電車の旅を楽しんでみてはどうだろうか。

山形新幹線と秋田新幹線は、じつは在来線だった？

東海道新幹線から始まった新幹線網は、全国に張り巡らされつつある。今や九州と北海道でも営業が始まっている。

東北には、東北新幹線のほかにも山形新幹線、秋田新幹線が走っているが、この山形と秋田の新幹線は、本当は新幹線ではない。通常は「ミニ新幹線」と呼ばれているものの、ミニ新幹線は車両を新幹線に乗り入れるために在来線の線路幅を広げた路線だ。山形「新幹線」、秋田「新幹線」と呼んでいるのは列車の通称であって、正式には在来線なのである。

そもそも新幹線は在来線と何が違うのだろうか。

目に見える部分では、車両が在来線の列車よりも大きいことが上げられる。東北新幹線の本来の車両と東北新幹線に乗り入れているミニ新幹線の車両と比較してみると、ミニ新幹線の車両に比べ東北新幹線のフル規格と呼ばれる車両は4～5ｍほど長く、ミニ新幹線の車両が20～21ｍであるのに対し、新幹線の車両は25ｍである。

そのほか、高速走行をするために、新幹線には在来線と異なるいくつかの特徴がある。まず、軌道《きどう》幅が在来線の１０６７㎜に対し、１４３５㎜。レール幅が広いために高速での安定性が高い。ただしこの部分は、山形・秋田新幹線の場合は通常の新幹線と共通である。

新幹線は線路をなるべく直線的に敷くように配慮している。たとえば、山陽新幹線以降に建設された新幹線では、カーブの半径は４０００ｍ以上が基本とされている。在来線では半径４００ｍというカーブも珍しくはない。また高速運行であり緊急停止が難しいことから、踏切がないこともひとつの特徴だ。

この点、山形・秋田新幹線は在来線を利用しており、路線にはカーブも多いし踏切もある。歩行者や自動車が開くのを待っている遮断機のすぐ向こうを「新幹線」が走り抜けて行くことになる。

新幹線は、１９７０（昭和45）年に施行された「全国新幹線鉄道整備法」によって、「主たる区間を２００㎞毎時以上で走行できる幹線」と定義されている。一方、山形・秋田新幹線は踏切があるために最高速度を時速１３０㎞に制限されている。

このようにミニ新幹線は、基本的に在来線。そして、その在来線を新幹線と直通運転できるように、レール幅を広げ、車両を開発したものである。建設のコストは、新たに新幹線を建設するよりも格段に抑えられるものの、在来線ゆえの制約も多い方式なのである。

路線図に掲載されていない秘密の地下鉄線路がある？

ビジネスダイアリーの最終のほうにデータとして掲載されていたり、何かのプレミアムでもらったカードに印刷されていたりということが多い東京の地下鉄路線図。それぞれの路線カラーで表わされたラインが、図案化されたものだ。そこには、カラーラインが交差し、乗換駅がひと目でわかるようなっている。駅名のスペースが大きいほど、いくつもの路線につながっているということも判断可能だ。

ところが、この路線図には決して書かれることのない地下鉄の線路が、地下にはいくつか張り巡らされている。もし、東京メトロの他路線の車両や、乗り入れ運転していない他社私鉄の車両を見かけたことのある人がいたら察しがつくかもしれない。

その路線とは、営業用線路ではなく「渡り線」や「連絡線」という名で呼ばれる線路で、私鉄や地下鉄会社が助け合い輸送をする路線である。

この路線図に載らない線路のうち、比較的に知られているのが「8・9号連絡側線」だろう。「秘密のトンネル」などと紹介されることのある、千代田線霞《かすみ》ケ《が》関《せき》駅と有楽町線桜《さくら》田門《だもん》駅を結ぶ約６００ｍの連絡線である。そのおもな使い道は、千代田線北綾瀬《きたあやせ》駅近くの検車区へ、千代田線以外の東京メトロの車両が点検を受けに行くときに利用するというもの。これらの連絡線は、基本的には業務用だが、一般乗客のために利用されることもあった。特別なイベントがあるとき、東京メトロはこれらの連絡線を使える路線から、イベント会場近くの駅まで直通電車を走らせたのである。

たとえば、東京湾で開かれる花火大会の日に走る「花火ライナー」がそれだ。最寄り駅が有楽町線豊洲《とよす》駅のため、千代田線や南北線が仕立てた臨時電車が、直通で豊洲駅へ向かったことがある。また、サッカーのＷ杯のときには、埼玉スタジアムの最寄り駅である埼玉高速鉄道浦和美園《うらわみその》駅へ、南北線経由で直通電車が走ったこともあった。

正式名称に唯一「ＪＲ」がつく東西線は、実はＪＲのモノじゃない？

ＪＲ西日本が、大阪市内の京橋《きょうばし》と兵庫県尼崎《あまがさき》の12・５㎞を結んで走らせているのが「ＪＲ東西線」だ。路線のうち10・５㎞は地下を走り、京橋と尼崎を除けば、間の７駅すべてが地下に設けられているという、まるで地下鉄のような路線だ。

関西ではJRの路線のことを、たとえば東海道本線の京都～大阪間は「JR京都線」、東海道本線大阪駅から福知山《ふくちやま》線の篠山口《ささやまぐち》駅までは「JR宝塚線」、東海道本線の大阪から山陽本線の姫路までは「JR神戸線」というような呼び方をする。並行して走る私鉄路線があるため、区別する意図で生まれた習慣だが、JR東西線に限っては「JR」までを含めた名称が正式なものだ。

これは東京や北海道の地下鉄路線に、東西線と名付けられたものがすでに存在していたことから、あえて「JR」をつけたのだという。日本中のJR各社でも、正式路線名に「JR」がつくのはここだけという珍しい例でもある。

ところが、このJR東西線が走っている地下トンネルとレールの持ち主はJR西日本ではない。トンネルを掘り、レールを敷いたのは関西高速鉄道株式会社という鉄道会社だ。

この会社は、JR西日本・大阪府・大阪市・兵庫県・尼崎市などが出資して設立されているが、関西高速鉄道の名で電車は走らせていない。完成した鉄路を他社に貸し出す「第三種鉄道事業者」なのである。

JR東西線については、JR西日本は、関西高速鉄道に線路使用料を支払って電車を走らせている。この路線に限っていえば、JR西日本は他事業者の線路を使用する「第二種鉄道事業者」ということになる。

自前で土地を買収して線路を敷き、自社の列車を走らせるのが「第一種鉄道事業者」だが、鉄路を開くには莫大な費用がかかる。

そこで受益者ともなる地方自治体などが出資して列車が走れる環境だけを整備する。これを車両を所有する鉄道会社に貸し出し、その使用料で建設にかかった費用をまかなうという仕組みだ。建設主体の会社と、運営主体の会社がそろって初めて列車を運行できるというわけだ。

正式名称で「ＪＲ」を名乗る路線にもかかわらず、線路が自前のものではないというＪＲ東西線の不思議な現象は、国鉄が民営化されたからこそできた鉄道経営の一形態である。

日本で唯一お寺が経営する路線があるのは、やっぱり京都

日本の鉄道といえば、鉄道会社や公共団体が運営しているものがほとんどだ。ところがなかには宗教法人の運営という珍しい鉄道がある。

その鉄道とは、牛若丸《うしわかまる》（のちの源《みなもとの》義経《よしつね》）が修行した地としても知られる京都、鞍馬《くらま》寺《でら》直営のケーブルカー。鞍馬山鋼索《こうさく》鉄道という名称で、国土交通省の監督下におかれたれ

っきとした鉄道なのである。

『鉄道珍名所三十六景・関西編』（所澤秀樹著、山海堂）によると、かつてケーブルカーは私有地内であっても鉄道扱いだった。しかし、現在は私有地ならば「昇降機」扱いで、ここ鞍馬山だけが、なぜか昔の名残を残していて、お寺の私有地内でありながら「鉄道」として運行している。

鉄道というと、いかにも長い距離を敷いてあるように聞こえるが、鞍馬山の麓《ふもと》の山門《さんもん》駅から多宝塔《たほうとう》駅までを結ぶ直線でわずか200m、所要時間は2分という至って短い鉄道でもある。

たった2分程度だが、何しろ麓の叡山《えいざん》電鉄鞍馬線の鞍馬駅から山上の境内《けいだい》にある本殿金堂までは、歩けばかなりきつい山道で30分もかかる。とてもではないが高齢者には参拝が難しい。そこで1957（昭和32）年に、日本で唯一お寺が経営する鉄道として設置したのがケーブルカーだったのである。鉄道といっても、お寺が経営しているだけあって民間の鉄道会社の路線とはずいぶん趣《おもむき》を異にするようだ。

たとえば、運賃もそのひとつ。ケーブルカーの料金は片道200円だが、営利目的ではないので運賃ではなく寄付の扱いである。運んでくれた志《こころざし》というところだろう。また、乗務員の服装もいっぷう変わっている。寺男《てらおとこ》を思わせる作務衣《さむえ》姿で出迎えてくれるので

鞍馬山鋼索鉄道

鞍馬寺が経営するケーブルカー。乗車時に支払うのは〝寄付〟である。

ある。

寄付といい作務衣姿といい、お寺専用の路線のためか、独特の雰囲気を持つ。

このように、鞍馬寺のケーブルカーは、事業者が宗教法人であることをはじめ、ほかでは見られないユニークな鉄道だ。それだけでなく、ケーブルカーとしても、独特の仕組みによって稼動している。

前出の所澤氏によると、ケーブルカーは、通常2台の車両を釣瓶《つるべ》式で動かす仕組みだが、ここの車両は1台のみ。そのため、レールの間に溝をもうけ、そのなかに重りを入れて調整しているという。1台が行ったり来たりと往復する際、重りが2台目の車両の代わりとなってケーブルカーを運んでいるのである。

路面電車の軌道を普通の電車が走ってしまう「福井鉄道」とは？

路面電車といえば、普通の電車より全長が短く、車体の前後に運転台がついていて、路面走行による障害物を避けるために正面に排障器《はいしょうき》（フェンダー）や昇降のためのステップなどが付いている電車を想像する人が多いだろう。路面をノンビリと1両で走る――それが一般的な路面電車のイメージだ。

実際、路面電車は法規上、鉄道車両より小さい車両となるように規定されている。各地を走る車両も低床で電車より小さな車両が多い。

しかし、福井市、大津市などでは路面電車よりも大きい普通の電車が街を走りぬけている。福井県福井市と越前市武生《たけふ》を結ぶ「福井鉄道」はその代表例だ。20㎞の路線間で、福井市内の約4㎞については軌道として建設され、路面を走行している。低床の路面電車用の車両を導入する一方で、全長18ｍ近い鉄道用の車両も、そのまま路面上を走っているのだ。朝・夕のラッシュ時には、各駅停車だけでなく急行列車も運行している。ＪＲ線やえちぜん鉄道との乗換駅も複数あり、利便性もなかなかなのである。

また、京都と大津を結ぶ京津線《けいしん》と大津市の石山寺《いしやまでら》と坂本《さかもと》を結ぶ石山坂本線からなる京阪《けいはん》電気鉄道大津線は一部区間が路面を走り、さらに地下鉄と相互乗り入れしている。車両は鉄道用の車両だ。

どちらも路面電車としては珍しく、初めて街中で見かけた人は驚くことだろう。

鉄道用の大きな車両が路面の軌道を走る線区が生まれたその原因のひとつとして、鉄道事業法と軌道法による路面電車の法律的定義の曖昧さにあるのではないかと考えられる。どの電車を路面電車と解釈するのか、路面電車は軌道法と道路事業法のどちらに準じて運行しているのかは、複雑なものがあるのだ。鉄道事業法や軌道法についてここで解説はしないが、少し前まで路面電車といえば、軌道法に準じて運行しているものだと、一般的に考えられていた。

しかし、藤沢を起点に江ノ島《えのしま》から海岸沿いを走り鎌倉に至り、江ノ島〜腰越《こしごえ》間は路面を走行する「江ノ島電鉄」は、都電や各地の市電とは異なり鉄道事業法に基づいて運行されている。もともと江ノ島電鉄は軌道法で開業をしたが、１９４４（昭和19）年には地方鉄道に変更となり、鉄道事業法に基づいて走行をしているそうだ。福井や大津の例はこの逆で、鉄道として営業していたものが路面への乗り入れを特例として認可されたのだ。そのお陰で、街中に大きな電車が走るという、ちょっと変わった光景を楽しめるのである。

わずか8・5㎞の区間に、新幹線を毎日使う人たちって、誰？

在来線にもかかわらず走行しているのは新幹線車両だけという不思議な路線がある。博多～博多南（福岡県）間のJR博多南線である。走行距離はわずか8・5㎞。れっきとした在来線なのだが、乗車するには、普通乗車券200円のほかに特定特急券100円が必要だ。

なぜ、このような事態になったかというと、福岡市郊外の宅地化が進んだためである。もともと駅のなかった地域にどんどん住宅が建っていき、住民が増えていった。当然、朝の通勤・通学時間帯には市街地の博多駅方面が混雑するが、バスやマイカーといった交通手段しかなかったため、いつも道路は大渋滞だった。

その渋滞緩和策として目をつけられたのが、新幹線の車両基地だった。もともとは、博多駅で乗客を下ろした新幹線が回送電車となり、少し離れた車両基地まで走っていた。それならば、いっそのことこの回送新幹線に乗客を乗せてくれればいいじゃないかということで始まったのが、博多～博多南間の営業である。車両基地と行き来する新幹線の回送車両を利用しているため、博多〜博多南間は新幹線車両しか走っていないのである。

わずか10分ほどの博多南線だが、この路線の効果は絶大だった。

２０１４年８月の西日本新聞がこんな調査をしている。

博多南線の１日平均の利用者数は１万24人で、開業した１９９０年に比べて２・５倍に増加したという。また、沿線の３市１町（福岡市、春日《かすが》市、大野城《おおのじょう》市、那珂川《なかがわ》町）でつくる博多南線交通対策協議会の２００３年７月15日の会合で公表された影響調査報告書によると、仮に博多南線を廃止してバス代替にすると、博多南〜博多までの所要時間は現在の10分から40分以上もかかってしまうことになり、利用者が被《こうむ》る年間の時間的損失便益額は約25億円にも達するだろうと試算したのだ。

こうして、博多南線は「福岡都市圏の大動脈を担う」とされたのである。

えっ！子どもでも運転できる新幹線が存在する？

１９９７（平成９）年３月、ＪＲ西日本が開発した５００系新幹線「のぞみ」は、時速３００キロの営業運転を実現し、たいへん話題になった。その速さもさることながら、戦闘機のような鋭い先頭車両とスタイリッシュな車体が、近未来的な乗り物を想起させ、鉄道ファンのあいだではとても人気のあった車両である。

しかし2010年、ファンに惜しまれながら「のぞみ」としての役割を終えた。現在は、8両編成の「こだま」号（新大阪～博多）のみで運用されている。

しかし今でも、ほかの新幹線と異なるその容姿に根強いファンがいる。この「こだま」号に限っていえば、とくに子ども連れで乗車する親子に人気が高いのだ。なぜ、子ども連れの親子なのか？

その秘密は8号車にある。それは子どもが運転できる「子ども向け運転台」が設置されているからだ。実車の運転台同様の横軸式のブレーキハンドルとマスターコントローラーを備えており、新幹線の運転を体験できるしかけがある。もちろん、模擬運転台ではあるものの、新幹線を運転している気分を味わえるとあって、小さい子どもにはたいへん人気がある。

JR西日本の広報部によると、「小さい子どもが楽しめるようにしてほしい」という利用客からの要望があり、設置したという。たしかに「こだま」は、各駅停車のため乗車時間は長くなり、小さい子どものなかには、ぐずる子が出てきそうである。しかしこの「こだま」では遊べるとあって、子どもも退屈せずに過ごせると、親からも好評だという。

現在、1日に下り10本、上り10本が運行している。ただ運行上、子ども向け運転台が設置していない車両に変更する場合があるので、注意が必要である。

大阪の市営地下鉄は鉄道ではなかった？

当たり前のことながら、地下鉄も鉄道の一種である。地下鉄の行政上の名称は「都市高速鉄道」だし、東京をはじめ各都市を走っている地下鉄は、鉄道とみなされている。ところが驚くことに、大阪の市営地下鉄は鉄道ではないという。鉄道でないとしたら、一体何なのだろうか……。

大阪市営地下鉄は、鉄道ではなく「軌道」である。法律上、鉄道事業者の路線は「鉄道」と「軌道」に分けられるのだが、鉄道については「鉄道線路は道路法による道路に敷設してはならない」とあり、軌道は「特別の理由がある場合を除いて道路上に敷設すること」とある。つまり、道路以外を走るのが鉄道で、道路を走るのが軌道である。路面電車が軌道の典型といっていいだろう。

さて、大阪市営地下鉄であるが、これまで道路を走ったことはないし、現在も道路を走

御堂筋線

大阪市営地下鉄のひとつ御堂筋線は、大阪市第一次都市契約事業のなかで建設された。

ってはいない、そしてこの先も道路を走る計画はない。それなのに軌道として存在している理由は、大正時代にまでさかのぼる。1921（大正10）年、大阪市によってスタートされた大阪市第一次都市計画事業のなかに、梅田《うめだ》と難波《なんば》を結ぶ幅44m、長さ約4㎞道路の建設があった。これが御堂筋《みどうすじ》であるが、この事業には御堂筋の地下に鉄道を走らせる計画も織り込まれていた。地下鉄1号線こと御堂筋線である。

建設にあたり、大阪市はこう主張した。地下鉄は、道路の整備に伴って建設する。従って地下鉄は道路と一体といえる。道路と一体なのだから、地下鉄は軌道である。これに加え旧建設省もまた、道路下の地下鉄は、鉄道ではなく軌道とするのが正しいという見解だった。

こうして御堂筋線は軌道として開業した。その後大阪市は地下鉄の路線を広げていったが、すべての路線を道路の整備事業と一体であるとして軌道としたのである。大阪市営地下鉄は路線名が、御堂筋線、堺筋《さかいすじ》線などのように通りを表わす名称がつけられていることも、道路と一体である証《あかし》なのだ。

ところで、なぜ大阪市が地下鉄を軌道とすることにこだわったのかは不明のままである。鉄道であろうが軌道であろうが、政府からの援助に差違はないし、あえて軌道とするメリットは何もなかったはずなのだが……。

副都心線につけられていた「13号」の意味って、何？

東京の池袋・新宿・渋谷を結び、既存の多くの地下鉄駅と接続して連結する東京メトロ「副都心線」が、２００８（平成20）年6月に開業した。この名称が正式に決まるまでは、「13号線」と呼ばれていたが、これはどういう意味なのだろう。２０００（平成12）年に開業した都営地下鉄の大江戸線は「12号線」だったというから、単純に完成予定順に番号がつけられているのだろうか。

これは鉄道事業を監督していた運輸省が正式に定めたものである。東京の地下鉄には営団線（現・東京メトロ）と都営線の二種類があり、都営線は浅草線が「都営1号線」といったように、しばらくの間は番号で呼ばれていた。そのため、番号が付いているのは都営線だけだと思っている人が多いが、じつは営団線にも同じように付けられていた。営団線は早くから番号でない固有の路線名を付けて、その名称を呼称としてきたので、乗客にもそれぞれの路線名で親しまれてきたのである。

そして運輸省が定めた番号は、開業順に付けられているわけではない。都市計画に基づき、営団線も都営線も関係なく、東側を走る路線から振ったとされる。「1号線」は浅草線、「2号線」が日比谷線、「3号線」が銀座線……といった具合だ。もっとも、途中で新しく計画された路線が加わったりして、順番が入れ違っているところもあるが、「13」という番号の副都心線は山手線の西側のターミナル駅である池袋～渋谷間を結び、「東から番号が付けられている」という説に適《かな》っている。

副都心線こと13号線は、長らく工事が凍結されてきた路線である。そもそもは混雑の激しい山手線のバイパスとして計画されたのだが、埼京《さいきょう》線が山手線のバイパスの役割も果たすことになり、13号線は二重投資になるとされたためである。その後、当初のルートとは変更されて工事が始まった。

副都心線の13よりあとの数字の計画路線はない。また、13号までの計画路線は、副都心線の開業をもって、全線が開業することになる。ここからわかることは、東京には、副都心線より西に地下鉄を建設する計画はなく、また、副都心線よりあとに開業を目指して建設・計画中の新たな地下鉄路線もないということだ。

「山手線」は「やまのてせん」ではなく「やまてせん」が正しい？

江戸時代に、江戸城を中心に発展し、明治維新後にはそのまま江戸から名称を変えて首都となった東京。その江戸時代に「ご府内《ふない》」と呼ばれた江戸の中心地を取り囲むように敷かれているのが山手線だ。

山手線は今「やまのて線」と呼ばれている。これは由緒ある呼称で、山手線のベースになった明治時代創設の品川線に始まるものだ。品川から渋谷、新宿を通って赤羽まで走っていたこの路線は、沿線がほとんど田園地帯だった。これが当時、武蔵野《むさしの》台地の東端にあたる淀橋《よどばし》台、本郷《ほんごう》台に位置する「山の手」と呼ばれた地帯だったため、地元の人たちが「やまのて線」と呼ぶようになったのである。ちょうど線路が、山の手と上野の山の東側に広がる低地の下町との境目ともなっていた。

ところが、同じ山手線を「やまて線」と呼ぶ時代があった。第二次大戦後、GHQ占領下だった1945（昭和20）年、路線名のローマ字表記を求められた当時の国鉄が「YAMATE」としてしまったのである。担当者のうっかりミスといわれているが、それも無理のないことだった。本来の「やまのて」を、縮めて「やまて」と呼ぶのが国鉄内部の用語として浸透していたからである。

それ以来ずっと「やまて線」と呼ばれていたが、1971（昭和46）年、国鉄が全国の路線や駅名の呼び名の統一を図ったとき、「やまのて線」という明治時代からの読み方が復活したのである。東京23区が東京市と呼ばれていた時代から東京に住んでいた人たちや文化人から、呼び名の乱れを指摘され続けてきた。1885（明治18）年に創業した日本鉄道の品川線は、地元の人の呼び名に従って、1901（明治34）年に山手線を正式名称に改称し、「やまのて線」と呼んでいたというのが、文化人たちの指摘の理由だった。

当時の山手線は環状線ではなかった。官営鉄道の品川駅と、日本鉄道が敷設した上野〜高崎間の鉄道とを結ぶ路線として建設したものだ。その後に、日本鉄道は品川線を池袋、巣鴨《すがも》、田端《たばた》と延長させて上野と結んで下町も走ることになったが、「山の手」の名は変わることなく使いつづけられてきたのである。

じつは京浜東北線や埼京線という路線は存在しない？

埼玉県の大宮から、上野、東京、横浜を経て神奈川県の大船《おおふな》までを結ぶのがJR東日本の京浜東北《けいひんとうほく》線である。首都圏を南北に縦断する便利な路線として毎日大勢の通勤・通学客を乗せて運行している。

ところが、「京浜東北線」という路線は、じつは存在していない。「そんなはずはない、JRの時刻表に載っているし、駅の表示もアナウンスも京浜東北線になっているぞ」という反論がありそうだ。

だが、大宮〜東京間は東北本線で、東京から横浜間は東海道線、そして横浜から大船間は根岸《ねぎし》線の路線なのだ。京浜東北線と呼ばれる電車は、これらを結んで走る運転系統の呼び名であり、そういう路線があるわけではない。つまり、言ってしまえば「京浜東北線」というのは単なる愛称なのである。

これは、JR東日本の埼京《さいきょう》線も同様だ。埼玉県の大宮と東京都の大崎を結び、東京高速臨海鉄道りんかい線にも通じて江東区の新木場《しんきば》まで乗り換えなしで行けると好評だが、「埼京線」という路線は存在しておらず、大宮～赤羽《あかばね》間は東北本線、赤羽～池袋間は赤羽線、そして池袋～大崎間は山手貨物線である。京浜東北線と同様、複数の路線をまたいで運転されてはいるが独自の路線区があるわけではない。「埼京線」というのもやはり愛称ということになる。

埼京線という名で電車が走るようになったのは1985（昭和60）年のこと。このとき赤羽～大宮間を経て走るようになった通勤新線を埼京線という路線だと思っている人が多いが、これはあくまで東北本線の別線。これには、複雑ないきさつがある。

かつて、東北新幹線の建設計画が持ち上がった際、建設予定地の埼玉県の住民から大きな反対運動が起こった。騒音などの公害に対する配慮が不十分だということもあったが、それ以上に新幹線より通勤電車のほうが必要だという声が高かった。それももっともな要求で、当時、この周辺から都心に向かう電車の通勤ラッシュは、300パーセント近いひどい混雑率だったのである。

交渉の結果、沿線の自治体は、通勤用の路線を新たに設けることを条件として東北新幹線の建設を受け入れたのだが、この新たな路線が大宮～赤羽間であり、正式に東北本線別線という名称が決まっていた。「京浜東北線」も「埼京線」も首都圏の人々の日常生活に密着した路線である。もし、鉄道会社が路線愛称を取りやめ、本来の路線名で営業しなければならないなどということになれば、大混乱は必至だろう。

東京メトロの職員がＪＲ線を運転する常磐線の不思議

ＪＲ常磐《じょうばん》線の各駅停車に乗って、千葉県の松戸《まつど》方面から東京の下町・北千住《きたせんじゅ》方面へ向かうと、途中の綾瀬《あやせ》で乗務員がＪＲの職員から東京メトロの職員に交代して改めて北千住へと向かう。

私鉄とＪＲ、地下鉄などの乗り入れ区間の接続駅ではよく見かける乗務員の交代風景だが、綾瀬駅の場合、この交代はかなり妙だ。地下鉄とＪＲの接続駅はひとつ先の北千住なのに、なぜかその手前の綾瀬から東京メトロの職員が乗務するのである。

しかも、綾瀬駅自体もかなり不思議だ。駅員は誰もが東京メトロの制服を着ているし、ホームにある駅名の表示類も、東京メトロ仕様のものばかりで、見た目はすっかり東京メトロの駅といった雰囲気。おまけに、自動券売機も、ＪＲのものと一緒に、東京メトロの自動券売機がしっかりセットされているのである。

この珍しい光景は、東京メトロの都合によって生まれた。１９７１（昭和46）年、東京メトロ（当時営団地下鉄）が千代田線綾瀬～北千住間２・５㎞キロの運転を開始し、ＪＲ（当時国鉄）も常磐線綾瀬～松戸間の複々線を開業。これによって常磐線と千代田線の相互乗り入れ運転が始まった。このとき、営団は、北千住～綾瀬間の常磐線を複々線化する工事も行なっている。国鉄の路線敷設を営団が担当するとはどういうことだろう。

その理由は、千代田線の建設によって車庫や車両工場を設置する必要が生じた営団が、それを綾瀬駅の北側に建設したからだ。北千住～綾瀬をＪＲの路線にしてしまうと、地下鉄の車両を車両基地に運ぶ際に、ＪＲの職員に運転してもらわなければならなくなってしまい、これでは不便で仕方がない。そこで、綾瀬駅の土地、建物は営団が所有することで両者が同意し、「綾瀬駅共同使用契約書」が取り交わされて、現在に至っているというわけである。

札幌市営地下鉄には なぜレールが一本しかないの？

オリンピックの招致が決まると、その都市は建設ラッシュとなる。各国からやってくる選手団や応援団を受け入れるために、競技場、宿泊施設、そして交通機関などを整備する必要がある。

１９７１（昭和46）年12月に誕生した札幌市営地下鉄は、その翌年に開催された札幌・冬季オリンピックのメインスタジアムのあった真駒内《まこまない》から、札幌市北部の北24条まで、12・１㎞を結ぶために開通した。札幌地下鉄の車両は、普通の地下鉄と明らかな違いがある。それはレールが一本しかないこと。

レールが一本の乗り物といえば、多くの人は「モノレール」を思い出すだろう。モノレールには、コンクリート製の軌道の上を跨《また》ぐ形で走行する「跨座《こざ》式モノレール」と、軌道に車両がぶら下がる形で走行する「懸垂《けんすい》式モノレール」の２タイプがある。

しかし、札幌地下鉄はモノレールとは異なる。札幌地下鉄の一本のレールは「案内軌《き》条《じょう》」といい、鉄製の軌条を車両についたゴムタイヤで挟んで走るシステムだ。札幌市営地下鉄はそれ以降も路線を延ばし、東西線、東豊《とうほう》線など48㎞にまで拡大している。

ゴムタイヤは接地面での摩擦が大きい。札幌市営地下鉄は、それを利用して高加速・高減速を実現した。これにより、都市部などの駅間が短い路線での素早い輸送が可能となっている。また、急な勾配《こうばい》を空転、滑走せずに走行できるので、鉄輪《てつりん》では走れないような形の路線も可能となり、建設コストの軽減にも繋がっている。

レールが案内軌条の一本だけというのもユニークなのだが、車輪に鉄輪がまったく使われずゴムタイヤのみという電車は札幌市営地下鉄による独自の設計で、「札幌方式」と称されている。

乗客として嬉しいのは、音が静かで乗り心地がいいことだ。これはゴムタイヤそのものがクッションの役目を果たしている賜物《たまもの》だ。

札幌方式にもデメリットはある。ゴムタイヤは金属製のものより磨耗《まもう》が激しいため、大型化や輸送力の増強が非常に難しいのだ。また、既存の路線との相互乗り入れが不可能なため、ＪＲと結ばれることがない。それでも積雪の多い札幌では雪の影響がない地下鉄の利用価値は高く、多くの市民の重要な足として活躍している。

大江戸線がほかの地下鉄より狭苦しいのはなぜ？

２０００（平成12）年に開業した東京メトロ大江戸線に乗った人は、他の地下鉄より車両が小さいことに気がつくだろう。

車内の吊り広告は、天上の低い車内で乗客の邪魔にならないようにプラスチック板で抑えられている。

大江戸線の車両が小さいのは、「リニアモーター」を採用しているためである。リニアモーターというと、レールから浮いて超高速で走る未来の列車というイメージが強いが、その原理はすでに身近なところで実用化されている。車両に取りつけられたリニアモーターと、レールに敷いた「リアクションプレート」というリニアモーターの部品の一部との間に発生する磁力で電車を動かす技術は、超高速から超低速まで応用できるのである。

大江戸線のレールの間には、金属の板のようなものが並べて敷いてあるが、それがリアクションプレートである。大江戸線に乗るときは、ぜひレールの間を見て欲しい。

このリニアモーターが採用されたのは、コストダウンのためである。リニアモーターは通常の電車のモーターよりも非常に薄く、台車を小さくすることができるので、車両の床下部分を小さくでき、その分車体もトンネルの内径も小さくできる。地下鉄の建設費の中で大きな比率を占めるのがトンネルの工事費用であり、それを節減することは大幅なコストダウンになるのである。

たとえば、同じ都営地下鉄の新宿線のトンネル内径は6・2mだが、大江戸線は4・3mである。

掘り出す土の量はおよそ半分ですむという。また、新宿線の車両の車体幅は2・8mで、大江戸線は2・5m。車体幅の違いは30㎝センチ。車両のコンパクト化の比率はトンネルのコンパクト化に比べたら割合としては小さい。だが、幅で30㎝小さくなると、前述のように窮屈な印象を招くようだ。

リニアモーターを用いた地下鉄を、「リニアメトロ」と呼ぶ。日本初のリニアメトロは、花博へのアクセスとして開業した大阪市営地下鉄鶴見《つるみ》緑地《りょくち》線（現在の長堀《ながほり》鶴見緑地線）で、ほかにも、神戸市営地下鉄、福岡市営地下鉄などで次々に採用されている。

既存の路線とは規格が違うので乗り入れはできないが、騒音が少ないし、車輪の空転がないので急カーブや急勾配に強いという。新しいタイプの都市交通として拡大が期待されている。

都電で唯一、荒川線が生き残ったなるほどの事情

1955（昭和30）年当時の東京の姿を描こうとすれば、都電の存在を無視することはできない。当時、都電は41の路線を持ち、352㎞の総路線距離を誇っていた。1日あたりの乗客数は175万人にも及んだというから、まさに都民の足として、東京の街をフル

都電荒川線

荒川一中前停留場付近を走行する都電荒川線 7000 形。

稼働していたのである。しかし、現在残る都電は、わずかに荒川線1本だけ。なぜ都電は荒川線だけになってしまったのか。

そもそも都電が廃止されるきっかけは、昭和30年代～40年代にかけての車社会の到来にある。路面を走る都電は、渋滞の原因となり、都の公安委員会は、1959（昭和34）年に、都電軌道内への車の乗り入れを許可したのである。これにより車は走りやすくなったが、都電は軌道内に入り込んだ車に進行を阻まれ、思うように走れなくなってしまった。

たとえば日本橋から銀座までのわずか1・5㎞の距離を走るのに、1時間近くもかかるようになったというから、これでは利用者はたまったものではない。当然人々の都電離れが起こり、翌年の1960（昭和35）年には、

2億円近い赤字を出すことになってしまったのである。

こうした状況のなか、都は1967（昭和42）年に、都電を廃し、都民の交通機関は地下鉄とバスだけにするという方針を打ち出した。都電は全廃となり、1972（昭和47）年までに次々と路線は廃止されたのである。

現在、ただひとつ残った荒川線と呼ばれている都電は、当時、三ノ輪橋《みのわばし》〜赤羽間を走っていた27系統と、荒川車庫前〜早稲田間を走っていた32系統である。この路線は、1911（明治44）年に王子《おうじ》電気鉄道として開設され、1942（昭和17）年に戦時体制の強化のためとして東京市に買収された。

今でこそ荒川線が走る地域は東京の下町といわれているが、当時はまだ東京郊外の色合いが強かった。つまり、荒川線は郊外を走る私鉄として出発した路線であり、そのぶん、他の路面電車に比べて道路上の軌道ではなく専用軌道が多かったのである。

専用軌道を走るのであれば、車の障害になることは少ないし、車に邪魔をされて走りにくいということもない。また専用軌道は代わりとなるようなバス路線の確保が難しいという事情もあり、沿線住民からは廃止反対の声が強く上がり、都電廃止を惜しむ人々の要望も強かった。

都電が廃止されていくなかで、27系統も三ノ輪橋〜赤羽間から三ノ輪橋〜王子駅前間に路線が縮小し、廃止の方向に向かっていたが、一方で存続論が盛んに行なわれていた状況を受け、27系統と32系統は一本化されて荒川線と改称され、存続が決定したのである。

その後、1977（昭和52）年からはワンマンカーへの切替がはじまり、各停留所の改善が行なわれた。生まれ変わった荒川線は、路面電車再評価の声が高まるなか、現在も元気に走り続けている。明治から続く、じつに貴重な東京の財産のひとつなのである。

名古屋の地下鉄に5号線がなく、横浜の地下鉄に2号線がないのはなぜ？

地下鉄は一般的に使われる路線名のほかに、路線整備が計画されると、○号線という路線番号がふられる。ところが計画され、番号を振られた路線が、1号線からすべて番号順に敷設されるかというと、どうやらそうではないようだ。

たとえば名古屋市高速鉄道（名古屋市営地下鉄）は1号線（東山《ひがしやま》線）、2号線（名港《めいこう》線と名城《めいじょう》線の一部）、3号線（鶴舞《つるまい》線）、4号線（名城線）と4番まであるが、その次は5号線が飛んで6号線（桜通《さくらどおり》線）となっている。

現状では5号線が敷かれていないが、計画当初は、5号線もたしかに存在していた。1

950（昭和25）年、名古屋市の地下路線の都市計画が策定された際には、石川町から名古屋薬科大学前が5号線として計画にのぼっているのである。

その後、計画は改訂されるが、1961（昭和36）年、建設省から都市計画として告示された際も5号線は伏屋《ふしや》〜金山《かなやま》の八熊《はちくま》線として予定に入っていた。5号線は関西線と近鉄名古屋線の混雑緩和への期待がなされ、近鉄との直通も予定されていたようだ。

しかし、名古屋市営地下鉄は、2005（平成17）年、全国の地下鉄に先駆けて環状運転を開始するものの、5号線はついに建設されることがなかった。1992（平成4）年、2008（平成20）年を目標として、改めて整備が適当な路線や新設すべき区間などを示した計画を答申したが、5号線については近鉄も関西線もこの線が必要になるほど混雑がなく具体化しなかった旨を記している。5号線は一度は計画されながらも、それほど必要性がなかったとして凍結されたようだ。

こうして、5号線の建設は幻となってしまったのである。

同じ例は横浜市高速鉄道（横浜市営地下鉄）にもある。こちらは現在、1号線と3号線が走るが、2号線は存在しない。ところが、やはり当初の計画では4号線まで存在していた。このうち1号線と3号線は緊急整備路線とされ、1972（昭和47）年に1号線が部分開業したのを皮切りに3号線も開通した。

2号線は神奈川新町～屏風浦《びょうぶがうら》のルートとして計画されていたが、京浜急行電鉄と重複する区間が多いことからやはり計画は凍結されたという。

何しろ地下鉄建設は、大都市の地下を通すという一大プロジェクトである。費用や時間との兼ね合いから、当初の計画通りというわけにはなかなかいかないようだ。

路線の約半分が地上に出てしまっている東京メトロ・東西線は地下鉄っていえるの？

東京都を東西に横断するＪＲの中央線や総武線の混雑を緩和させるためにつくられた地下鉄東西線は、全長30・8㎞のうち、約半分の13・8㎞が地上を走るという奇妙な地下鉄である。

半分も地上線であれば、地下鉄ではないという声もあるだろうが、これを建設したのは営団地下鉄（当時）。れっきとした地下鉄線なのである。じつは、この地下鉄、当初から地上線として計画されたものではなく、やむにやまれぬ事情から生み出されたものだったという。１９６５（昭和40）年、本来なら東京のエリアだけを走らせると定められていた当時の営団地下鉄だが、総武線の混雑を緩和するために西船橋《にしふなばし》までの路線延長にのりだした。

しかし、新しい地下鉄で計画されていた東陽町《とうよう》〜西船橋間に、地下鉄ゆえの思わぬ難問が立ちはだかった。

この区間には荒川や江戸川などの河川が多く、地盤が緩い。そのため、地下に穴を掘って構造物をつくる地下鉄工事には不向きな地質であることが判明した。とはいえ、沿線住民は鉄道開通を待望しており、一刻も早く鉄道を走らせる必要があった。

そこで、営団地下鉄はこの難局を打開するため、ある秘策を打ち出す。何と地下鉄ながら大規模な地上路線を導入したのである。

この区間では、地上線だと建設コストは地下を走るより10分の1程度に抑えられる。また、工期も短縮できるため、安く、早く完成するには地上線が最適との判断を下したのだ。

地上に長い路線をつくるのは、営団地下鉄にとっては初めての事業だった。ところが、初とはいいながら、かなりの先進性を持ってのぞんだようだ。今後、この地域が発達することを見込み、全線を高架にしたのである。

また、従来の地下鉄になかった快速電車を走らせることも考え、追い越し路線も確保した。

工事が始まってからは、地盤の弱い地域に鉄橋をつくるのに苦労したが、１２３６ｍも

東西線

旧江戸川を渡る東西線。長大な橋により地盤の問題を解消した。

の長い橋までつくり上げている。

こうして、1969（昭和44）年に開通にこぎつけた東西線は、南砂町《みなみすなまち》より東で地上に顔を出すと最高時速100㎞のスピードで西船橋までの地上を走りぬけ、日本橋〜西船橋間を快速なら約20分で結ぶことに成功したのである。

また、地上部分全線高架という配慮も大いに役立つこととなった。都心に近く、便利になった沿線は人口が急増したが、高架線にしていたため、開けていく市街地や増える交通量を妨げることがなかった。

東西線は、駅の増設、編成車両の増設を繰り返しながら沿線の人々の足として大活躍。1996（平成8）年には第三セクターの東《とう》葉《よう》高速鉄道が、西船橋〜東葉勝田台《かつただい》間を開業し、東西線との相互乗り入れを実施しますます便利になった。

ファンでなくても思わず見とれる！「3電車同時発車」路線

まるで3本の電車が競争しているかのように、同時スタートする光景が見られるのが、阪急電鉄の梅田《うめだ》駅だ。阪急電鉄の路線図では、梅田〜十三《じゅうそう》間が3本の線で結ばれている。神戸線、宝塚線、京都線が乗り入れており、いずれの線も運行本数が多いので、かなりの頻度で同時発車となる。京都線は梅田の隣駅・中津《なかつ》には停車しないため、神戸線と宝塚線が急行や特急で中津に停車しないときは、梅田〜十三の間2・4㎞を3本の電車が並走する。

阪急梅田駅には、神戸線、宝塚線、京都線に対して、それぞれ3本ずつの発着線が用意されており、9本の線路がある。ホームは10面あり、それぞれのホームは乗車用と降車用に分かれた両側ホームとなっている。梅田〜十三間は、神戸線、宝塚線、京都線、それぞれが複線化されているため、計6本の線路が整備されている。ここが「レース会場」となるわけだ。

阪急電車の並走

３本の電車が並走する梅田〜十三区間。神戸線、宝塚線、京都線の６本の線路が並ぶ。

もっとも、3電車の加速性能は一律ではないし、梅田駅を出ると左カーブがあるから、カーブの一番外側を走る京都線は、ほかの電車に比べ走行距離が長くなって不利だし、カーブ半径が小さい分、カーブの一番内側の神戸線もやはり分が悪い場合もありそうだ。

阪急梅田駅は、最初から現在の場所にあったわけではない。かつての駅では、神戸線と宝塚線が並んでいたのに対し、京都線はやや離れた場所だった。また神戸線、宝塚線が3線ずつあったのに対し、京都線は2線しかなかった。したがって見事な3電車同時発車は、現在の駅になってから見られるようになったのだ。

私鉄最大級の設備を誇っていた梅田駅だったが、増え続ける乗客に十分に対応することができず、1966（昭和41）年、移転して新しい駅をつくろうと工事が開始された。翌年にまず神戸線が新しい梅田駅に移転し、1969（昭和44）年には宝塚線が移転した。最後に移転したのが京都線で、1971（昭和46）年のことである。

しかし、この移転先でも、京都線だけは、当初あいかわらず2線しか持てなかった。京都線がやっと3線に増設されたのは、1973（昭和48）年のことだ。

「3電車同時発車」といっても、実際には扉が閉まるタイミングが微妙にズレていたりするので、3電車がピタリとそろってスタートすることはまれなのだが、この3電車同時発車をよく知る地元の乗客は、ひそかに自分が乗車している電車を応援して、この珍しい光景を楽しんでいるのだそうだ。

一度は乗ってみたくなる！ 京津線は三度おいしい

京阪《けいはん》電気鉄道は、京阪本線、交野《かたの》線、宇治《うじ》線、鴨東《おうとう》線、中之島《なかのしま》線をあわせた京阪線と、京津《けいしん》線と石山坂本《いしやまさかもと》線をあわせた大津《おおつ》線を運営する関西の大手私鉄のひとつである。なかでも、大阪市内の淀屋橋《よどやばし》と京都市内の三条《さんじょう》間49・3㎞を結ぶ京阪本線は、関西随一の通勤路線ともいわれ、関西の民間鉄道としては最大の動脈といっても過言ではない路線だ。

その京阪電気鉄道に、鉄道ファンならぜひ一度は乗ってみたい面白い路線がある。京都市山科《やましな》区の御陵《みささぎ》駅から滋賀県大津市にある終点・浜《はま》大津駅までを結ぶ京津線である。

京津線は、わずか7・5㎞という短い路線にもかかわらず、他のどの路線にもない表情の変化を見せる。まず、御陵駅を出発するときの京津線は地下鉄だ。京津線はもともと御陵駅から三条までの路線があり、そこを路面電車として走行していたのだが、京都市交通局東西線の開通にともなって御陵～三条間が地下鉄に乗り入れすることになり、在来区間が廃止されてしまったのだ。そのため、京津線の出発地点である御陵駅は地下鉄の駅になったのである。

さて、地下鉄の御陵駅を出発した電車は、しばらく地下を走った後で地上に出て、次の駅、京阪山科に到着する。さらに四宮《しのみや》駅、追分《おいわけ》駅を過ぎて滋賀県に入ると、ここからは突然登山列車のような様相を見せる。電車は急勾配を上り、やっと上りきったかと思うと急カーブに突入し、曲がりきったところで次の大谷《おおたに》駅へ到着する。この駅を過ぎると、今度は急勾配の下り坂だ。この京津線より急な勾配を走る路線は、日本では大井川鐵道井川線《おおいがわてつどういかわ》と箱根登山鉄道しかないというのだから、その勾配ぶりはなんと日本で3本の指に入るということになる。普通の在来線であり、通勤列車としても利用される路線としては、異例の急勾配である。

下り坂を降りると上栄町《かみさかえまち》駅に到着するが、今度待ち受けているのは半径40ｍしかない急カーブ。かなり窮屈な感じでカーブした電車は、なんといきなり道路の上へ。そう、ここから先は国道１６１号線の上を進む路面電車となって６００ｍほど市街地を走行し、終点・浜大津駅へとたどり着くのである。

京都と大津を結ぶ路線は、ほかにＪＲ西日本の東海道本線があり、こちらを利用する人が多いが、地下鉄から山岳鉄道、さらに路面電車へと、短い路線内でクルクル姿を変える京津線は、最後まで飽きることのない楽しい路線である。

西武鉄道には40年も休止中の路線があるって、ホント？

埼玉県川越《かわごえ》市にある西武新宿線終着駅・本川越《ほんかわごえ》のひとつ手前の駅、南大塚から１本の赤さびた線路が北西に伸びている。線路は国道16号線と交差すると、そこから入間《いるま》川に向かって一直線に伸びて、入間川の河川敷手前で終わる。途中、線路はところどころで途切れ、用水路を渡る鉄橋の枕木は朽ち果て、アスファルトの道路が線路を埋めている部分もある。

いかにも廃線のなれの果てといった雰囲気だが、この路線、じつはこれは40年間にも及び電車はまったく走らぬまま存続してきた路線なのである。

この路線は、西武鉄道安比奈《あひな》線といい、全長3・2㎞の貨物線だ。1925（大正14）年2月15日、当時、関東大震災後の東京復興事業などで需要が多くなっていた川砂利運搬を専用に行なう路線としてスタートし、1967（昭和42）年に営業休止の手続きが取られるまで、40年以上にわたって川砂利を運び続けてきた。ところが、1965（昭和40）年になって関東近県河川からの砂利採取事業が禁止され、安比奈線の仕事が完全になくなってしまったのだ。

それにしても、なぜ安比奈線はまったく使われてもいないのに、廃止ではなく休止のまま現在に至ったのか。

一説によれば、新宿線の輸送力増強の一環として、安比奈付近に車両基地を建設し、安比奈線を車両線として復活させる構想があったためといわれている。しかし、少子化によって輸送量が減少したのか、バブル崩壊の影響か計画は実現されておらず、近年になって国土地理院の地形図からも削除された。

2009年に廃止ではなく休止となっている理由を西武鉄道に確認したが、担当者の答えは、記録が残っているかどうか不明とのことだった。では、復活の可能性についても「お答えできかねます」との返事であった。

そして２０１６年、ついに安比奈線に引導《いんどう》が渡される時がやってきた。廃線が決定したのである。

数奇な運命に翻弄《ほんろう》された安比奈線は、営業停止から49年目にしてようやく眠りにつくことができたのだった。

赤字路線の上砂川線が、国鉄再建法の目を逃れた意外な理由

インフラ整備は国として重要な事業だ。

だからといって、採算を度外視して事業を進めると、多額の赤字となり、にっちもさっちもいかなくなってしまう。

かつての国鉄がその典型的な例で、赤字が増え続け、このままでは経営があやぶまれるという段階にまでなり、ついに再建のために赤字路線を廃止するというリストラ策が打ち出された。

これが、１９８０（昭和55）年12月27日に施行された「日本国有鉄道経営再建促進特別

措置法（国鉄再建法）」である。

国鉄再建法は、かなり厳格なもので、輸送密度（1日1㎞あたりの輸送人数）を算出して、基準に満たないものは、廃止もしくは第3セクターによる運行に切り替えられるというものだった。

全国の路線が輸送密度に応じて、3段階で「特定地方交通線」に振り分けられた。その概略は、まず営業キロ30㎞以下などの条件で限定し、輸送密度2000人未満の路線などが選ばれた。

次には、輸送密度2000人未満（営業キロの条件などはとくにない）。第三段階では、原則として輸送密度2000人以上4000人未満にまで、対象が拡大された。この時点で、例外を除いて輸送密度が4000人未満だと、廃止が濃厚ということになったのだった。

ところが、4000人未満にもかかわらず、廃止リストに載らず、チェックもされなかった路線があった。北海道の上砂川《かみすながわ》線である。上砂川線は、砂川～上砂川を結ぶ7・3㎞の、おもに石炭輸送のために敷かれた路線で、貨物列車を除くと、1日8往復の便しかなかった。

輸送密度をチェックしさえすれば、まず間違いなく廃止になる路線である。にもかかわらず、廃止の対象にならなかったのは、上砂川線というのは、あくまで通称であって、実際には、名前が違ったからである。名称のつけかたが「特定地方交通線」への振り分けの例外条件項目にあったわけではない、上砂川線は、正式には「函館本線の一部」という扱いだったのだ。

函館本線といえば、押しも押されもせぬ幹線だ。利用客も多く当然ながら、廃止の対象になるはずもなかった。

一方、上砂川線と同じく石炭輸送の路線であり、なおかつ上砂川線と同じく、函館本線の砂川を起点にしていた歌志内《うたしない》線は、たまたま「歌志内線」という名称がついていたために、独自路線とみなされ、輸送密度をチェックされる憂き目にあい、特定地方交通線に認定されてしまった。歌志内線は、上砂川線よりも少し長く、14・5㎞の路線。上砂川線よりも、ほんの少し輸送密度も多かったために、独自の名称をつけてしまったのが運のつきだった。

国鉄再建法の網の目はくぐり抜けたものの、JR北海道との話し合いで、1994（平成6）年に上砂川線は廃止された。

1992（平成4）年に主要目的だった石炭輸送が廃止され、利用されることがほとんどなくなったためである。

世界初のハイブリッド車のデビューがなぜ小海線？

信州の高原列車として颯爽《さっそう》と走るＪＲ小海《こうみ》線。リゾート地として名高い清里《きよさと》へ行くためにも利用される路線として有名だ。

この路線に２００７（平成19）年７月から世界初となる車両が登場し、注目を集めた。熱い視線の先にあるのは、ディーゼルと電気の両方を動力源として走る画期的な列車版の「ハイブリッドカー」。

ハイブリッドカーといえば、ガソリンエンジンと電気モーターの２種類の原動機を組み合わせたエコカーを思い浮かべるだろう。ところが、車同様、鉄道車両に関しても「エコトレイン」の研究が行なわれたのである。

もうもうと煙を上げる汽車と違い、現代の列車は環境にやさしいのでは？　とも思うがじつは、そうとばかりもいえないようだ。

電化されている路線はともかく、電化されてない路線はディーゼルエンジンを搭載する気動車が走る。ローカル線などでよく見かける、ゴーゴーと唸《うな》るエンジン音で走っているディーゼル車がそれである。

このように、ディーゼルエンジンは地響きのように唸る騒音や排気ガスの観点から、長年、環境に優しくないと指摘されてきた。そのため、ディーゼルエンジンとリチウムイオン蓄電池を効果的に使用して走る「ハイブリッド車」が開発されたのである。

ハイブリッド車は、発車時と停車時にはディーゼルエンジンを使わず、蓄電池に貯めた電気を利用するため騒音もかなり緩和された。また、燃料消費量も低減するなど、環境にもずいぶん優しい車両である。

ところで、ここでひとつ疑問がわくに違いない。なぜ、そんな世界初のハイブリッド車がデビューした路線が小海線だったのかと……。

JR東日本としては、おもにふたつの理由があったようだ。

まず、ハイブリッドで動力が十分に得られるかどうか性能をたしかめる必要があった。とくに耐久性を調べるためには駅間距離が短くアップダウンの激しい地での試験運行が適している。

そこで選ばれたのが小海線だったのだ。というのも、この小海線は、JRの標高ベスト10のうち1位は野辺山《のべやま》駅、2位は清里《きよさと》駅など、何と9位までを独占する山地だったからである。

小海線で試験運転を行なった結果を受け、営業運転が開始されることになると、あらためて運行路線が検討された。

そして清里などの観光地であることから技術のPR効果を期待できるとして、本路線が選ばれたという。

現在では「こうみ」の愛称で高原を快走している。

地盤のゆるさを技術で克服、半蔵門線のトンネルはこうして掘った

渋谷～押上《おしあげ》を結ぶ東京メトロ半蔵門《はんぞうもん》線は、渋谷では東急田園都市《でんえんとし》線に、押上では東武伊《い》勢《せ》崎《さき》線・日光線に接続している。渋谷から都心部への区間では、銀座線のバイパス的存在にもなっている。

この半蔵門線の九段下《くだんした》～神保町《じんぼうちょう》までの区間の工事では、非常にユニークな工法が取られたことで有名である。それは、「凍結工法」と呼ばれるもので、地下の土を完全に凍らせてしまってから、そのカチカチの土を掘っていくというものだ。

通常の地下鉄工法といえば、地上から地下へと穴を掘り進めていく「開削《かいさく》工法」か、も

しくは地下で横穴を掘り進めていく「シールド工法」に大別できる。ところが、半蔵門線のこの区間では、どちらの工法も採用されなかったのである。

まず「開削工法」を断念したのは、当時は、半蔵門線と都営新宿線の同時施工となったために大きな断面を掘らなくてはならなかったこと、半蔵門線の地上には、靖国《やすくに》通りがあるが、ここの交通量が多く、地下鉄工事のための大幅な交通規制が難しかったことなどによる。

「開削工法」に比べると、「シールド工法」に関しては、前述した点については、ほぼ問題はなかった。しかしながら、路線上には日本橋川があるが、ここは干満差が2mにもなるうえ、船も多く行き交っていた。

また、ここの地盤はひじょうにゆるく、シールド機を使って横穴を掘った場合、崩落する危険性があったのである。

そのうえ、九段下〜神保町までの区間はわずか400mと短い。たったこれだけの距離をシールド機を使って工事したのでは、費用がかかりすぎることもネックとなった。そのほか、俎《まないた》橋の老朽化も懸念材料となった。構造がもろくなっていて、ほんのわずかの振動でも、影響が出る可能性がないとはいえなかったのである。

そこで採用されたのが、ゆるい地盤を固める「凍結工法」だ。凍結工法では、まず多数の管を地中に差し込み、管のなかに冷却液を流し込む。管のなかの冷却液をまんべんなく循環させることで、周囲の土全体を凍らせていく。１９７７（昭和52）年に冷却液が投入され、２６０日間かけて、縦横50ｍ、深さ15ｍまでの土を凍らせた。

その後、凍らせた土を掘り進めるのに2年ほどかかり、１９７９（昭和54）年に、この区間の工事は終了した。

半蔵門線が当初の計画区間である渋谷～水天宮《すいてんぐう》前まで開業したのは、１９９０（平成２）年のことだった。その後、水天宮から押上まで延長され、同区間は２００３（平成15）年に開通した。

裏方業務の車両基地が一転、スキー客限定の人気路線に

かつては、鉄道が開通すると、畑のど真ん中といったようなとんでもない場所に駅が誕生することがあった。ときに政治駅と呼ばれたりするが、地元選出の政治家が票集めのために停車駅を決めたりするケースがあったためだ。

そのとき使われたのが、「鉄道が通れば、駅前に繁華街ができて町が発展する」という

甘い言葉だった。

この政治駅とは趣《おもむき》を異にするが、地元の発展に寄与した新幹線の駅が「ガーラ湯沢《ゆざわ》駅」だ。

上越新幹線の越後《えちご》湯沢駅から北へ、わずか1・8㎞に位置している。しかも冬季だけ営業する季節限定駅である。

というのも、駅がそのままスキー場の入り口になっていて、ゲレンデへ向かうゴンドラに、すぐ乗り継ぐことができるというスキー客限定の駅といえるものだからだ。

時刻表には冬季だけガーラ湯沢駅が掲載され、スキーシーズン以外は駅名すら見ることはできない。

もともとこの駅と路線は、上越新幹線開通にともなって設けられた新幹線の保線車両の基地と保線車両が越後湯沢駅まで往復するための路線で、現在も駅に隣接して保線車両基地がある。新幹線の保守という通常ならば一般の乗客は見ることすらなかったはずの設備だった。その裏方業務のための車両基地と新幹線との間に敷設されていた鉄路の存在が、ガーラ湯沢というスキーと温泉を中心としたリゾート地誕生のきっかけとなったのだった。

ガーラ湯沢の経営母体は、1999（平成11）年からは、JR東日本、新潟県の湯沢町と近隣の南魚沼《みなみうおぬま》市・十日町《とうかまち》市が出資している第三セクターだが、1990（平成2）年の開業当時は、JR東日本の子会社だった。

この地に保線車両基地を設けたJR東日本が、湯沢が豪雪地帯であることに目をつけ、この路線を営業にも活用できれば……というので開発したリゾート地が、ガーラ湯沢スキー場だったのである。

その目論見がみごとに当たり、ガーラ湯沢は、新幹線利用で東京駅から最速77分で行けるスキー場として人気を高めていった。

東京駅から直通の新幹線は、越後湯沢駅の新幹線ホームから、「たにがわ」「Maxたにがわ」という新幹線の車両がそのまま発着している。

在来線にはガーラ湯沢行き列車は編成されておらず、線路の規格からいっても間違いなく新幹線なのだが、JR東日本の運行規定上は在来線扱いだ。距離が短く、最高速度が時速70㎞に制限されているから、「主たる区間を200㎞以上毎時で走る」という新幹線の定義から外れてしまうのだ。

東京からガーラ湯沢行き直通を利用せず、在来線で越後湯沢駅を利用してガーラ湯沢へ行くスキー客のためには、ひと駅区間の運賃140円と特急料金100円が設定されていて、この料金体系も在来線並みである。

脇役のバイパス路線だった湖西線が今やネットワークのキーロール

かつて関西から北陸方面へは、東海道本線で滋賀県の米原《まいばら》まで行き北陸本線に乗り換えて行ったものだ。

米原は北陸への西の玄関口として長距離列車が発着していた。東海道新幹線開業後も米原は雪の名所としてでなく乗り換え駅として重要な駅であった。

ところが、関西と北陸を最短で結ぶバイパスとして１９７４（昭和49）年に琵琶湖西岸を通る湖西《こせい》線が開業した。

比叡山《ひえいざん》の山麓を通り風光明媚《ふうこうめいび》な琵琶湖の車窓風景を楽しむことができ、しかも大幅な時間短縮が実現したため湖西線は好評で、やがてほとんどの北陸方面行きの列車が湖西線経由となった。

湖西線は、バイパス路線として高速運転を前提にした高規格路線であるため、理論的には１６０㎞毎時での走行が可能だ（営業上は１３０㎞毎時）。信号機の改良コストや貨物列車も運行していることが高速化へのネックとなっているものの、日本海縦貫線やアーバンネットワークなど、広域路線網のサービスを充実させたいＪＲにとって、西日本方面の重要な路線なのだ。

かつて湖西線が建設される前には、計画区間に並行して地元資本による江若《こうじゃく》鉄道があった。

近畿の東端である近江《おうみ》と日本海側の若狭《わかさ》を最短で結ぶ鉄道として１９２０（大正９）年に設立され、１９３１（昭和６）年までに浜大津〜近江今津《いまづ》間の51㎞が開通した。非電化地方私鉄だが、戦前から自社オリジナルのユニークな気動車を次々と投入し羽振りが良かった。

とくに１９３０年代前半に、現在も新幹線などを製造する日本車両に特注したＣ９形などのガソリンカーは１２０人乗りの大型のもので、流線形の最先端を行くデザインを採用し国鉄をしのいでいた。

戦後ディーゼルエンジンが普及すると、エンジンを載せ換えて使用された。しかし、湖西線建設計画が持ち上がると、客足をとられるのが明白だったので日本鉄道建設公団に路線の買い上げを要求し１９６９（昭和44）年に鉄道営業を廃止した。湖西線開業の陰には失われた私鉄があったことを知る人は少ない。

廃止は早計だった？筑波鉄道に復活待望論

今や、東京方面から茨城県つくば市へのアクセスは、2005（平成17）年に開業した首都圏新都市鉄道つくばエクスプレスがメインの交通機関となったが、1987（昭和62）年までは、国鉄（当時）常磐《じょうばん》線の土浦《つちうら》と水戸《みと》線の岩瀬《いわせ》を結ぶ筑波《つくば》鉄道筑波線が利用されていた。

筑波線は茨城県有数の景勝地である筑波山へのアクセスとして観光客に利用され、観光シーズンには上野から国鉄の臨時列車が乗り入れた。

また、肥沃《ひよく》で広大な関東平野では農業が盛んに行なわれ、筑波鉄道は農作物の輸送にも携わった。

筑波鉄道は近隣の同じような立場の私鉄と合併や分離を繰り返し、常総《じょうそう》筑波鉄道筑波線、関東鉄道筑波線、筑波鉄道筑波線と社名を変えた。各地で鉄道の電化が進む時代に、非電化であったため、全国各地から中古の気動車が集結し、さながら気動車博物館のようで、鉄道マニアにも人気があった。

1970年代は地方の中小私鉄が次々と廃止されたため車両の調達にはことかかなかったようだ。

たとえば、小田急電鉄が国鉄御殿場《ごてんば》線に乗り入れるために製造した1枚扉の準急用気動車を、簡易改造でドア数を増やした車両や、北海道から炭坑の閉山によってやってきた雄《ゆう》別《べつ》鉄道の寒冷地仕様の車両など、異彩を放つ車両も多かった。

しかし、ほかの地方私鉄同様に自動車社会の到来、とくに常磐自動車道開業による首都圏からの高速バス輸送の充実によって経営が厳しくなり、ついに1987（昭和62）年に、筑波線は廃止となった。

それから約20年を経て、2005（平成17）年に東京とつくば市を直結するつくばエクスプレスが開業し、つくば市は一気に東京から近くなった。早くも延伸を望む声が周辺市町村から上がっているが建設費の負担がネックになり具体化していない。

一方では、今になって筑波鉄道が存続していたらつくばエクスプレスと接続させて周辺地域の活性化が図れたのではないかとの意見が上がっている。もし筑波鉄道が残っていたら沿線は都心から1時間前後で結ばれるので、ベッドタウンとして発展したに違いないというのだ。廃止されて20年以上が経って巻き起こった、1980年代には想像もしえなかった筑波鉄道復活論である。

格下げのおかげで今や貴重な文化遺産、明治の技術者の知恵の集積

熊本と鹿児島を結ぶＪＲ九州の肥薩《ひさつ》線は、鹿児島本線の八代《やつしろ》から球磨《くま》川をさかのぼり、日豊《にっぽう》本線の隼人《はやと》に至る１２４・２㎞の路線である。途中、人吉《ひとよし》から吉松《よしまつ》にかけては約35㎞の山越え区間があり、人吉から矢岳《やたけ》峠を越え、標高５３６ｍの矢岳駅へと至る。この峠越えのルートは、かつて日本三大車窓のひとつと呼ばれたほどの大パノラマを見せる景勝路線だ。

しかし、肥薩線の魅力は景色だけではない。ループ線とスイッチバックが同時に体験できるのである。

ループ線とは、急な勾配を避けるために線路を円状（ループ）に敷いたもので、スイッチバックは線路をジグザグに敷いて、列車が緩やかな勾配で運転できるようにしたものである。

人吉から矢岳峠へ向かう肥薩線のディーゼルカーは、まず大きくループを描いて大畑《おこば》駅に入り、ここでいったん停車すると、スイッチバックしてから再びループ線へと入って行

肥薩線

肥薩線大畑駅付近のスイッチバック。

く。大畑駅は、蒸気機関車の連続運転が困難だった時代に、矢岳峠内のわずかな平地を使って建設された駅で、肥薩線はループ線の途中にスイッチバックを組み込んだ日本唯一の路線なのだ。

肥薩線は、1909（明治42）年に、鹿児島本線の一部として建設された路線である。

当時、明治政府は国土を縦貫する鉄道建設に心血を注いでおり、最後に完成したのが鹿児島本線だった。

鹿児島本線が現在のように八代から海岸線を通るルートとして開通したのは1927（昭和2）年のことで、それ以前は、八代から山間部に入る現在の肥薩線が鹿児島本線であり、肥薩線は、鹿児島本線から外された後に、ローカル線として再出発した路線なのである。

明治時代、鹿児島本線として、海沿いではなく山越えルートが選ばれた理由には、宮崎方面への接続の利便性が考慮されたことに加え、海岸線は敵艦の艦砲《かんぽう》射撃に遭う恐れがあったことと、九州が本土から孤立した場合、山深い人吉盆地の方が自給可能だったからだといわれている。

山間部を越えるルートだったため、工事は困難を極め、当時の鉄道技術者の知識と技術のすべてを注いで建設が続けられた。ループ線の途中にスイッチバックを組み込むという日本初にして、他に類を見ない試みは、パワーがなかった当時の蒸気機関車を無事に峠越えさせるための苦肉の策だったのである。

肥薩線には、ループ線やスイッチバックとともに、明治時代につくられたレンガ積みのトンネルや、創業時から変わらない木造の駅舎など、蒸気機関車時代の様々な遺構が、今もなお数多く残っている。

もし肥薩線が、あのまま鹿児島本線として存在していたならば、駅舎は新設され、長大なトンネルの掘削などによって、ループ線もスイッチバックも姿を消していたことだろう。

肥薩線は、ローカル路線になったおかげで、当時の鉄道文化遺産を留める貴重な存在となったのである。

Q クイズ 難読駅名 PART2
駅名をこたえてください。

① 朝来　（　　　　　　）

② 及位　（　　　　　　）

③ 府中　（　　　　　　）

④ 喜連瓜破　（　　　　　　）

⑤ 新発田　（　　　　　　）

⑥ 調川　（　　　　　　）

A クイズ 難読駅名 PART2 答え

① あっそ

和歌山県西牟婁《にしむろ》郡上富田《かみとんだ》町朝来にあるＪＲ西日本・紀勢《きせい》本線の駅。2007年までは駅舎を上富田町の運営で社会福祉法人のデイサービスセンターとして利用していた。

② のぞき

山形県最上《もがみ》郡真室川《まむろがわ》町にあるＪＲ東日本・奥羽《おうう》本線の駅。ひらがなで書くと一見いかがわしい名前だが、由来は、かつてこの地で修験者《しゅげんじゃ》が「のぞき」と呼ばれる修行を行なったという伝説からきているなどの説があり、由緒ある地名である。

③ こう

徳島県徳島市国府《こくふ》町府中にあるＪＲ四国・徳島線の駅。東京都府《ふ》中《ちゅう》市にある京王線の駅など「府中駅」は全国にいくつか存在するが、「ふちゅう」と読まずに「こう」と読むのはこの駅だけ。

④ きれうりわり

大阪府大阪市平野区喜連にある大阪市営地下鉄・谷町《たにまち》線の駅。1980年開業と同時に地下鉄の駅としては日本ではじめてのエレベーターが設置された駅。

⑤ しばた

新潟県新発田市諏訪《すわ》町にあるＪＲ東日本·羽越《うえつ》本線、白新《はくしん》線の駅。JR貨物の駅でもある。由来には江戸時代に新田の開発が行なわれたなど諸説ある。駅周辺には国の重要文化財に指定されている新発田城址がある。

⑥ つきのかわ

長崎県松浦市調川町下免《しもめん》にある松浦鉄道・西九州線の駅。由来は槻《つき》の木が周辺に生えている川があったことから調川といわれるようになったという説などがある。

第3章

思わず行って確かめたい！

駅に秘められたミステリー

改札から出てはいけない駅があるって、ホント?

国土交通省認定の「関東の駅百選」に選ばれた鶴見線《つるみ》・海芝浦駅《うみしばうら》(神奈川県)のホームからは、鶴見つばさ橋が見え、遠くにはレインボーブリッジを望むことできる。すぐ横は海が広がり、潮騒《しおさい》が聞こえる。

まさに「海」の駅ともいえそうなほどだ。

ひとやすみできる公園が隣接されており、「ここへ来れば、まるで遠くへ旅したような気分になれる」と紹介する旅雑誌もあり、休日ともなれば、鉄道ファンや家族連れでにぎわうことも多いという。

ここの駅名のなりたちは、「海」と「芝浦」に分けて考えることができる。海に近いことから「海」という字が加えられた。「芝浦」の名は、東芝の旧社名、東京芝浦電気に由来する。ここには東芝の工場が目の前にある。

ところが、海芝浦駅で下車しても、一般の乗客は改札口からは一歩も外に出られない。じつは海芝浦駅は東芝の工場敷地内に建てられているからだ。

海芝浦駅は、いわゆる事業専用駅。改札出口が即、東芝の工場入口になっているため、ガードマンが立っており、東芝の社員か関係者以外は改札を出られない。

隣の駅の新芝浦駅から海芝浦駅までの一区間は、東芝京浜事業所に敷設《ふせつ》されている。JRは、この路線を運行するために東芝に借地料を支払い、工場で働く人々の足として新芝浦～海芝浦間を走行させているのだ。

通常、このような事業専用駅の区間は、一般客の利用もできないものだ。しかし、海芝浦駅の場合、改札出口を出ることはできないものの、乗車するだけならOKという形になっている。

本来、工場で働く人々の足であるため、通勤時間帯以外となると、電車の本数は1時間～2時間に一本程度である。

そのため、海芝浦駅で降りてしまうと、そのままどこにもいけずに、一時間ほどを駅構内で過ごさなくてはならない。

そこで、そうした一般客のために海芝公園がつくられた。

今では、電車の時間さえ気をつければ、ちょっとした小旅行気分が味わえる眺望《ちょうぼう》のよいスポットとして知られるようになったのである。

知る人ぞ知る景観抜群の小駅、海芝浦駅。ぶらりと訪れてみてはいかがだろうか。

品川駅が品川区ではなく港区にあるのは一体、なぜ？

「アトレ品川」や「エキュート品川」をはじめとするエキナカの充実ぶりが好評のＪＲ品川駅。品川駅というからには当然品川区にあるものと思っていたら、駅の所在地はなぜか港区である。しかも、区と区の境界に建っているわけでもなく、完全に港区の内側にある。

京浜急行に乗って、横浜方面から品川に向かおうとすると、電車は南から北に進んでいくことになる。ところが、電車は「北品川駅」を通り、その次に「品川駅」に到着する。つまり北品川が、品川よりも南に位置しているのである。京浜急行に慣れていない人やこの位置関係を把握していない人だと、横浜方面から乗車して北品川に着いたとき「しまった！　品川で降りるはずなのに乗り過ごした」とあわてるにちがいない。

だが、何も北品川駅の駅名がおかしなわけではない。この駅が所在しているのは品川区の北の端で、じつに素直な駅名なのだ。品川駅が港区にあるために、このようなねじれ現象が生じているというわけだ。

これには、品川という地の歴史がからんでいる。品川は東海道五十三次の第一宿として繁栄し、明治になって鉄道が引かれる際も、ここに駅が設けられることが決まっていた。ところが、土地の買収がなかなか進まない。当時の品川には、海軍の操練所《そうれんじょ》や陸軍の土地があり、軍務機関はここを鉄道が走ることに激しい抵抗を示したのである。そのため、測量すらできない有様だった。さらに、住民たちも反対した。誰しも代々受け継いできた土地に対する愛着は深いものだし、ことに品川は宿場として栄えていたため、鉄道が通ることで宿場が廃《すた》れるのではないかと怖れたのである。

しかも、当時の人々にとって、鉄道とは得体の知れない怪しげなものというイメージが強かった。湯を沸かしてその蒸気で走るなど怪しげな術ではないかと驚いて信用せず、そのような魔法は一刻も早く差し止めてくれとひざ詰め談判する者もたくさんいたという記録が残っている。

こういった事情から、品川駅という名称は計画時のままながら、実際に駅舎が建設されたのは宿場から離れた港区芝高輪《しばたかなわ》の地、現在の品川駅のやや南になったのである。もっとも、駅の建設に反対した住民たちも、いざ鉄道が開通してみると大喜びしたという。

日本で最初に鉄道が通ったのは、新橋〜横浜間とされるが、その4か月前に品川〜横浜間で仮開業がなされている。だが、本格開業ではなかったため、日本最古の駅とはなりえなかった。品川駅は、紆余《うよ》曲折《きょくせつ》を経てやっと駅としてのスタートを切ったのである。

東京駅の京葉線ホームがとっても不便な場所にある事情とは？

東京駅で京葉線に乗ろうとしたら、行けども行けどもホームに着かない。予定していた電車に乗り遅れてしまって、目的地に到着してからあわてて走ったという経験をしたことがあるのではないだろうか。

東京駅の京葉線ホームは、他の路線のホームからあまりにも遠く、しかも地下深くにある。新幹線南乗り換え口からが便利だといわれるが、そこからでさえ10～15分はかかる。東京ディズニーランドのある舞浜《まいはま》駅に行こうと東京駅の京葉線ホームへと歩き出したとしても、これでは行く前から疲れてしまうほど遠い。

京葉線ホームがこれ程離れた場所にあるのは、このホームが元来は成田新幹線のためにつくられたものだからである。「成田新幹線？　そんなものはないよ」と誰もが思うことだろうが、東北新幹線、上越新幹線と同様に東京駅へ乗り入れる新幹線として計画され、工事まで始まっていた「幻の新幹線」である。途中駅は千葉ニュータウンのみで、完成すれば、東京～成田空港は30分で結ばれ、1日45往復が運行されるはずだった。

ところが、この計画は頓挫《とんざ》する。新幹線の敷設が予定されていた地域では、開通しても大半の住民は最寄の駅からは利用できない。そのため、ただ通過されるだけなのに騒音と振動の被害を被《こうむ》るのかと世論が起こって用地の買収が進まずにいた。オイルショックなどの不景気も打撃となり、１９８３（昭和58）年には工事が凍結し、国鉄が分割民営化してＪＲとなる際に、ついに計画そのものが失効してしまった。

その結果、この成田新幹線の東京ターミナルが、京葉線ホームとなったのである。

京葉線は当初は貨物線だったが旅客営業を開始して、１９９０（平成２）年には東京駅まで乗り入れることとなった。このうち、東京〜越中島《えっちゅうじま》付近は、かつて成田新幹線のための工事が進められていた区間を利用したのである。東京駅のホームも、もともとは新幹線のためのものである。

水戸の偕楽園駅には下り列車しか止まらない

偕楽園《かいらくえん》は水戸《みと》市内にあって、日本三名園のひとつに数えられている。江戸時代末期の水戸藩主・徳川斉昭《とくがわなりあき》がつくらせたもので、梅の花の名所としても名高い。その名をつけた偕楽園駅が、ＪＲ常磐《じょうばん》線の水戸からひと駅上野寄りに設けられている。

時刻表を見れば、年間を通じて掲載されているものの（臨）というオマケつきの表記だ。これは臨時駅を意味していて、特定の期日に限って営業するという記号である。偕楽園駅の場合は、名物である梅の花が見ごろを迎える2～3月のシーズンに、常磐線と水戸線の電車が停車する。

といっても、止まるのは下り電車だけで、上り電車の停車はない。それどころか、上り線のホームすら設置されていないのである。

もし東京方面から梅見に出かけたら、行きは偕楽園駅で下車しても、帰りは再び下りに乗って水戸駅まで行き、上り列車に乗り換えるか、偕楽園からブラブラと歩いて水戸市内を散策し、水戸駅から上り列車に乗ることになるわけだ。

こんな偕楽園駅だから、（臨）マークつきで時刻表に駅名の記載があるとはいえ、上りページでは常に「↓」が書かれて通過駅であることを表示している。

ほかにも、下りのみが停車する駅がかつてあったことが『時刻表の謎』（三宅俊彦著、新人物往来社）で紹介されている。それは戦中の東海道本線・新垂井《しんたるい》駅だ。垂井～関ヶ原《せきがはら》間の勾配が急で、軍需物資の輸送のネックになったため、まず1940（昭和15）年、下り列車専用に迂回《うかい》線が新設され、そこに1944（昭和19）年に設けられた駅だった。

この新垂井駅と新しい線を下り長距離列車専用に使い、ほかの列車は従来からある線に垂井駅から乗降する予定だった。ところが従来使っていた線の下り用線路のレールが供出のために取り払われてしまう。そのため、垂井在住の人たちは、上りは元来の垂井駅が利用できたが、下りに乗るときはバスを使って新垂井駅まで出なければならないという環境に置かれてしまったという。

下り線の垂井駅が終戦の翌年には復活したため、新垂井駅は利用客が減り、１９８６（昭和61）年には廃止になった。といっても迂回用に敷いたレールだけは健在で、特急列車が走ったり、ＪＲ貨物のコンテナ貨物列車に使われたりしている。

改札を通らなくても違う会社の路線に乗り換え自由な不思議スポットって、どこ？

電車を乗り換える場合、それが別な鉄道会社の路線への乗り換えならば、「乗り換え改札口」を通って乗り換えるものだ。ところが、別の会社の路線同士、何のチェックもなく、乗り換えが可能な駅がある。たとえば、渋谷と吉祥寺《きちじょうじ》をつなぐ京王井《い》の頭《かしら》線と新宿と神奈川県の小田原《おだわら》や江ノ島《えのしま》方面をつなぐ小田急線が交差している下北沢《しもきたざわ》である。

京王井の頭線は京王電鉄が、小田急線は小田急電鉄が所有する。にもかかわらず、下北沢駅では、階段を上り下りするだけで、井の頭線と小田急線の乗り換えができてしまう。2線は交差しているのであって相互乗り入れしているわけではない。

なぜ、このようなことができるかというと、それは歴史的な名残《なごり》からである。じつは、ある時期、井の頭線と小田急線は同じ会社の路線だったことがあり、そのため下北沢駅では、まるで同じ会社のような扱いになっているというわけだ。

井の頭線のルーツは、1928（昭和3）年に設立された「東京山手《やまのて》急行電鉄」である。その後、帝都《ていと》電鉄と改名した。いっぽうの小田急電鉄は、1927（昭和2）年に開業した「小田原急行鉄道」である。

1940（昭和15）年に、帝都電鉄は、経営難から小田原急行に合併されてしまったのだ。翌年には小田原急行も経営が苦しくなり、三代目社長に東急グループの創始者である五島慶太《ごとうけいた》を迎えた。すでに小田原急行に合併されていた井の頭線は、五島の手腕により当時「大東急」と称された東京急行電鉄に合併された。

こうして下北沢の駅で交差する2線の往来が自由になるのだが、ではなぜ現在は小田急電鉄と京王電鉄にふたたび分かれてしまったかというと、GHQの命令により、大東急の各路線は合併前の状態に戻すのが望ましいということになったからだ。

井の頭線を合併前の状態に戻すなら、小田急電鉄とすべきである。ところがさらにややこしいのは、このとき各線の経営状態が考慮され、箱根登山鉄道・神奈川中央交通（バス）を小田急グループに、旧帝都電鉄を京王に組み入れることとなり、京王帝都電鉄となった。それで現在では井の頭線は、京王電鉄の路線なのである。

2013（平成25）年に小田急線の下北沢を含む区間が地下化され、乗り換え改札口をもうけるには絶好のタイミングであったはずだが、設けられることなく今日に至っている。

東口に西武線、西口に東武線！池袋駅がなんだかややこしいわけ

関東の2大私鉄といえる東武鉄道と西武鉄道は、それぞれ池袋を発着駅とする東武東《とう》上《じょう》線、西武池袋線を持つ。

私鉄2路線とJR3路線以外にも東京地下鉄3路線が乗り入れる池袋駅は、都内のターミナル駅としても巨大で複雑だ。池袋駅の複雑さの「難易度」は、乗り入れ路線数以上である。その原因は、ふたつの私鉄にあるといっても過言ではない。

というのも西口にあるのが東武、東口にあるのが西武なのである。池袋で待ち合わせの

ときにも「西口の東武ね」などと言われたら、その場でメモしなければ東口と西口、どちらに行けばよいかまず迷うことになる。できることなら方角と社名を統一してもらいたい……と思う人もいるだろう。

私鉄名と駅の東口・西口が入れ違っているのはあくまで偶然だ。どちらの路線もかつては違う会社名だったのである。

東武東上線の前身は、1914（大正3）年に開業した私鉄の東上鉄道。東上鉄道は、東京の東と上州《じょうしゅう》（群馬）の上を組み合わせた名前だ。そこからわかるように、当初は群馬まで延長する構想があり、群馬への延伸に便利な池袋の西口に駅を置いたようだ。この東上鉄道と東武鉄道が合併してできたのが東武東上線である。

西武の前身、武蔵野《むさしの》鉄道は1915（大正4）年、池袋に乗り入れたが、西口に東上鉄道の駅がすでにあり、必然的にターミナルは東口になった。武蔵野鉄道は池袋から都心に延長させる構想だったため、東口のほうが都合がよかった。これがのちに西武鉄道となったことから、社名のなかの東西と、駅の東口・西口とで何とも奇妙な逆転現象が起きてしまったわけである。

どちらも埼玉県西部へと路線を延ばしているが、西武池袋線は埼玉県西奥の秩父《ちちぶ》方面へ、東武東上線は、池袋線より北側を寄居《よりい》まで結んでいて、競合は少なくそれぞれ独自の路線を突き進んでいるようだ。

　このように何かと比較される両路線だが、面白いことに当初はどちらも池袋に駅を置くことに積極的でなかったという。

　戦前の池袋は今ほど賑《にぎわ》わってはいなかった。そのため、東上鉄道は当時繁華街があって栄えていた現在の南大塚《みなみおおつか》付近に、武蔵野鉄道は巣鴨《すがも》に置く予定だったが、資金難などから断念した。その結果どちらも池袋を発着駅としたというやむをえないいきさつがあったのである。

　しかし、その後は、両社がそれぞれ駅の東西に建てたデパートを核に人が集まるようになり、地下鉄が乗り入れ、池袋は今のような副都心となるまでに発展したのである。

1年でたった2日しか営業しない駅のありがたい事情

　日本への外国人観光客の増加にともなって、駅名をアルファベットと数字で表わす「ナンバリング」が増えている。そのひとつがＪＲ四国だ。四国の鉄道のナンバリングには、ＪＲの駅だけでなく、第三セクターの土佐《とさ》くろしお鉄道と阿佐海岸《あさかいがん》鉄道も参加している。

ところが四国最大の鉄道会社であるJR四国の駅で、ふた駅だけ番号が振られていない。そのふた駅とは、臨時駅の田井ノ浜《たいのはま》と津島ノ宮《つしまのみや》だ。

田井ノ浜は海水浴場専用駅で、夏の間だけ30日弱営業される。こうした季節によって営業する駅は、全国的にはほかにもいくつか例がある。ところが、もうひとつの津島ノ宮は、「季節によって営業」などというレベルではない。驚いたことに1年にたった2日だけしか使われないという珍しい臨時駅なのだ。

1年のうち363日はそこに駅がないかのごとく、開店休業状態。普通列車でさえ素通りし、ナンバリングどころか時刻表にも載っていない。

ところが毎年7・8月の時刻表に突然駅名が現われるというから面白い。それを見るとなんと8月4・5日の2日間だけ駅は営業。しかもその駅のために臨時列車まで運行されるのだ。

1年で2日間しか営業しない駅とは、いったいどういうことなのだろうか。

津島ノ宮駅の開設は古く、1915（大正4）年のこと。以来、現在までずっと臨時駅として営業している。じつは、津島ノ宮が2日だけ開業されるのは、駅近くに浮かぶ小島、津島にある津嶋《つしま》神社で、夏の大祭が2日間開かれるためだ。

津嶋神社は、古くから子供の守護神として地元の人に崇敬《すうけい》されてきた神社で、陸側には社務所や祈祷殿があり、津島に本殿がある。毎年、8月4・5日に開かれる夏の大祭には多くの家族連れが参拝に訪れ、そのときには沖に浮かぶ小島にある本殿へも参拝できる。

祭りが近づくとふた駅隣の多度津《たどつ》駅から駅員が津島ノ宮駅へやってきて、参拝客を迎えるために営業準備を始める。そして4日は終日、5日は朝から15時過ぎまで、普通列車の多くが停車。ここで下車した人々は、駅前から島へと臨時にかけられた橋を渡って本殿を参拝するのだと、祭りの様子も交えて、JR四国では説明してくれた。

海の上を渡って行く本殿とは、竜宮城へ出向くような気分なのだろうか。奉納花火もあがり、境内《けいだい》には露店も並ぶなど華やかに盛り上がるそうだ。

2日間の乗降客数は、近隣の駅の1年分の利用客数を上回るというから、祭りが地域の年中行事として人々の暮らしに浸透している様子がよくわかる。

そして、2日間の祭りを終えると、何事もなかったように各駅停車も止まらないひっそりとした駅に戻っていくのである。

津島ノ宮駅はこうして、1年でたった2日間、大勢の人を迎えて稼動するために363日、スタンバイしている珍しい駅なのである。

なお、このほか営業日数が2日しかない駅は、会津鉄道会津線一ノ堰六地蔵尊駅（営業しない年もある）がある。

便利なのか、不便なのか？ ひとつの駅なのに改札を出てロータリーを渡る駅

北九州市西部に位置するＪＲ折尾駅《おりお》は、鹿児島本線と筑豊《ちくほう》本線の交わる駅だ。地上にレールが敷かれているのが筑豊本線で、それを横切るように鹿児島本線の高架が走っている。日本最初の立体交差駅だという折尾駅、１・２番線が筑豊本線（若松線《わかまつ》・福北《ふくほく》ゆたか線）のホーム、３・４・５番線が鹿児島本線のホームになっているが、さらに６・７番ホームも存在する。

その６・７番ホームは、１～５番線までがある駅舎の東口を出てロータリーを横切り、１５０メートル余りも離れた「もうひとつの折尾駅」に設けられたものだ。小さいながら駅舎も改札口もきちんと整えられ、ホームは相対式だ。しかしこれでは、折尾駅が鹿児島本線と筑豊本線の乗換駅になっているのに、６・７番線を利用するときはいったん改札口を出ないと乗り換えができないという構造だ。ややこしいつくりではあるが、この駅から延びるレールは、じつは筑豊本線と鹿児島本線を結ぶ連絡線のものである。

ロータリーは駅構内と見なされているというが、それにしてもホームが１５０メートル

駅舎が離れてふたつある折尾駅

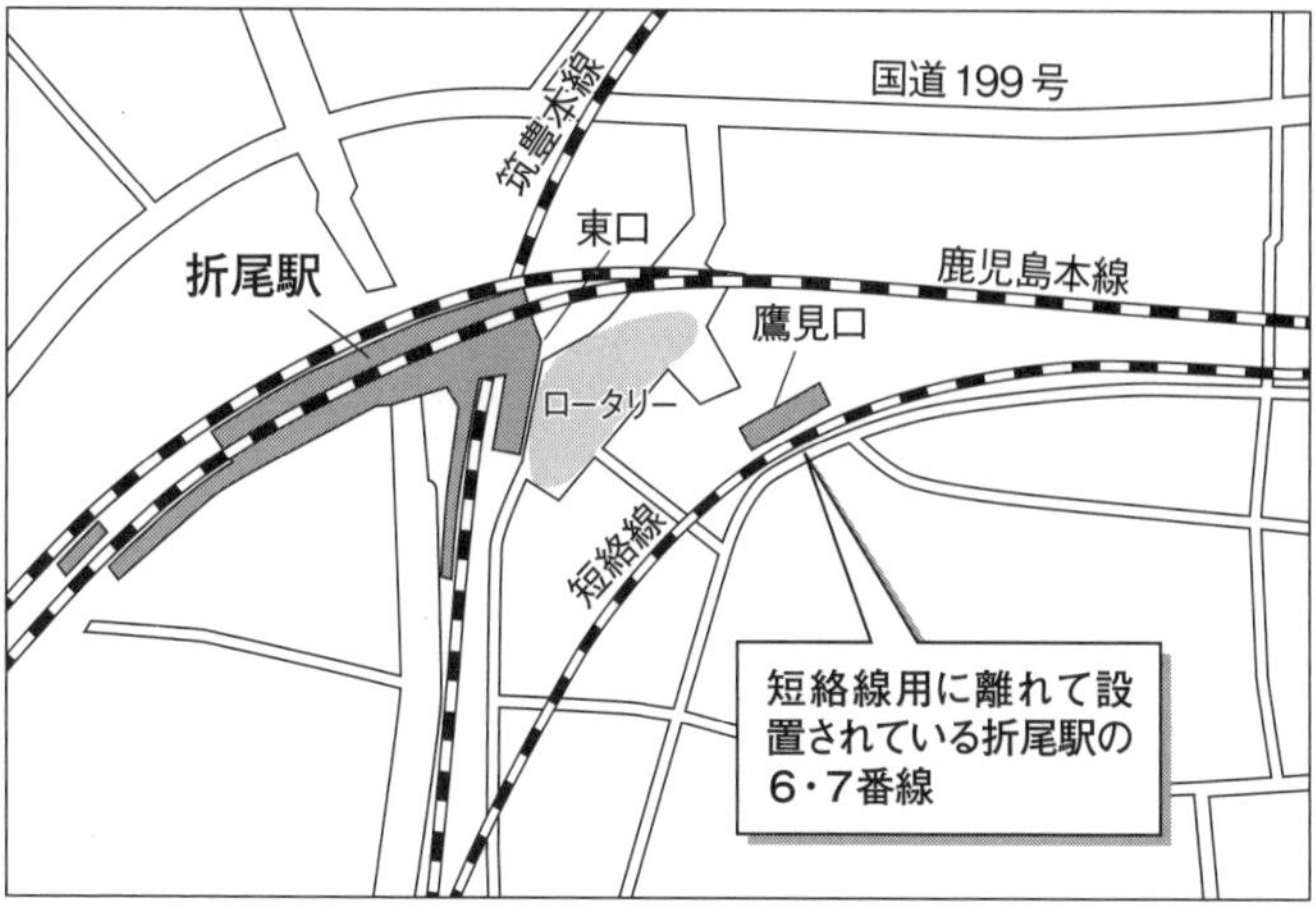

筑豊本線・鹿児島本線と短絡線の乗り換えではロータリーを渡ることになる。

も離れていて、改札もその都度必要なのでは、なにかと不便だろう。

と思ったら、これでも便利になったほうだという。1988（昭和63）年の6・7番線ホーム完成以前は、鹿児島本線・黒崎《くろさき》駅から、筑豊本線・中間《なかま》駅に向かう列車は折尾駅近辺には停車せず、折尾駅利用者たちの目の前を通過していたのだそうだ。

江戸時代は物資輸送に使う運河があったことで、また明治以降は筑豊の炭鉱からの石炭輸送の中継地として発展してきた折尾地区は、学園都市の性格もあり、折尾駅の乗降客は1日平均1・6万人を数える。

ホームが離れた短絡線、鹿児島本線、筑豊線の3線が折尾駅付近で複雑に交差し、街を分断、踏切は交通渋滞の原因になっている。

このため、駅周辺の整備事業が計画されている。2020(平成31)年までに3線は高架化され、新しい駅舎も建設予定だ。現在の改札口をいったん出て乗り換えるという不便の解消も計画に盛り込まれている。

原宿駅にふだん使われてないホームがあるのは何のため?

毎日多くの人々が利用するJR原宿駅。柱や梁《はり》などの骨組を露出させた英国風のハーフティンバー建築様式のしゃれた建築の駅舎は、若者たちの駅としてにぎわう原宿にはぴったりだ。

そんな原宿駅には、山手線の内回りと外回りが停車するいつものホーム以外に、ホームがふたつあるのをご存知だろうか。

知らなくても当然である。なぜならそのふたつのホームは普段は使われることもなく周囲の喧騒《けんそう》をよそにひっそりとたたずんでいるからだ。ところが、使うとなると一転、数多くの人の脚光を浴びる不思議な幻のホームなのである。しかも、それぞれ日本にふたつとない珍しいホームでもある。

原宿駅のあまり知られていないホーム

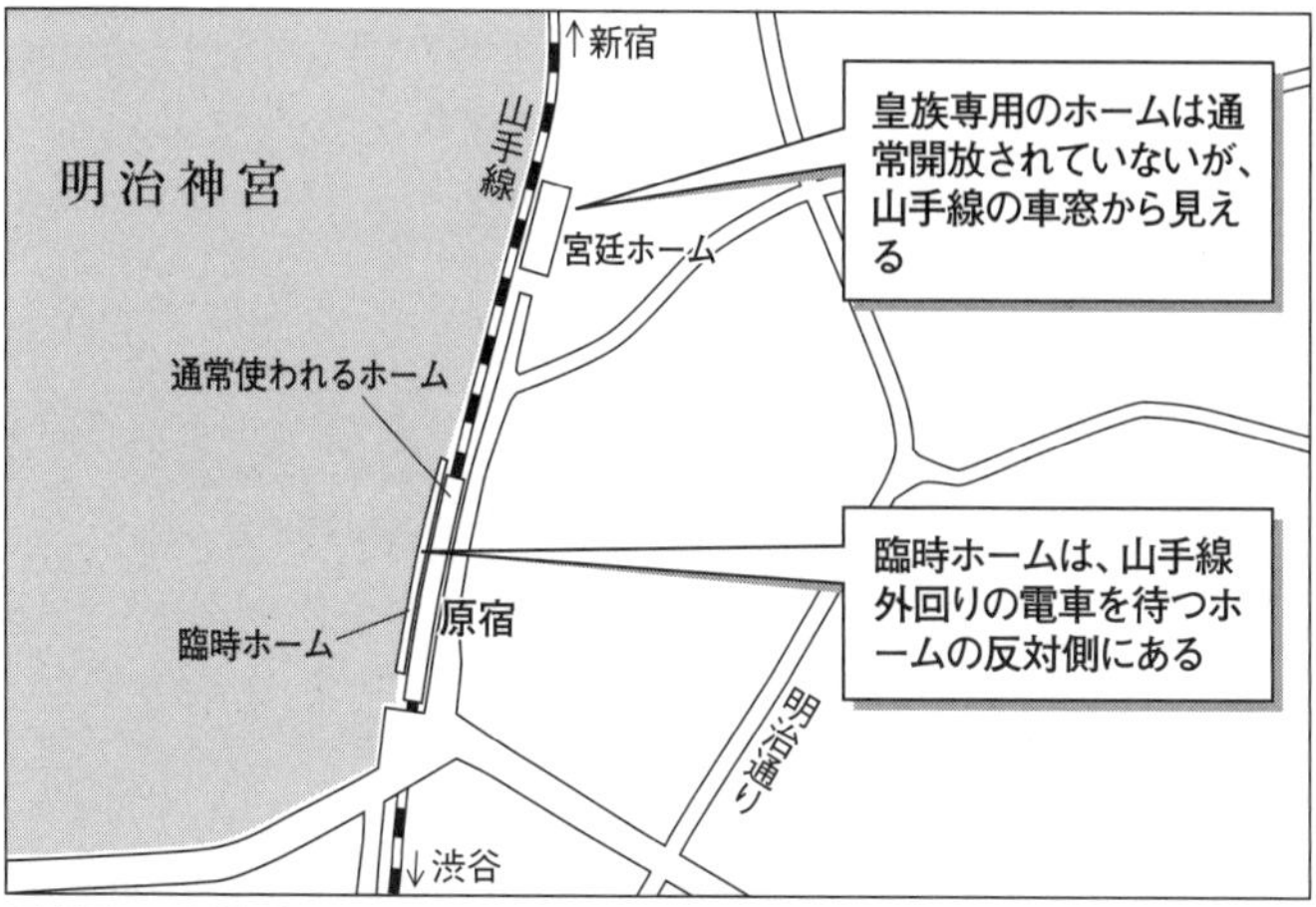

原宿駅には通常利用されるホームの向かい側と、やや北側（新宿寄り）にもホームがある。

ひとつは正月の初詣期間のみ使用される臨時ホーム。原宿駅が接している明治神宮《めいじじんぐう》参拝のために使われる。

原宿駅は１９２４（大正13）年、明治神宮の造営に伴って、建設されたというだけあって、参詣専用の改札もあるのである。

正月時期の明治神宮といえば、全国で最多の参拝客を誇る。そこでこの期間だけ神宮に面したこのホームを開放して参拝客の便宜《べんぎ》をはかるのである。

普段、明治神宮へ参拝するには駅を出てぐるっと神宮橋を渡らなければならないが、この日ばかりは駅から直通でいけるというわけだ。

そして、もうひとつのホームは、特定の人のみが使うものだ。

代々木方面へ少し行った場所、山手線の車内からも見える白い柵《さく》に囲まれたホームがそれである。

普段は、無人で静かなたたずまいを見せているが、これが使われるときは一転、世間の注目を集め、新聞やテレビなどの報道機関まで注目するというから驚きだ。

そう、これは一般の人の立ち入りが禁止された「原宿駅側部乗降場（通称・宮廷ホーム）」。原宿駅が建設された2年後の1926（大正15）年、病弱だった大正天皇が沼津《ぬまづ》御用邸・葉山《はやま》御用邸へ静養に出向く際の利便性を考慮して、宮廷ホームが設置された。天皇皇后両陛下が利用される「お召《め》し列車」専用、すなわち天皇のみが利用するホームで、皇族であっても天皇に随行するとき以外には利用できない。

ふだん足を踏み入れることは叶わないこの宮廷ホームだが、2016（平成28）年10月30日、原宿駅開業110周年を記念して一般公開され話題となった。

お召し列車とは天皇、皇后両陛下が国体や全国植樹祭などの行幸《ぎょうこう》の際に使われる専用列車。平成に入ってからは運行される回数が減ったが、外国の賓客《ひんきゃく》を接待する際に時折、利用される。

お召し列車の運行だけなら、最近では2016（平成28）年、天皇皇后両陛下が、「第36回全国豊かな海づくり大会」で、山形を御訪問されたときに、酒田《さかた》～鼠ケ関《ねずがせき》の往復で運転されたが、東京から酒田までは空路が利用された。

この宮廷ホームは「お召し列車」のためだけの発着場だ。山手線で原宿から新宿方面へ向うとき、華美ではないながらも清潔感にあふれたそのホームを車窓からチェックして、にぎやかな原宿駅とのギャップを楽しんでみるのもいいだろう。

名鉄に乗ったのに、終点ではなぜかJRのホームに着く驚きの駅とは

名鉄《めいてつ》名古屋本線を名古屋から走ってきた列車は、豊橋《とよはし》に入るとJR豊橋駅の三番ホームに滑り込む。その列車が、そのまま豊橋始発の名古屋行き列車となる。私鉄の名鉄に乗っていたのに着いたところはJRの駅だったという路線と駅の「不一致」は、名鉄がJRの駅舎を借りて列車を運行させているために起きている現象だ。

現在の名鉄名古屋本線の東部区間は、かつての愛知電気鉄道の路線だ。この愛知電気鉄道とJR飯田《いいだ》線の前身である豊川《とよかわ》鉄道で、昭和時代初期から続いていた協力関係が「名鉄に乗ったのにJRに到着する」という珍現象を生み出した。まず、豊橋への乗り入れを計画していた愛知電気鉄道が、すでに明治時代から豊橋に進出していた豊川鉄道に提携と、

駅舎建設費用を節約して共用を申し入れた。

当初は提携に乗り気でなかった豊川鉄道だったが、愛知電気鉄道が、豊橋駅近くの共用線に新しく単線のレールを敷き、両社とも複線運行ができることを提案したため、互いにメリットのある提携となったのだった。

こうして1927（昭和2）年に、愛知電気鉄道の豊橋乗り入れが開始された。愛知電気鉄道はスピードアップに努めたため、名古屋〜豊橋間を並行する東海道本線より所要時間を短縮するのに成功した。これが評判となり、多くの客が利用するようになっていった。

そんな愛知電気鉄道が、名古屋鉄道と合併したのが1935（昭和10）年のことだ。この時点ではまだ問題はなかったのだが、1943（昭和18）年に異変が起こった。豊川鉄道が、当時の鉄道省に買収され、国鉄の飯田線になってしまったのである。

経営者が国へと代わったものの、豊橋駅の駅舎の共用は継続された。それだけ名鉄の存在が大きく、市民の足となっていたからだ。いま飯田線が1・2番ホームと名古屋方面に乗り入れる列車は4・5番線ホームを使い、3番線だけが名鉄のホームとなっている。また線路共有も続いていて、豊橋と平井信号所の間の約4㎞は飯田線も名鉄も走る。この区間内に船町《ふなまち》、下地《しもじ》の2駅があるが、これも飯田線の駅のため、名鉄の電車が停車することはない。

愛知の鉄道網は、複数の私鉄が競合、提携しながら発展してきた。豊橋駅で名鉄がＪＲとホームを共有しているのは、その発展の歴史の証《あかし》なのである。

起点駅なのに鶴見線大川支線の電車に乗れない武蔵白石駅、最大の謎

ＪＲ東日本には都会の真ん中を走る超ローカル線がある。東海道本線の横浜と川崎の途中駅・鶴見《つるみ》と浜川崎《はまかわさき》を結ぶ鶴見線の、そのまた支線の大川《おおかわ》支線である。大川支線は、鶴見線の武蔵白石《むさししらいし》と大川を結ぶ路線で、その距離わずか１㎞で途中駅はない短い路線だ。

大川駅は、１９２６（大正15）年に貨物駅として開業した駅で、かつてはこの地区にある工場に数多くの貨物列車が入線していた。現在、貨物輸送はすべて廃止され、大川駅周辺にある工場や事業所で働く従業員を運ぶための通勤電車を中心に運行している。そのため、９時から16時までは電車がまったく走らず、休日ともなればわずか３本のみの運行という寂しさだが、平日の朝と夕方には数多くの従業員を乗せ、他の通勤路線と程度の差こそあれ、通勤と帰宅の乗客を満載して運行するのである。

では、都会のローカル線に乗ってみようと、起点の武蔵白石駅へ行ってみると、大川支

線最大の謎がいきなり待ちかまえている。駅のどこを探しても大川支線用のホームが見当たらないのだ。途中駅がない以上、大川支線には終点の大川しか駅はないはずだ。あれこれ推理しようとしていると、鶴見線のホームの目前を、ゆっくりとカーブを描きながら、大川駅方面へ電車が走って行くではないか。あれはたしかに大川支線だ。一体これはどういうことなのか。

じつは大川支線は、戸籍上では武蔵白石駅から大川駅への路線となっているが、現実には武蔵白石にホームはなく、大川支線は、そのひとつ鶴見寄りの安善《あんぜん》駅から分岐して、武蔵白石駅を素通りして大川駅へと向かっているのである。

1996（平成8）年までは、武蔵白石に大川支線のホームがあり、ここを起点としてクモハ12型という車両が1両で往復していた。クモハ12型は1両17mの小さな車両で、1929（昭和4）年から1931（昭和6）年にかけて製造されていたもの。つまり、70年近くもの期間使用されていたわけで、かなり老朽化していた。

JR東日本としても早く新型車両に交換したいのはやまやまだったのだが、武蔵白石駅の大川支線のホームが、駅構内の半径160mの急カーブ内に設置されているために、1両しか停車できない構造だったのである。

当時すでにJR東日本には1両で走行できる電車はこのクモハ12型しかなく、しかも、

鶴見線大川支線と武蔵白石駅の位置関係

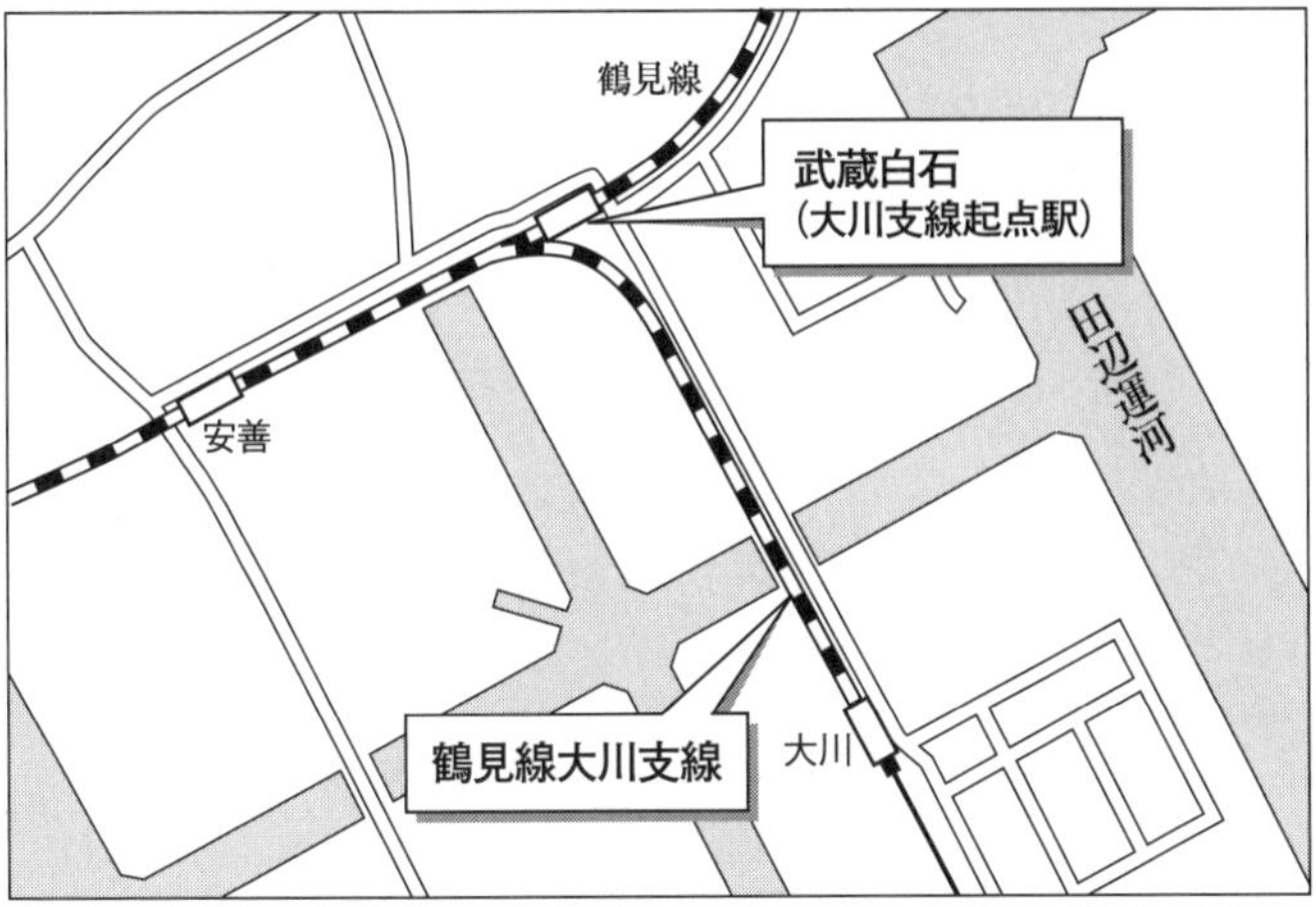

地図上では、大川支線は武蔵白石駅に接しているが、実際には乗車できない。

ほかの車両は最低でも20m以上あるため、カーブしている線路内のホームに停車させると、車両とホーム間に大きな隙間ができたり、ホームに接触する場所などが出てしまうのだ。

これを克服するには、車両の長さが17mで、しかも1両で走れる列車を新造しなければならないのだが、ＪＲ東日本としては、このローカル路線にそこまでの投資をする必要性を見出せなかった。そこで、クモハ12型の廃車をきっかけとして、武蔵白石のホームを撤去し、その手前の安善駅で鶴見線から線路を分岐させることにしたのである。

起点なのに、電車が停車しない大川支線の武蔵白石駅。さぞかし不便を感じる人もいたと思いきや、そうではなかったらしい。実際、以前からこの駅で鶴見線から大川支線へと乗換えをする人も、大川駅から乗車して武蔵白石駅で降りる人もほとんどいなかったからだ。

池上線・五反田駅は
なぜＪＲ山手線の頭上にあるのか？

東京の南部、品川区の五反田《ごたんだ》から大田区の蒲田《かまた》までを結ぶのが東急池上《いけがみ》線だ。池上線は駅ビルと直結しているのだが、そのフロアはビルの４階部分の高さにある。開業当時の写真を見ると、山手線をまたぐような形で駅が建設されている。

いささか不思議な構造なので、その理由を求めて『東京急行電鉄50年史』を開いてみたが、はっきりとした理由は記録されていなかった。ただそこには、池上線全線開通までの複雑な事情が記されていた。

そこで、五反田駅ができるまでの池上線の歴史を見てみよう。

１９１２（大正元）年、池上電気鉄道は東京の目黒〜大森まで10・３㎞の敷設を申請し、１９１４（大正３）年に免許を得た。１９２２（大正11）年10月、第一期分として、池上〜蒲田まで営業を開始したものの、目黒駅から五反田駅へ目的地を変更しなければならなくなる。1924（大正13）年頃には、目黒〜蒲田間を目黒蒲田電鉄が開通させ、好成績を挙げていた。全線を並行して走らせることは双方の不利益につながるとし、池上電気鉄道は当初の計画を見直し、五反田へ目的地を変更したのである。

目的地を五反田に変更すると池上電気鉄道は、1926（大正15）年には五反田〜白金《しろかね》間、五反田〜品川間など相次いで新規路線の免許を申請し、4線が許可された。

1928（昭和3）年1月15日、五反田〜大崎広小路《おおさきひろこうじ》間の建設工事に着手。この区間は全線が高架で、民家が密集していることから工事は難航したが、6月17日には五反田〜蒲田間の全線営業が開始されたのだ。なお、1934（昭和9）年に、池上鉄道は目黒蒲田電気鉄道（のちの東急電鉄）に吸収合併される。

ここで気になるのは、1926（大正15）年に、五反田から山手線の内側の白金へ路線を延長する計画があったことだ。

池上線の「五反田駅」が山手線の上に建てられたのは、この延長計画のためだったのではないかとも言われている。

たしかに山手線の外側を走っている路線が、内側に延長するには、山手線の上を越えるか、下をくぐるしかない。

池上電鉄が山手線を越えて、山手線の内側にある白金を目指そうとしたのなら、線路をまたぐ形で駅をつくったことにも納得がいくというものだ。

とはいえ、社史にも残されていないその事情。真相はいったいどこにあるのだろう。

高さ20メートルの「天空の駅」はなぜできた？

日本でもっとも地上から高い場所にある駅はどこか。

答えを想像するとすれば、誰もが都会のターミナル駅がそれではないかと考えることだろう。

しかし、日本全国どこを探しても、どんな都会の高架鉄道でも、せいぜいビルの2～3階程度。日本一と胸を張れるほど、突出して高い場所にある駅は見当たらない。

ところが、都会になくても、地方にはあった。なんと地上20m、ビルの5、6階にも相当する高さの場所に駅舎が建設されているのである。場所は、広島県三次《みよし》市と島根県江津《ごうつ》市を結ぶ三江《さんこう》線の宇都井《うつい》駅である。

宇都井駅は、三江線が全線開通した1975（昭和50）年に誕生した駅で、島根県邑南《おおなん》町（旧・羽須美《はすみ》村）にある。宇都井は、山に囲まれた谷間に開けている集落で、三江線の

オドロキの高さを持つ宇都井駅

点線で囲んだ部分が宇都井駅の駅舎だ。地上６階を階段で上る。

列車は、トンネルから出てくると、そのまま集落を跨《また》ぐようにして、すぐまたトンネルに入って行くのである。

その間、約２００ｍ。この駅をつくることになった際、困ったのがその場所で、もしホームを地上につくるとなると、トンネルから出た列車は、急降下して地上に降り、またも急上昇してトンネルに入っていかなければならない。そこで、高架の上にホームをつくってしまおうということになったのだ。

結果、出来上がった宇都井駅は、人々が「天空の駅」と呼ぶほど、人々の生活圏のはるか上空にある。しかもホームにたどり着くには、地上から１１６段もの階段を上らなければならず、エレベーターもエスカレーターも存在しないのだ。

かなり体力を要求される駅だが、ホームに立てば眼下にはのどかな里山《さとやま》が広がり、抜群の風情《ふぜい》がある。この絶景を体験するために、わざわざ飛行機や車で訪れる観光客もいるほどだ。

しかし、三江線は2018（平成30）年、3月31日に惜しまれつつ廃止された。

日本の表玄関・東京駅は、じつはひとつだけではないって、ホント？

日本の鉄道の表玄関といえるのが、赤レンガのレトロな外観を生かしたJR東京駅である。東海道新幹線をはじめ多くの列車がここを起点として運転されており、1日に発着する列車、電車の数は約4000本以上という、世界にもあまり類のない大規模な駅である。

JR東京駅がじつはひとつだけではないといったら、首をかしげる人もいるはずだ。地下鉄の丸の内線にも東京駅があるが、それはあくまで地下鉄の駅。でも、JRの駅だけでふたつ、あるいは3つの東京駅が存在している！

1987（昭和62）年、国鉄が分割・民営化される際、新幹線と在来線とが併設される駅では、ホームなどの施設をその線を管轄する会社が管理することになった。このためJ

R東海の東海道新幹線が乗り入れている東京駅は、ＪR東日本とＪR東海が区分して持つこととなった。

だから、現在の東京駅は、ＪR東日本の東京駅とＪR東海の東京駅がくっついている状態なのである。

東京駅でＪR東海に属しているのは、東海道新幹線の線路とホーム、そしてその真下の部分であり、その他はＪR東日本に属している。普段、忙しく駅を通過しているだけでは気がつかないが、よく見るとふたつの会社によって違いがある。

たとえば、駅の名を表示してある駅名標《ひょう》は、それぞれの会社の様式になっているし、駅員の制服やホームにある売店も、それぞれの会社によって違う。そして、どちらにも駅長がいる。だから「私はＪR東京駅の駅長です」という人間が、世の中にふたりいることになる。

それればかりではない。国土交通省はＪR東京駅を、在来線の駅、東海道新幹線の駅、東北新幹線の駅の3つとして数えている。

ＪR各社と国土交通省で、駅の数え方が異なっていては、不都合が起きそうにも思える。しかし、新幹線の建設や資産の管理については政府が大きく関与している。そのため、駅をはじめ新幹線に関わるすべての資産を、在来線とは別の独立したものとして計上しておくのだという。

では、ＪＲ各社の在来線同士の接点となっている駅は、どうなのだろう。たとえば、下関《しものせき》駅はＪＲ西日本とＪＲ九州によって分けられているのだろうか。

東京駅のケースとは違い、下関駅はＪＲ西日本単独の管理となっており、ＪＲ九州が管理しているのは駅の構内から出外れたところから。これは、ＪＲ九州が古くから交流電化されているのに対して、下関以東の山陽本線は直流電化のため、下関駅は車両の運用上からＪＲ西日本が管理するほうが都合がいいからだ。

また、すべてのホームがひとつの会社のものになっているほうが、ダイヤを作成しやすく、ダイヤが乱れたときの対策も講じやすいこともあり、在来線の接続駅では、このようにどちらか一方の会社が管理をすることになっているのである。

地下に眠っていたもうひとつの新橋駅、その知られざる歴史とは？

新橋駅には「幻のホーム」がある。しかも、地下と地上にふたつあって、それぞれが鉄道発祥の歴史を物語っている。

まずは地下のホームである。現在の東京メトロ新橋駅のホームの一階上には、もうひとつの新橋駅がある。これは、東京地下鉄道と東京高速鉄道というふたつの会社が、それぞれ浅草～新橋間と新橋～渋谷間で地下鉄を営業していた名残である。

ふたつの会社は経営者同士の考えの違いから乗り入れの合意に至らず、1939（昭和14）年までは、目と鼻の先にある別々の駅で営業がなされた。乗客はいったん改札を出て、乗り換えなければならず、ひどく不便だった。その後、乗り入れが成立して地下鉄新橋駅がひとつに統合されたため、東京高速鉄道のほうの駅はわずか8か月で使われなくなり、ひっそりと地下に眠ることとなったのである。

だが、この駅は今も保存されており、ホームの一部は駅員の会議室として、線路は夜間に電車を停めておく留置線《りゅうち》として利用されている。イベントの際は一般市民にも特別公開される場合がある。そんなときは当時のままの狭いホームや、時代色豊かなタイルのモザイクによる「新橋」の文字の駅名標などを目のあたりにできる。

また地上では、新橋駅の遺構《いこう》が発掘され、話題となった。開業当時の新橋駅は、現在のJR新橋駅とは違った場所に建っていた。そして東京駅が開業すると、汐留《しおどめ》駅と改称して貨物専用の駅となったのである。

だが、関東大震災でこの駅舎は焼失し、震災後の復興で土がかぶせられ、その上に再び汐留貨物駅が建てられた。鉄道の開業に向けた測量で、最初の杭が打ち込まれた記念すべき地点さえ不明となった。

しかし、これがかえって新橋駅の遺構をよく残す結果となった。1991（平成3）年に大規模な遺構の発掘が始まり、ホームの石組みやモダンなレンガの建築だったとされる駅舎の土台、機関区の跡などがほぼ完全な形で発見されたのである。

新橋駅の幻のホームは、鉄道発祥に伴うさまざまなドラマを今に伝えているのである。

エスカレーターを何度も乗り換える大江戸線・六本木駅の深さは？

東京の都営地下鉄大江戸線を利用する場合、かりに乗車時間5〜6分のふた駅だけを利用するとしても、出発駅から到着駅までの所要時間は、あと10分余計にみておいたほうがいい。その10分は、地上の出入り口からホームまでの時間である。これは大江戸線が地下深くを走っているためだ。なぜこれほどまで地下深くになったのか。

それは大江戸線が新しい路線だからだ。東京の地下には縦横に地下鉄が走っている。1927（昭和2）年、初めて開通した現在の東京メトロ銀座線は、浅草〜上野間2・2km

を結んだだけだった。第二次大戦後には帝都高速度交通営団によって次々に路線が設けられていった。営団地下鉄と呼ばれ、いま東京メトロと名を変えた私鉄の地下鉄がこれらだ。

これに対し、公営地下鉄として都営地下鉄が誕生したのは、1960（昭和35）年の一部開業に始まり1968（昭和43）年に全線開通の浅草線・押上《おしあげ》～西馬込《にしまごめ》間が第1号だ。ふたつの経営母体が地下鉄網を張り巡らそうとして、東京の地下はトンネルだらけになりつつあったのだ。

都営地下鉄も、三田線、新宿線と工事が進められていた。営団に遅れをとった分、当然トンネルを掘れる場所は少なくなっていき、ひとつの路線の下、さらに下と深度を大きくしていくことになった。

大江戸線は都営12号線として1968（昭和43）年から計画されていた路線だった。営団・都営の既存地下鉄間を結ぶように環状に近い路線にし、一部に放射状に延びる区間をもつのが12号線の特徴。ところが、結ぶべき既存の地下鉄がネックになって、トンネルは深度を下げなければならなかった。1986（昭和61）年の着工から長い年月を要し、2000（平成12）年にようやく全線開通した。

既存の地下施設を避けて大江戸線は地中深くにトンネルを掘った。その深さは最初の都営地下鉄である浅草線の平均深度11・6mのほぼ倍となる平均22・2mだ。

新宿から西へ延びる区間ではホームが地下30m以上の駅がいくつもある。

地下深くを走る大江戸線のなかで、最も深い深度にあるホームは、六本木駅の両国方面行きとなるうち回りホームの42・3mだ。駅の立体構内案内図を見ると地下7階と表示されている。出口によっては6台のエスカレーターを乗り継がないと改札までたどり着けない。地上はさらにその上だ。

大江戸線六本木駅を利用する際には、時間的余裕を十分に持つ必要がありそうだ。

阿倍野区なのに阿「部」野橋駅？謎を解く鍵は昔の地図にあり！

大阪市阿倍野区《あべの》にある大阪阿部野橋駅《あべのばし》。このふたつの「あべの」の違いに気づくだろうか。

そう、「倍」と「部」の漢字が違う。どちらも読みは同じ「あべの」だが、一文字だけ異なるのだ。

もちろんこれはどちらかが間違っているわけではない。どちらもそれぞれ正しい表記だ。何ともまぎらわしい表記のためか、最近では駅名、地名ともひらがなで「あべの」と書かれていることも少なくない。

たとえば、駅舎の正面にはひらがな、ホームの標示は漢字にかっこ書きのひらがなで書かれている。電車の表示も漢字、ひらがなといろいろあるようだ。

それにしても駅名は地区名を参考にしてつけられたはず。それなのに漢字が違うのはいったいどういうことなのだろうか。

それは、地区名が変わったことに理由があるようだ。

この地区は古来より「あべの」と称されてきたが、漢字については「阿倍野」「阿部野」「安倍野」など様々な表記が使われてきた。

1923（大正12）年に開業した大阪鉄道の大阪天王寺《てんのうじ》駅が翌年改称した「大阪阿部野橋駅」は、このなかのひとつ「阿部野」を採用したのである。

ところが、一方の地名は1943（昭和18）年、住吉《すみよし》区から分かれて「阿倍野区」が誕生。その際、どの漢字を使おうかという話になったが、区役所の土地台帳に記された「阿倍野」でそのまま統一された。

そのため、地名からは阿部野の表記が姿を消してしまう。結果、駅名と地区名とが異なる表記という事態になってしまったのである。

このように頭を悩ます紛らわしい地名はほかにもある。

たとえばあの大分県の由布院《ゆふいん》だ。有名な温泉は「由布院温泉」、駅名も「由布院駅」である。ところが、所在地の地名は「湯布院《ゆふいん》町」。つまり「ゆ」の表記が違うのだ。「湯布院町にある由布院温泉」とは何とも混乱しそうだが、じつは「湯布院」と「由布院」はまったく別の意味。もともとこの地域の地名は「由布院町」だった。だから駅名や温泉が「由布院」なのは当然なのだ。

この由布の語源は木綿《もめん》だとされている。ところが1955（昭和30）年、「由布院町」は「湯平《ゆのひら》町」と合併し、両方の名を合わせた湯布院町（現・湯布由布市）が誕生した。そのため、混乱が生じてしまったというわけだ。

「ゆふ」という地名の歴史は、奈良時代に編纂《へんさん》された『豊後国風土記《ぶんごのくにふどき》』にたどりつく古さだが、「湯」布院はようやく半世紀を過ぎたところだ。

現在、町内の温泉をまとめて湯布院温泉としながらも、「湯布高原」「由布岳《だけ》」など混在している状況なのである。

受験生要注意！「○○大学駅」にその大学はありません

大学が地域のランドマークとなり、最寄り駅の駅名に「〇〇大学」とつくことがある。初めて大学を訪れる人にはわかりやすく、便利なネーミングだろう。

ところが、大学名がついているからとその駅で降りたら目当ての大学がなかった、というケースもある。たとえば、首都圏の大手私鉄であり、渋谷と横浜を結ぶ東急東横《とうよこ》線の都立大学、学芸大学などがそれである。都立大学（現・首都大学東京）、学芸大学ともに実在する大学だが、東横線のこれらの駅で降りても大学などどこにもないのである。

まるで狐につままれたような話だが、いったいどうなっているのだろう。

もちろん大学がありもしないのに鉄道会社で駅名を勝手につけたわけではない。かつてはそれぞれの地区にたしかにその大学が存在していたのだ。ところが、大学のほうが移転してこの地からなくなってしまったのである。

学芸大学は1959（昭和34）年には小金井《こがねい》市へ、都立大学は1991（平成3）年に多摩《たま》ニュータウンへと移転した。しかし、駅名は地元で親しまれていたためか、すぐ改名するのは面倒だったためか、そのまま残された。

といっても実際にはないその駅に大学名を駅名にしておくのは、いろいろ差し支えがある。そのため、1999（平成11）年には東急電鉄が地元住民に両駅の駅名変更についてアンケート調査を行なっている。しかし、駅名変更を可とする意見が三分の二に達せず、駅名の変更は実現しなかった。

たしかに駅近くの店やマンションには駅名を冠したところも多く、地元に地区名として根付いていたことも大きいようだ。駅名を変えるとなれば、駅だけの問題ではなくなっていたのだ。

とくに、大学が移転してからすでに40年経っていた学芸大学では、変更を希望する意見が4割足らずしかなかったという。

しかし、これらは大学が存在した名残だからまだいい。なかには大学が来たこともないのに、それにちなんだ名前をつけた駅名すら存在する。

池袋から埼玉県飯能《はんのう》市の吾野《あがの》を結ぶ西武池袋線には大泉学園《おおいずみがくえん》という駅名がある。この駅の開業は大正時代と古いが、このとき、都心から東京商科大学（現・一橋大学）の誘致を見越して、先に意気込んで学園名を取り入れた名前をつけた。

ところが結局、大学はやってこなかったが、なぜか駅名だけはそのまま残ったという経緯を持つ。今ではなぜ、学園都市でもないのに学園という名前がついたのかさえ、知らない人が多いようだ。

実際に東京商科大学が移転した小平《こだいら》村（現・小平市）を通る多摩湖《たまこ》鉄道（現・西武多摩湖線）では、大学の最寄り駅を商大予科前《しょうだいよかまえ》（現・一橋学園）として開業した。

「駅前駅」が正式名称の駅が愛知県豊橋市にあった！

愛知県豊橋《とよはし》市では国道1号線の上を仲よくクルマと路面電車が併走している。

日本各地になつかしのチンチン電車が走っているが、国道一号線を軌道に使っているのは、ここだけ。豊橋鉄道の東田《あずまだ》本線（市内線）がそれで、ＪＲ豊橋駅の前から赤岩口《あかいわぐち》までの本線に、途中の井原《いはら》から運動公園前まで延びる支線を加えても全線５・４㎞という小規模な路線だ。

こんな小さな路線には、国道1号を走っているという特徴のほかに、別のユニークな特徴も見られる。

豊橋駅の前の駅が、その名も「駅前《えきまえ》」というのが正式名称なのだ。きちんと呼べば「駅前駅」ということになる。

ほかの都市にも路面電車で駅前に停車するケースはあるが、たとえば××駅前と鉄道の駅名を入れるのが普通だ。バス停でも同じで、ただの駅前としている例は見当たらない。「豊橋駅前」と鉄道の駅名を入れなかった理由については、豊橋鉄道でもわからないという。

駅前が豊橋駅に隣接するようになったのは１９９８（平成10）年のことで、それまではＪＲの駅近くの交差点が起点だった。それがわずか１５０ｍほどだが路線延長されてＪＲ駅前まで延びた。同社は１９２５（大正14）年の創設で、翌年には軌道電車を走らせ始めた歴史を持つ。

現在は路面電車以外に、普通の電車で渥美《あつみ》線を走らせていて新豊橋と渥美半島の三河田原《みかわたはら》を結んでいる。この渥美線の起点になっているのが新豊橋駅で、ＪＲ豊橋駅の東側に駅舎がある。

そのため、『日本全国路面電車の旅』（井川裕夫編著・平凡社刊）では、「自社の鉄道の駅名が新豊橋なので、路面電車の駅名を（「新」を付けずに）豊橋駅前にするのがためらわれたのではないか」と推測している。

ただ豊橋鉄道では、路面電車であるため「駅」とは呼ばず「停留場」や「電停」と呼び習わしており、「駅前駅」と呼ぶよりも、「駅前停留所」などと呼ぶことのほうが多いという。

東京の路面電車のように地下鉄や私鉄など、接続駅がいくつもあればまぎらわしくなるかもしれないが、豊橋で路面電車と接続する鉄道の駅といえばここだけなので、市民が間違えることもないのだそうだ。

北海道に「東六線」という路線名のような駅名があるのはなぜ？

江戸時代には蝦夷地《えぞち》と呼ばれていた本州の北に位置する大きな島が、北海道という名になったのは明治維新後のことだ。

命名の理由は、すでになじみの深かった東海道、山陽道のような街道名にちなみ、街道ではないながら北海道と「道」の名前にしたのだという。「県」に相当する行政区域に「道」と名づけた北海道では、鉄道でも似たような命名があり、路線ではなく駅名に、「線」がつけられている。それが「東六線駅《ひがしろくせんえき》」だ。

まるで路線名のような名称がJR北海道宗谷《そうや》本線の駅名として使われているのだ。北海道では、先住民であるアイヌが使っていた地名に漢字を当てた地名を駅名にしたところが多いなか、これは異色の駅名である。

この路線名のような駅名は北海道開拓の歴史をとどめる命名で、当時のその土地の呼び名として使い慣わされていたものだったという。

江戸時代、松前藩《まつまえはん》が置かれていた函館《はこだて》（箱館）を除けば、この北の地はほとんどが未開の地だった。北海道となり開発が試みられたのは、旧士族をはじめとした移住希望者たちに新天地を与えて生活の糧《かて》を得られるようにするためで、その監督官庁ともいえる北海道開拓使が設けられた。その後、1886（明治19）年には北海道庁が設置され、全道を統括して開拓・移住促進を図ることになった。

こういった「線」の付く地名はそのとき土地を区画整理した一区画の名前だった。道庁は開拓に適した土地を見つけると、東西南北に碁盤目《ごばんのめ》のような線を300間《けん》（約500m）ごとに引く。その線は並行する線を、たとえば東（あるいは西）一線から始めて東二線、東三線というようにナンバリングしていく。

そして、その線に直角に交わる線には南（あるいは北）一号、南二号、南三号……と番号をつけていく。こうして決まる300間四方を一区画とし、さらにそれを6等分した土地が、北海道への入植《にゅうしょく》家族一戸あてに払い下げられた。

こうしておけば、開拓中の××原野の東○線北△号というだけでどの場所かがわかるというわけだ。この碁盤目区画の名残は、今も北海道の各地に見ることができ、道路地図にそれが顕著だ。

また実際に東○線北△号というような字名が残っていたり、バス停が設けられていたりする。宗谷本線の東六線も、そうした地名にちなむ駅名である。

「ごめん」駅の次にある「ありがとう」駅、名づけ親の正体は？

高知県東部の南国《なんごく》市後免《ごめん》と安芸《あき》郡奈半利《なはり》町までの42・7㎞を結ぶ、土佐くろしお鉄道「ごめん・なはり線」の開通は、2002（平成14）年。旧国鉄時代に、土讃《どさん》線から室戸《むろと》岬《みさき》へ向けて伸びる路線として計画されながら、なかなか実現を見ず、着工からじつに37年をかけて完成したローカル新線だ。鉄路の開通に際して、地元の人々ばかりか沿線の自治体も熱望していた気持ちが込められ、さまざまな工夫が凝らされているのがこの路線。

正式な名称は、「阿佐《あさ》線（阿波と土佐を結ぶことから）」だが、公募により平仮名での「ごめん・なはり線」が愛称として採用された。

また、沿線の各駅には、シンボルとして、漫画家のやなせたかし氏により駅のキャラクターが設定され、特別車両にはそのイラストが描かれている。路線の大半が海岸沿いを走ることもあって、それにちなむ特別車両もある。車両の海側に魚の絵、山側には野菜の絵が描かれているのだ。いかにも海の幸・山の幸に恵まれた高知県らしい装いである。

キャラクター設定や特別列車など、趣向をこらすごめん・なはり線だが、何といってもユニークなのは「ごめん駅」と「ありがとう駅」が隣り合わせていることだろう。

JR土讃線とごめん・なはり線の接続駅となっているのが「後免駅」。地域の地名が駅名の由来だ。駅のキャラクターとして「ごめん・えきお君」が設定されているが、もうひとつ駅を特徴づけているのが、ホームに置かれたベンチだ。やなせ氏の生み出したキャラクター、アンパンマンがあしらわれたベンチが置かれ、やなせ氏直筆の「ごめん駅でごめん」の詩碑も建てられている。

やなせ氏の活躍は、となりの駅にも及ぶ。後免駅の隣は本来「後免町駅」なのだが、同じような名前の駅が続いては間違え易いということで、ここに「ありがとう駅」という愛称をつけたのである。「ごめん」があるのなら、同じように「ありがとう」という挨拶の名の駅があってもいいというわけだ。後免町駅のキャラクター「ごめん・まちこさん」の像とともにやなせ氏のメッセージボードが飾られ、隣駅と合わせて「ごめん」と「ありがとう」が素直にいえる優しい町になろうという気持ちが表されている。

そもそも、今は南国市に組み込まれてしまった旧後免町の名は「ごめんなさい」に由来するものではない。江戸時代に土佐の偉人・野中兼山《のなかけんざん》によって拓《ひら》かれた土地が、年貢《ねんぐ》や諸役を免除された「後免許《ごめんきょ》の土地」だったことから呼ばれるようになった地名だ。それを挨拶の言葉とかけて気持ちを表そうとした名付け親の、故郷への思いが伝わってくる。

高級住宅地の代名詞「芦屋」、駅の命名は結構イージーだった！

関西地方のセレブが住む街のひとつとして有名なのが「芦屋《あしや》」だ。全国的にも、高級住宅地として、その名が知られている。

ところが、この芦屋という名称を駅名に使ったばかりに大騒動になったことがある。1905（明治38）年、芦屋近辺には、阪神電鉄が通る「打出《うちで》」と「芦屋」という駅があった。しかし当時、この周辺には「芦屋」という名の市町村は存在していなかった。この周辺は精道《せいどう》村と呼ばれていたのである。

精道村は、1889（明治22）年、芦屋、打出、三条《さんじょう》、津知《つち》の4つの村が合併したものだ。合併時、もっとも問題となったのが、名前だった。4村のうち、芦屋と打出のふたつの村の勢力が拮抗《きっこう》しており、どちらも自分の村の名を冠するべきだと譲らなかったのである。妥協案として、小学校の名を冠した「精道村」ということで、なんとかまとまったのだった。

さて、冒頭で精道村には阪神電鉄の打出駅と芦屋駅があったと紹介したが、これは、それぞれの旧村に駅を置いたという背景がある。

阪神電鉄は通っているが、旧国鉄の駅が精道村にはなかったため、地元の活性化のために、国鉄の駅を誘致しようという声が住民に上がった。経費の一部を住民が負担することで、駅を誘致したのである。

1913(大正2)年、住民の願いどおりに国鉄の駅が完成した。しかし、その駅の名は「芦屋駅」となっていたのである。常識的に考えるならば、精道村の駅なのだから、「精道駅」が妥当である。

しかも、合併時にモメたこともあり、とくに打出村出身者にとっては、ライバルの芦屋の名が駅に反映されたことは、納得のいかないことだった。当然ながら、住民たちから、経費の一部を負担したにもかかわらず、何の相談もなしに駅名を決めるとは何事かと鉄道院へ猛抗議がなされたのである。

『日本の鉄道120年の話』(沢和哉著、築地書館)によると、この「芦屋駅」の命名者は、当時の西部鉄道管理局神戸保線事務所の設計係長・青木勇だった。

青木は、とくに芦屋村の肩をもとうとして命名したわけではない。たまたま近くに「芦屋天井《てんじょう》川トンネル」というのがあったため、そこから「芦屋」という文字を拝借したにすぎなかった。軽い気持ちで命名したことが、これほどの大騒動になるとは、当の本人がいちばん驚いたに違いない。

とはいえ、鉄道院としての面目もある。「近くのトンネルの名を取りました」と素直にいえるはずもなかった。そこで、青木は、「謡《うたい》の歌詞のなかに、この地方の名称として『芦屋』が出てきており、全国的には『芦屋』という名のほうが知れ渡っている。全国から観光客が集めるには、このようによく知られた名前を駅名にしたほうが、宣伝効果が高い」と、それらしい理由をつけたのである。

この青木の弁明が受け入れられ、芦屋という駅名は認可されたというわけだ。その後青木氏の弁明通りに「芦屋」という名称が日本中に知れ渡ったことはいうまでもない。

岡山県には歴史上の人物の駅名が、なんとふたつも！

駅名は、地名をもとにつけられる場合が多いが、ゆかりの人物名がつけられた駅もちらほらお目見えする。

なかにはフルネームをつけるという異彩を放つ駅名もある。岡山県には、そんな珍しいネーミングの駅がふたつも存在する。

ひとつはＪＲ山陽本線の上郡《かみごおり》駅とＪＲ因美《いんび》線の智頭《ちず》駅（鳥取県）を結ぶ第三セクター智頭急行の駅。岡山県の美作《みまさか》市大原にある無人駅の名は何と「宮本武蔵《みやもとむさし》駅」。あの名高い剣豪の名前をそのままつけた、かなりインパクトの強い駅名だ。

駅のある美作市大原は宮本武蔵の生誕地といわれ、地区内には武蔵の生家跡や墓など武蔵ゆかりの史跡が点在する場所。武蔵ファンにとっては垂涎《すいぜん》のスポットなのだ。

そこで１９９４（平成６）年に鉄道が開通するとき、地元の人々は武蔵の名前にちなんだ駅名をつけようと考えた。

当初の案は「宮本駅」。武蔵の生誕地ということに加え、駅のある場所が大原町（当時）の宮本地区だったことがその理由だ。ところが、もっとインパクトをということで、思い切って「宮本武蔵駅」にしたのである。こうして、全国でも珍しい歴史上の人物名をフルネームでつけた駅が誕生した。

智頭急行は、ほかにも赤松《あかまつ》氏ゆかりの河野原《こうのはら》にある駅の名を河野原円心《えんしん》駅（円心は南北朝時代の武将赤松則村《のりむら》の法名）、智頭町山形地区の駅の名には恋山形《こいやまがた》駅（山形に来い、山形に恋する）などの駅があり、沿線住民の思い入れを表わした名称がつけられた駅が多いのが特色だ。

人物のフルネームがつけられたもうひとつの駅はというと、岡山から広島へと向かう第

宮本武蔵駅

剣豪・宮本武蔵ゆかりの地に位置する同駅には、偉人の名がそのままつけられた。

三セクター井原《いばら》鉄道に登場する。吉備路《きびじ》を走るJR吉備線の延長として計画されたこの鉄道は1999（平成11）年に開通した。「20世紀最後の鉄道」として個性的な鉄道を目指していたというだけあって、数々の特色を打ち出している。

たとえば、開業日は平成11年1月11日11時11分11秒と「1」づくし。そのこだわりで駅名に関しても、土地にゆかりの人物名を使おうと考え、戦国武将の北条早雲《ほうじょうそううん》にちなんだ「早雲の里荏原《えばら》駅」などがある。そして、歴史上人物のフルネームを使ったのが「吉備真《きびのま》備《きび》駅」だ。

吉備真備は奈良時代、留学生や遣唐副使《けんとうふくし》として唐に渡り、様々な文物を日本に持ち帰った学者かつ政治家。ここは彼の故郷にちなんだ駅で、駅標の下には近くの高校生たちが描いた真備の絵があり、駅近くには「まきび公園」などもあり、駅名とともに吉備真備で町を盛り上げている。

これらの歴史上の人物名を駅名につけた駅は、地名をそのまま駅名に使っている駅よりも、地元住民の駅に対する思い入れが強い傾向があるようだ。人物名を駅名としている駅の周辺には、なるほど、その人物ゆかりの史跡も多い。そうした駅を見つけて、駅の周辺を調べ、その土地の意外な歴史を発見してみてはいかがだろう。

御茶ノ水駅の駅名の由来となった“モダンなもの”とは

東京を横断するJR中央線の御茶ノ水《おちゃのみず》駅周辺は、江戸時代は幕臣《ばくしん》の屋敷地で、天下のご意見番として名高い大久保彦左衛門《おおくぼひこざえもん》も住んでいたといわれている。当時、駿河台《するがだい》と呼ばれており、この地名は、徳川家康《とくがわいえやす》の駿府《すんぷ》隠居に従って駿府に赴任していた警護役の番方衆《ばんかたしゅう》が、家康の死後に江戸に与えられた屋敷地だったことから名づけられたという説がある。神田川の対岸には湯島聖堂《ゆしませいどう》があって、学問の中心地でもあった。

明治以降も新政府の教育行政の中枢で、一時は文部省や東京大学の前身である開成校《かいせいこう》も

御茶ノ水駅前

上空から見た御茶ノ水駅前。中央の橋が現在の御茶ノ水橋。

置かれ、東京医科歯科大学や明治大学、中央大学などが次々と開校して学生街を形成するとともに、ニコライ堂や神田神保《じんぼう》町の古書店街にも近いことから、文化の街、知識人の街として発展を続けてきた。

この土地に、御茶ノ水駅が誕生したのは1904（明治37）年12月31日のことである。

現在の中央線の前身・甲《こう》武《ぶ》鉄道が、さかのぼること15年前の1889（明治22）年に新宿〜立川間で開業。徐々に路線を延ばし、新宿から東へ延びた路線が1895（明治28）年に飯田《いいだ》町（現在の水道橋《すいどうばし》〜飯田橋《いいだばし》間）まで到達すると、1904（明治37）年8月には中野〜飯田町間が電化され、日本初の電車を走らせた。

御茶ノ水駅の開業は、その4か月後のこと

で、飯田町〜新駅間は、電車専用線として新設された初の路線だった。

こうして画期的な路線の駅として開設された御茶ノ水駅だが、なぜ土地名の駿河台ではなく、御茶ノ水という名前がついたのだろうか。

新駅の名前となった「御茶ノ水」というのは、現在の御茶ノ水駅の対岸からはるか西方、現在の本郷《ほんごう》1丁目1番の元町《もとまち》公園と昭和第一高校の境目付近の外濠《そとぼり》通りにあった井戸の名前であり、将軍家のお茶の水にも使われていたために、「御茶ノ水」と呼ばれていたものである。

たしかに有名な井戸ではあったが、駅ができた駿河台から井戸までの距離は直線距離でも600mもある。駅名にするには、かなり無理があったはずだ。

それにもかかわらず御茶ノ水駅という名前が選ばれたのは、駅の西側にあたる場所に架けられていた橋の名が「御茶ノ水橋」だったからだ。1890(明治23)年に新設されたこの橋は、欄干《らんかん》にガス灯をあしらったモダンな鉄橋で、当時は多くの人々の好奇心を誘い、見物客まで数多く集まってきたほどで、近代化する東京を代表する新名所となっていたのである。

日本初の電化区間として新設された路線の駅には、できるだけモダンで近代的な名前を付けたい。その思いが、歴史ある地名より、近代東京を象徴する御茶ノ水橋の名のほうを選ぶ結果になったのである。

やがて昭和に入ると、中央線の御茶ノ水～中野間の複々線化工事と総武線の御茶ノ水乗り入れ工事が行なわれ、１９３２（昭和７）年7月1日、御茶ノ水駅は東京寄りの御茶ノ水橋東側に2面4線の近代的なホームを持つ駅として生まれ変わった。

これは現在も使われているもので、同じホームで同じ方向への乗換えができる「方向別ホーム」の草分けである。御茶ノ水は、その名前とともに、近代化の先鋒を走った駅なのである。

幸、松、鶴……なぜか南九州に集まったおめでたい駅

北海道にかつて走っていた国鉄広尾《ひろお》線は、ジャガイモをはじめとした農産物などを輸送するために運行されていたローカル路線。少ない乗客を乗せた赤字路線に過ぎなかった広尾線が一躍注目されたのは、「幸福《こうふく》」という名前の駅がブームとなってからだ。同じ路線に「愛国《あいこく》」駅もあったことから、「愛国から幸福」行きの切符や入場券が縁起物《えんぎもの》として爆発的な人気となり、小さな駅には日本中から数多くの観光客が訪れた。

広尾線は1987（昭和62）年に廃止されたが、今も愛国と幸福の両駅は観光地として整備されており、観光客が訪れ続けている。

さて、この縁起のいい駅名のブームは、現在、北海道から南九州へと舞台を変えている。中心はJR肥薩《ひさつ》線の「真幸《まさき》」駅だ。肥薩線は、かつて鹿児島本線だったが、ローカル路線になったことで、明治時代から続く鉄道の歴史を色濃くとどめた路線であり、スイッチバックの駅もふたつある。真幸駅は、そのスイッチバックの駅のひとつで、トンネルを抜けた電車は、いったん駅の横を駆け下りるように通り過ぎたかと思うとスイッチバックで駅へと滑り込んで行くのである。

人吉《ひとよし》駅から約1時間、1日に上下10本しか走らない山間の無人駅だが、「真の幸せ」に通じるということで、ホームには「幸せの鐘」が設置され、無人駅にもかかわらず、近隣の人吉駅などで入場券を発売している。最近では、車やバイクで立ち寄る人まで現われるようになった。

肥薩線で鹿児島方面にひとつ行けば、宮崎県へ延びる吉都《きっと》線と分岐する「吉松《よしまつ》」駅に到着し、さらに吉都線に入れば、次は「鶴丸《つるまる》」駅だ。つまり、幸、吉、鶴と縁起のいい駅が3つも続くのだ。

肥薩線には、他にも「一勝地《いっしょうち》」駅というのがあり、こちらは必勝祈願のスポーツ選手や受験生の人気が高い。さらに、人吉から分かれる第三セクターのくま川鉄道には、「おかどめ幸福」という名前の駅もある。

なぜか南九州に数多くある縁起の良い駅の数々。この先、広尾線を越えるブーム到来となるだろうか。

どうして鶴見線は駅名に人名を使っているの？

いろいろな土地を走る鉄道の駅名は、たいていがその土地の地名が使われる。たしかに「ここがどこか」ということがわかることは、公共の乗り物にとっては大事なことだ。ただ埼玉県の旧浦和《うらわ》市のように、ＪＲ東北本線の浦和駅を筆頭に、東浦和、西浦和、南浦和、北浦和、さらに中浦和、武蔵《むさし》をくっつけて武蔵浦和と、ＪＲだけでも全部で7か所も浦和を名乗る駅があると、逆にややこしくなったりする場合もある。

その点、ＪＲ鶴見《つるみ》線の駅名は、それぞれが特徴のある名称のものが多く、混乱の起こしようがない。それというのも、地名が人名に由来するものになっているからで、そのいわれを聞けば納得がいくうえ、地域の歴史をも知ることができる駅名なのである。

駅名が人名にちなんでつけられている鶴見線

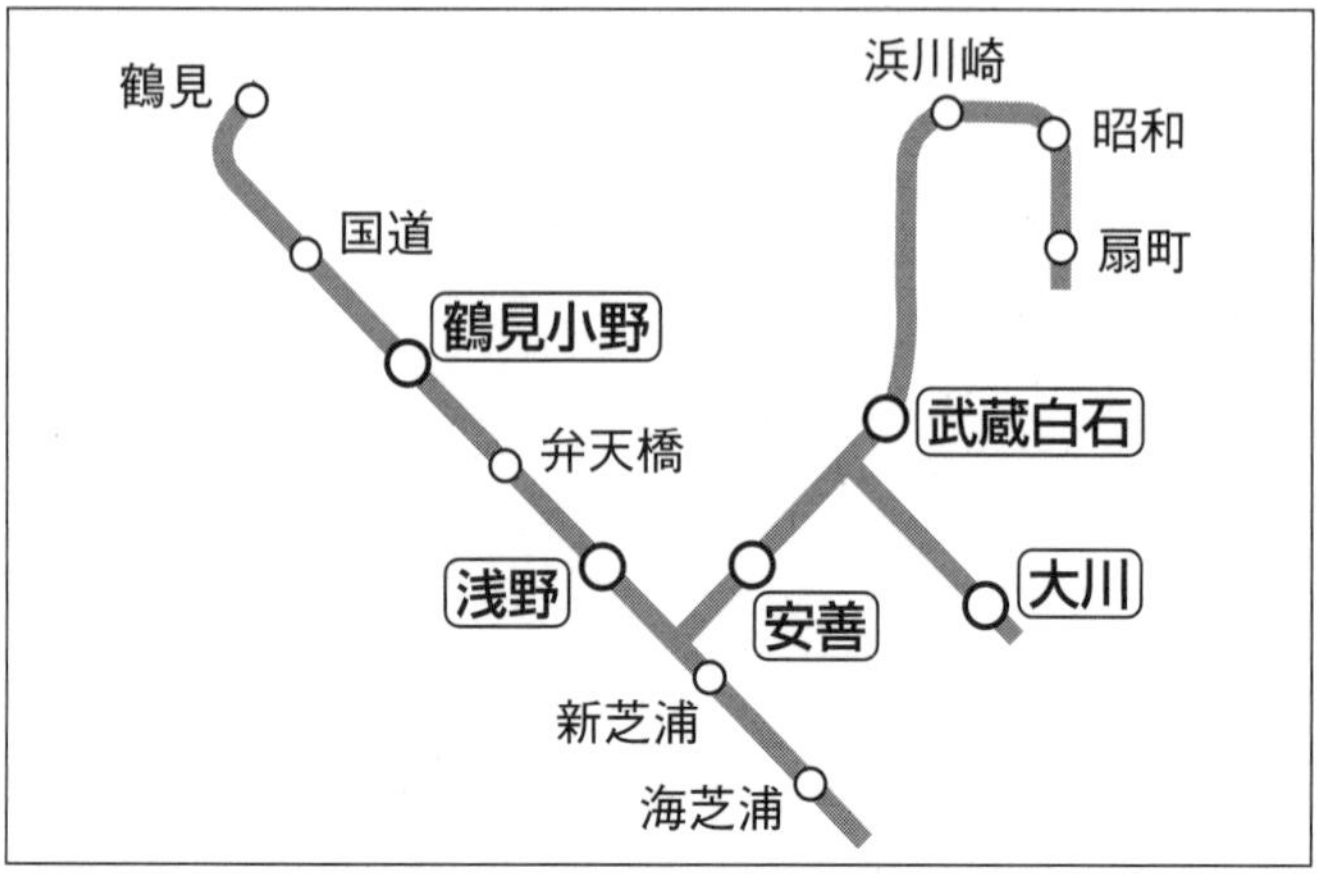

□で囲んだ駅の名称のルーツをさぐると人物の名にたどりつく。

浦和のように古くから開けた土地の場合、広い地域が同名を名乗っていれば、どうしても駅名にその名を使いたくなる。しかし、この鶴見線一帯は明治時代になってから埋め立てられた土地で、鶴見線も鶴見臨港《りんこう》鉄道という私鉄が1926（大正15）年に開業したものだ。新興の京浜工業地帯で運河沿いを走る貨物用路線としてのスタートだった。

この貨物路線が、周辺の発展とともに路線を延ばし、東海道本線鶴見駅から扇町《おおぎまち》までを結んだあとの1943（昭和18）年、国有化と同時に鶴見線と改称している。しかし駅名は、臨港鉄道が使っていたものを、そのまま使うことにした。

臨港鉄道は、鶴見線13駅のうち5駅の駅名に、鉄路を敷設した埋立地造成に貢献した、ときの財界の有力者の名をつけていた。たとえば、浅野《あさの》駅は、埋め立ての功労者で浅野セメント（現・太平洋セメント）の創業者・浅野総一郎《そういちろう》に由来しており、安善《あんぜん》駅は、その浅野の協力者だった安田《やすだ》財閥創始者の安田善次郎《ぜんじろう》にちなむ名称である。

武蔵白石《しらいし》駅は、日本鋼管（現・ＪＦＥスチール）創立者の白石元治郎《もとじろう》からつけたが、東北本線にすでに白石駅が存在したため、関東を意味する武蔵を冠したという。日本の製紙王といわれた大川平三郎《おおかわへいざぶろう》も、大川駅に名を残している。

また鶴見小野駅は、かねてより駅付近一帯の大地主だった小野氏にちなんでいる。

受験生に人気のある
ご利益駅ってどこにある？

困ったときの神頼みとはよくいうが、人生の節目のときには、何かにすがりたくなるものだ。そんななか、受験生にご利益があると大人気なのがＪＲ四国徳島線の学《がく》駅である。その名の由来は、この駅の近くに徳の高い僧がいて、その人に教えを乞いたいと各地から人が集まってきたことによる。

この「学」駅の入場券には、「入」と「学」が印字され「入学」になるということで、合格のお守りとして入場券を買い求める受験生が続出した。

最近では、インターネットや郵送でも購入できる。入場券五枚セットを、語呂合わせで「御入学切符」として発売していて、お守り袋がついてくる。

「学」駅ほどメジャーではないが、ほかにも受験生の味方になってくれそうな知る人ぞ知る駅がある。まず、和歌山県の紀州《きしゅう》鉄道の学門《がくもん》駅だ。県立日高高校が駅前にあることから、高校の門の前という意味で「学門」と名づけられた。こちらは、学門駅が無人駅のため、隣の紀伊御坊《きいごぼう》駅で入場券が購入できる。

大学受験生限定の合格祈願切符が大学《だいがく》駅の入場券だ。大学駅は、長崎県立大学近くの松《まつ》浦《うら》鉄道西九州線の駅。長崎県立大学駅としなかったのが功を奏して、全国どこの「大学」にも通じるお守りとして人気を集めている。こちらも無人駅のため、松浦鉄道の有人駅で購入することになる。

駅の知名度をあげるには、アイデア次第だという、よいお手本である。

駅構内で耳にする玄関チャイムのような音は何のため？

鉄道を利用する際、駅の構内で「ピーンポーン」という音を聞いたことはないだろうか。まるで玄関チャイムのような音だが、ホームで聞くこともあれば、改札口で気付くこともある。また、鳴るタイミングが決まっているのかどうかもわからないし、すべての駅で鳴るわけではない。列車の走行音や案内のアナウンスなど、ただでさえ音があふれている駅で、こんな音を鳴らすのはどうしてだろう。

このチャイムのような音は目の不自由な人向けの誘導音で、基本的に改札口の位置を知らせるものだ。駅によっては、階段でも鳴らしているという。

誘導音の装置はJRを中心に自主的に設置されてきたものであるが、鉄道で本格的に普及し始めたのは、2000（平成12）年に「交通バリアフリー法」が制定されてからだ。法律では改札口・エスカレーター・トイレ・ホーム上の階段・地下鉄の地上出入り口に、音響・音声案内を行なうこととしている。

ただし、適合が求められるのは新設駅で、既存駅は努力義務となっており、設置は強制ではない。改札口と違う音色で、降車直後の異動をスムーズにするため、ホーム上の階段の位置を知らせる「鳥の声」のチャイムもある。まだまだ十分とはいえないが、「交通バリアフリー」は、着実に浸透している。

交通バリアフリー法では、1日あたりの利用者数が平均5000人以上の鉄軌道駅では、段差の解消、視覚障害者誘導用ブロック整備、多機能トイレの設置など、バリアフリー化の実施を促している。それに伴い、各鉄道会社では盛んにバリアフリーへの対応を推し進めている。

エレベーター・エスカレーターの整備はその代表的なものだ。車両に関しても、車椅子スペース、車両の乗降口音声案内装置、握りやすく歩く妨げにならない形状の座席手すりなどが設置されはじめている。誰もが使い易い鉄道を目指して、気付かないところでも施設や設備の整備が進められているのである。

地方の駅で見かける ホームにある洗面台の知られざるルーツとは？

ローカル線を旅して地方の駅に降りると、駅で不思議なものを見かけることがある。そのひとつがホームの中央に堂々と設置されている洗面台だ。トイレは駅舎のなかにあったり別の建物があったりして、そこに洗面設備も備わっているのだが、ホームにわざわざ流し台のある蛇口を備え、ときには鏡まで設置してある場合もある。

じつはこのホームの洗面台、過去に蒸気機関車が走っていたころ、比較的大きな駅にはよく設置されていたもの。石炭を燃やして動力とする機関車が吐き出すススや煙で、いくら窓を閉めていても、客車内の乗客は顔や手が汚れたのだ。通過待ちなどでの長時間停車のとき、乗客はホームの洗面台で手や顔を洗い、ついでに、同じ姿勢で座っていたためにこわばった体をほぐすリラックスタイムを持った。山間の駅なら、機関車のつけかえをした機関士が、汚れた手を洗った洗面台かもしれない。

旅好きはそんな光景を想像するだけで胸のあたりがポッとしてくるだろう。

町の活性化とかシンボルづくりなどという名目で、新築した駅舎があるところでは、いくらローカル駅でも、蒸気機関車時代のそんな用途に使われた洗面台は見つからない。モータリゼーションの波に洗われる前の汽車の旅の風情を漂わせているホームなら見つかる可能性が高い。

洗面台の形は駅によって様々だ。学校の校庭の隅にある洗面台のような質素なものだったり、あるいは洗面台にタイルが貼られ、当時としてはモダンだったろう色や紋様を浮き出しているもの、多角形の洗面台の上に鏡が多面体になって立てられ、蛇口がいくつもついたサークル状のものもある。

地方の駅に下りることがあったら、蒸気機関車時代の名残の洗面台を探してみてほしい。

車内清掃時間たった7分！世界が絶賛する「おもてなし」

２０２０年の東京オリンピック招致活動で、脚光を浴びた「お・も・て・な・し」が、ここ新幹線のホームでも世界中から注目されている。

「奇跡の７分間」と呼ばれる新幹線の清掃チームの存在だ。

日々、多くの新幹線が折り返し運転をしているが、そんなに長く停車できるわけではない。ＪＲ東日本の新幹線の場合、東京駅での折り返し時間はたった12分。

車内清掃もこの時間内に行なっている。しかも、12分すべてを使えるわけではない。12分のうちの２分は乗客が降りるための時間、３分は乗客が乗り込むための時間、つまり、残りの７分程度が車内清掃にかけられる時間ということになる。

これほど短い時間に、全客車内の清掃をすませるためには、さまざまな工夫が必要になる。清掃を手がけるのは一編成で20人程度のチームだ。それぞれ担当が決められていて、客車内を清掃する人、トイレや洗面所を清掃する人、喫煙所の吸殻を回収する人などに分かれて作業をする。

客車内を清掃する人は、座席数約100ある1両の清掃を1人で担当する。最初に大きなゴミを回収し、つづいて座席本体のゴミや汚れを確認する。

同時に、座席の背にあるテーブルを拭き、背もたれカバーを付け替える。水拭きはせず、おもに化学雑巾《ぞうきん》が使われる。水を使って掃除すると乾くのに時間がかかってしまうからだ。このときに、すべての座席はボタン操作で進行方向へ転換される。

また、トイレや洗面台の掃除も抜かりなく行なう。便器を磨くのはもちろん、トイレットペーパーを補充したり、洗面台の鏡を拭いたりと、この作業も7分内にこなさなければならない。

こうして、すべての清掃作業を終えたのちに、安全確認を行なって列車から降り、清掃係の仕事が完了するのである。

いまや新幹線の清掃チームのこの働きぶりが、海外メディアから絶賛されている。なにより「きつい、汚い、危険（3K）」といわれがちな清掃業のイメージを崩し、「感謝、感激、感動（3K）」を乗客に届ける「おもてなし」だと考えて取り組む姿勢に共感を呼んでいるようだ。

事実、アメリカの運輸長官が視察に訪れたばかりか、スタンフォード大学をはじめ海外の大学からも研修依頼がくるという。さらにはハーバード大学のビジネススクールでは、必修科目として取り上げられるまでになっている。

正確で速いだけが魅力の新幹線ではない。行き届いたサービスこそ、世界に誇れる日本の鉄道文化といえる。

元祖エキナカは「キオスク」それとも「キヨスク」？

駅構内の売店の歴史は、日本の鉄道の始まりである新橋〜横浜間の正式営業より以前にさかのぼる。正式営業の半年前から行なっていた仮営業中に、汽車《きしゃ》を見物しに駅へ来る人の多さに気がついたイギリス人のジョン・ブラックが新聞の売店を設けたのである。

国鉄が駅構内で商売を行なうことは法律上の規制があった。駅での営業行為には鉄道省の認可が必要だったのだ。鉄道弘済会《こうさいかい》の営業が認められたのは、もともと福祉の目的で設立された事業だったからである。

明治・大正期の鉄道作業は危険を伴い、職員が命を落としたり、怪我をする事故があとを絶たなかった。そこで、残された家族や怪我をした人のために事業を行ない、職を与える目的で１９３２（昭和７）年に設立されたのが鉄道弘済会だ。

現在のキヨスクのルーツはこの弘済会が始めた売店である。初期のころは台の上に新聞や雑誌を並べて販売するというもので、戦後には商品や営業内容の種類も増えていった。だが、当時は営利目的ではなかったため商売っ気に欠け、接客サービスの精神もあまり感じられなかったという。

この駅の売店、「キヨスク」なのか「キオスク」なのか、改めて尋ねられると戸惑ってしまうのではないか。

１９７３（昭和48）年、鉄道弘済会は創立40周年事業の一環として売店のイメージアップをはかり、募集していた愛称をキヨスク（Ｋｉｏｓｋ）と決定した。これは、トルコ語で「あずまや」を意味する言葉で、読み方はキオスクではなく、「清く」「気安く」に通じるキヨスクとされた（東日本エリアを運営するＪＲ東日本リテールネットだけは、２００７年に「キオスク」に変更している）。

当初は耳慣れない言葉に、「キヨスクって、それ何？」という人が多かったが、徐々にこの名も親しまれ、キヨスクの売り上げも順調に伸びた。小さな店舗に豊富な品ぞろえで、時間がないときも素早く買い物ができるのは、忙しいサラリーマンにありがたい存在である。

そして、国鉄の分割民営化にあたり、鉄道弘済会はキヨスクの大半を各ＪＲに譲渡。それ以降のキヨスクは周知のとおり、駅構内のコンビニや新しいタイプの店舗、オリジナル商品などで、各社ごとの特徴を見せるようになった。

巣鴨駅だけのゆっくりエスカレーター、そのスピードは？

東京都豊島区巣鴨《すがも》は、お年寄りに人気の観光スポット、とげぬき地蔵で有名な萬頂山《まんちょうざん》高岩寺《こうがんじ》や別名「おばあちゃんの原宿」と呼ばれる巣鴨地蔵通り商店街周辺は、連日、年配の方々で賑わっている。

最寄りの駅は、ＪＲか都営地下鉄の巣鴨駅である。じつはこの都営地下鉄巣鴨駅には「お年寄りの乗降客の多い」駅ならではの、配慮がなされているのだ。

分刻みで運行されている日本の鉄道では、先を急ぐ利用客が動いているエスカレーターの上を歩いて上り下りするのも日常的に見られる光景だ。

しかし、都営地下鉄巣鴨駅のとげぬき地蔵方面への出口「Ａ３」に設置されたのは、ゆっくり動くエスカレーターである。

巣鴨駅に導入されたのは、２００５（平成7）年12月2日。お年寄りが利用することの多い「A3」出口のエスカレーターで分速20mの、のんびりスピードだ。その理由は、お年寄りの転倒事故防止にある。

都営地下鉄を管理する東京都交通局に聞いたところ、巣鴨駅ではエスカレーターの乗降によるお年寄りの事故が発生していた。

そこで、とくに利用客からの要望があったわけではないが、巣鴨駅では、サービスの一環として、分速20mのエスカレーターに変えたのだそうだ。大手デパートでは、以前から分速20mのエスカレーターが一般的だが、鉄道業界では分速30mが標準。なかには、分速40mで対応している駅もあるという。

駅施設に限定したデータではないが社団法人エレベーター協会のデータファイルによると、東京消防庁管内でのエスカレーター事故は、年間1000件近くも発生している。この数字は、東京都消防庁で出動または報告があり掌握している件数であり、救急車も呼ばず、事後報告もなかった事故を含めば、相当数のエスカレーター事故が発生していると推測できる。

また、事故被害者を年代別に見ると、事故遭遇率がもっとも高い年齢層は85〜89歳で29・8人、事故遭遇率がもっとも低い年齢層は15〜19歳の1・3人で、高齢者ほど事故に巻き込まれやすいことが浮き彫りになった。エスカレーター内での事故の約96％は転倒・

転落だ。その大半が軽症なのが不幸中の幸いといえよう。

エスカレーターの利用で、とくに高齢者が危険を感じているのは、エスカレーター内の歩行である。高齢者は、自分が歩行することで、転倒してケガをするという直接的な危険だけでなく、脇を歩く歩行者と接触することによる、危険や怖さを感じているのだ。そこで、巣鴨駅「A3」のエスカレーターではこの点にも配慮し、幅の狭いものを採用。あえて追い越しをできなくしている。

自動改札機に切符を裏返して入れると、さてどうなる?

SuicaやICOCA、PASMOの登場など、鉄道利用の利便性は日々高まっている。これに呼応するように、自動改札機も進化している。

椎橋章夫氏の『自動改札のひみつ』(交通研究会)によると、ヨーロッパの自動改札機は1分間に30人が通れる設計になっているが、日本では1分間に45~60人分を処理できるように設計されているという。いかに日本の自動改札機が高速化されているかがおわかりだろう。

自動改札機の内部構造

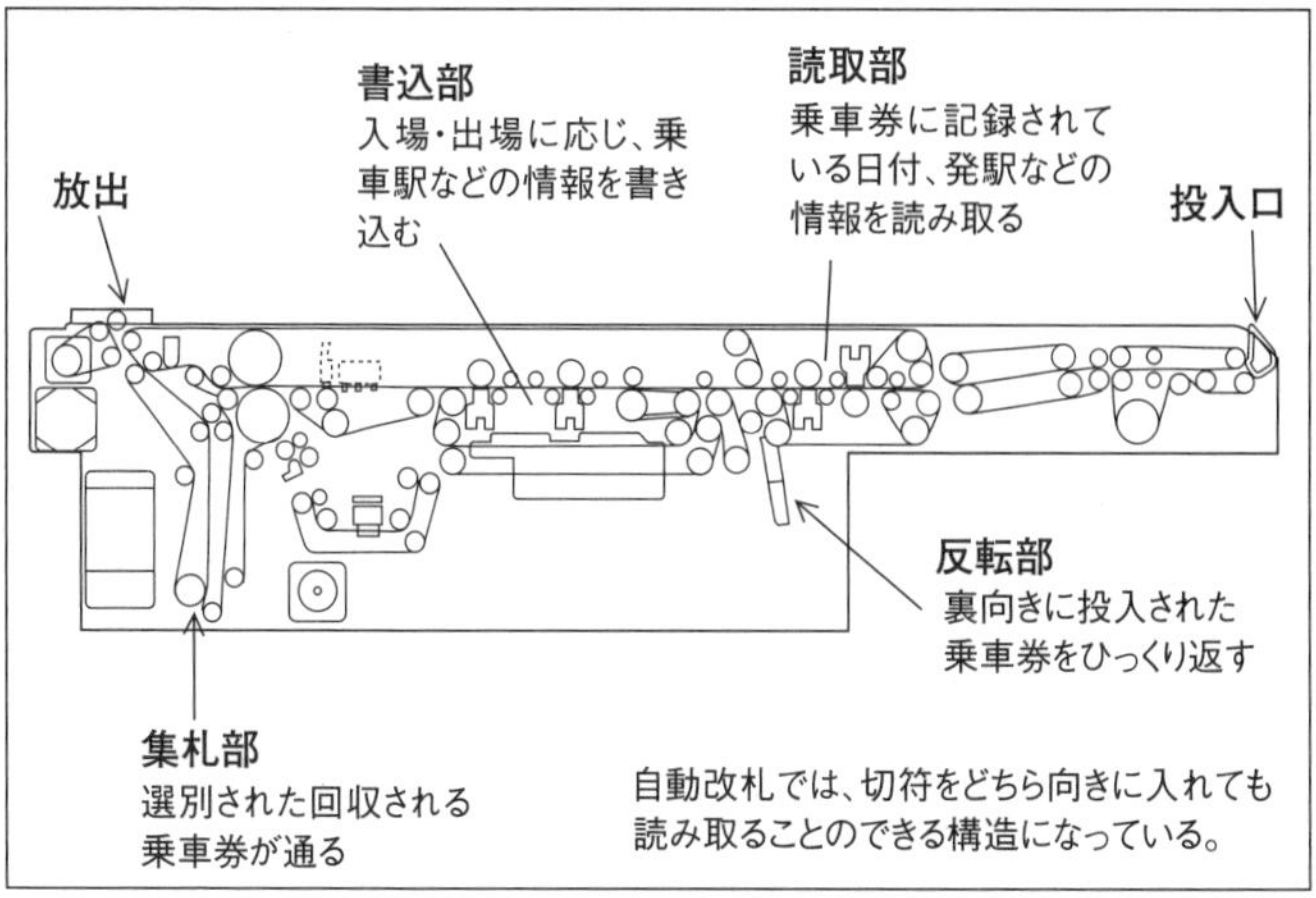

参考：『自動改札のひみつ』椎橋章夫（交通研究協会）

ＩＣカードが普及してはいるものの、磁気式の乗車券もまだまだ健在。高速化のためには、さまざまな技術が駆使されているが、磁気式の乗車券を裏返して入れてしまっても、機械が自動的に反転させて正しい位置にひっくり返す機能もそのひとつだ。

自動改札機では、乗車券の磁気に記された情報を読み取り、正しい乗車券かどうかを確認する。

確認後は、駅の改札をたしかに通り抜けたという新たな情報を乗車券に書き込み、乗客へ乗車券を返す。

この読み取り作業をする磁気ヘッドを片側に並べ、もし読み取り作業ができない場合は乗車券が裏返されていると判断し、ローラーを使い、くるりと機械の内部で反転させて処理している。

自動改札機に乗車券を入れようとするたびに、表側を確認する手間が省けてとても便利になったが、この機能によって恩恵を受けているのは乗客ばかりではない。少し意地悪な見方をすれば、乗客よりも鉄道会社のほうの利点が大きい。

たとえば、乗車券が裏返しで通らないために、自動改札機のひとつが詰まってしまったら、ほかの乗客が通れなくなり、人の流れがとどこおってしまう。これだけでも鉄道会社にとっては大幅なロスになる。そのうえ、駅員が急いで駆け寄り、裏返しで入れられた乗車券を機械内から取り出したり、乗客に状況を説明しなくてはならない。

このようなロスをなくすために、乗車券を裏返して入れても、読み込みができる機械が登場した。

しかし、当初の仕組みでは、読み取り作業をする磁気ヘッドを上下両側に設置しなければならず、コストが高いうえにメンテナンスも面倒だった。そこで、それなら機械内で乗車券をくるりと反転させればいいというアイデアが生まれたのであると、椎橋氏は述べている。乗車券を機械内で反転させるための装置によって、鉄道会社は磁気ヘッドを両側に設置するよりもコストを抑えられ、乗客は乗車券の向きを気にせずに改札機を通れるようになったのである。

特集1

鉄道・なんでも日本一！

日本最北端の駅

稚内駅《わっかないえき》

日本最北端の駅といわれれば、だれもが北海道地図の最北に長く飛び出した宗谷岬《そうやみさき》を思い浮かべる。そのそばにある町・稚内にある駅が、そのまま日本の鉄道で最北端に位置する駅だ。旭川《あさひかわ》から走ってきた宗谷本線の終着駅でもある。

北緯45度25分03秒に位置するこの駅は、太平洋戦争終結までは、近くの稚内港への最寄駅だった。港からは、当時は日本領土だった樺太《からふと》（サハリン）へ稚泊《ちはく》連絡船という鉄道連絡船が運航されていて、北海道と樺太の大泊《おおどまり》とを結んでいたのだ。

今も港からは、近くの利尻《りしり》島、礼文《れぶん》島へ渡る、ハートランドフェリーが出ている。

駅構内には、「最北端の駅」と線路の地図記号で囲まれた文字を記した、木の標識があり、線路の車止めの脇に目立たないように立てられている。

この駅からバスで50分も揺られると、北緯45度31分22秒の、本当に日本の最北端の地に着く。遠くにかすむ樺太の地を見晴るかすことのできる岬の突端には、稚内駅とは比べ物にならない立派なモニュメントがある。

鉄道・なんでも
日本一

日本最東端の駅

東《ひがし》根《ね》室《むろ》駅

北海道を、滝川《たきがわ》から東へ横断する根室本線の終着駅が根室だ。しかし、根室駅が最東端の駅とはならない。根室本線が、根室半島の途中にある根室駅へ向かって、西に回り込むようにカーブを描いて走っているからだ。

そのため、根室駅のひとつ手前の東根室駅が最東端ということになる。東経145度36分50秒を記した最東端駅を示すシンプルな立て札があるだけの、無人駅である。

ところが、根室駅にも、「日本最東端の駅」という表示がホームのはずれにかけられていて、滝川、札幌ばかりか、東京からの距離も記入されている。1961（昭和36）年に東根室駅が設けられるまで、最東端の駅は根室だった。表示はどうやらその名残《なごり》のようだ。

また本家の東根室駅が無人駅のため、東根室駅の最東端駅記念スタンプも根室駅で押すことになっていて、すっかりお株を奪った感がある。スタンプは、根室本線・東根室駅ではなく、JR花咲《はなさき》線・東根室駅の名で刻まれている。根室本線は、名物の花咲ガニにかけて花咲線と呼ばれているからだ。

鉄道・なんでも 日本一

日本最南端の駅

赤嶺《あかみね》駅

長いあいだ日本の最南端の駅は鹿児島県のＪＲ西大山《にしおおやま》駅とされてきたが、２００３（平成15）年に変化があった。沖縄県に「ゆいレール」が開業して、その南端の赤嶺駅が、日本最南端の座に躍り出たのだ。これまでより約５００㎞も南下した。記録を大きく塗り替えたわけだ。

自衛隊基地と住宅街のために設けられた赤嶺駅だったが、思わぬ冠《かんむり》がつくことになり、駅前ロータリーには「日本最南端の駅」の碑が立てられている。

一方、赤嶺駅登場までは日本最南端を誇っていたＪＲ指宿《いぶすき》枕崎《まくらざき》線の西大山駅は、「ＪＲ最南端の駅」と名を変えて表示している。沖縄の駅はモノレールのものだから、鉄路での最南端はこちらだという気概なのだろう。指宿観光マップでも、ずっと日本最南端の駅と紹介して、ホームから見る開聞岳《かいもんだけ》の眺めが素晴らしいと売り込んできた経緯もある。

温泉客でにぎわう指宿までと比べて、指宿以南は列車本数は少ない。開聞岳が美しい西大山駅はホーム１本の無人駅でもあり、記念撮影をするなら、赤嶺駅よりも「最果《さいは》ての地」という雰囲気は出るかもしれない。

鉄道・なんでも日本一

日本最西端の駅

那覇空港駅《なはくうこう》

沖縄のゆいレールは、日本最南端ばかりではなく日本最西端の駅も誕生させている。それが那覇空港駅だ。それまでの長崎県の松浦《まつうら》鉄道たびら平戸口《ひらどぐち》駅から、200㎞も西へ移動した。

ゆいレールに乗れば、一気に日本最西端と最南端の駅に立つことができるわけで、そんな観光客のために一日乗車券も発売されている。どこの駅で降りてもOKで、何度でも乗り降り自由というのだから、おトクだ。

さて、最西端の座から下りることになった松浦鉄道のほうは、いまだに最西端を観光の目玉にしている。平戸大橋にも近く、訪れた人に従来から「訪問証明書」を発行してきた。2003（平成15）年にゆいレールが誕生したにもかかわらず、今も1枚200円で証明書を発行してもらえる。

それればかりか、2015（平成27）年には、「日本最西端の駅」としてサブ駅名を宣言。松浦鉄道が、魅力ある観光地の掘り起こしのために公募し、決定したのである。

急勾配日本一

大井川鐵道《おおいがわてつどう》 アプトいちしろ駅～長島《ながしま》ダム駅

鉄路でどれだけの勾配《こうばい》を上れるかというと、レールや車両の種類で異なってくる。今、日本一急勾配を走っている列車は、90‰《パーミル》(‰＝千分率。90‰は1000mにつき90mの高低差があることになる)を上る。ただこれはアプト式とよばれる特殊なレールが必要だ。

アプト式とは、歯型のチェーンのようなラックレールを2～3本レールの間に敷いて軌条《きじょう》とし、車両の床下にはラックレールにかみ合うよう歯車をつけ、その歯車を回して前進するという方法だ。もはや勾配を上るというより、山登りのケーブルカーに近いといえそうだ。

大井川鐵道は、電力会社の資材運搬用だったレールを路線にしているが、1990(平成2)年に大井川上流に長島ダムが建設されたとき、アプトいちしろ駅との間に1・5kmだけアプト式を採用したものだ。

レールと車輪の摩擦を利用して駆動力を得る普通の電車では、80‰を上る箱根《はこね》登山鉄道が日本一だ。箱根山を登るのにスイッチバックも取り入れられているが、それでもこの勾配は、普通のレールと車両で走っている電車のなかでは、間違いなく日本一だ。

鉄道・なんでも

日本一

ホームの番線数日本一　東京駅

ホームの数が多いのは、多くの路線の分岐駅、発着駅になっている大都市の駅だ。京都駅は、東海道本線・新幹線をはじめ山陰本線や北陸本線、奈良線のほか湖西《こせい》線、琵琶湖線から関空特急まで数多くの路線をかかえ、近郊列車の発着を含めて０番線から34番線まである。

ただし15〜29番は欠番で、実際にこのナンバーを表示したホームはない。１番線も駅ビル工事で解体されたとき、ホームと屋根が交通科学博物館に移設されたという記念ホームなので永久欠番扱いされている。実際に車両が横付けになるホームは18本しかないのが実情だ。

一方、首都・東京の玄関であるＪＲ東京駅は、ホームをひとつずつ数えると、地上10面、地下４面あり、車両が発着する番線の数は合計28本。そしてこれが貫禄の日本一だ。

ただし、東京駅最大の番線番号は23だ。これは、まず地下に到着するふたつの路線の番線が、それぞれ１〜４までふられていること。地上ホームだけなら20番が最大のはずだが、在来線が10番まで番号をふられ、新幹線は３つ飛んで14番から始まるためだ。

ホームの番号が、端から順番にふられていないので、勘違いには気をつけたい。

鉄道・なんでも

日本一

一本のレールの長さ日本一

東北新幹線 いわて沼宮内《ぬまくない》駅〜八戸《はちのへ》駅

レールは鋼鉄製のため寒暖の差によって少しだが伸び縮みする。そこでレール敷設《ふせつ》のとき、継ぎ目にレール遊間と呼ばれる1㎝ほどの隙間をつくっておく。このレールの上を列車が走ると、継ぎ目のたびにガタン、ゴトンと音がし、車両も揺れて乗り心地が悪い。しかも近年のように高速化が進むと、継ぎ目の多いレールでは、揺れが事故につながりかねない。

そこで生み出されたのがロングレールで、日本で最長のものは60・4㎞ある。この最長レールが使われているのは、東北新幹線のいわて沼宮内〜八戸の区間だ。

現地まで、60㎞を超える長いレールをどうやって運んだのだという疑問は当然だ。じつは運ぶのはもっと短いレールで、現場でそれを何本も溶接して、必要な長さに仕上げたのである。基本になる25ｍレールを運び、必要な長さになるまで本数を溶接する。

遊間の問題も技術改良された。レールの両端を斜めに切断してピッタリくっつけておけば、伸びた部分が外側にはみ出すという方法だ。また継ぎ目に樹脂製の絶縁物を挟んでおくという接着法もあり、60㎞のレールはこれで継がれている。

鉄道・なんでも

日本一

日本一深いところにある駅

上越線 土合《どあい》駅

ＪＲは地下鉄ではないが、土地に限りがある都市部では地下利用が行なわれている。東北・上越新幹線の上野駅ホームなどの地下ホームがその例だ。しかし、最も古いＪＲの地下ホームは意外にも都市部ではなくローカル線の駅なのである。それが上越線の土合駅（群馬県）の下りホームだ。

土合駅の下り線ホームは改札口との標高差が日本一となるほどの地中深くに設置されている。このため「モグラ駅」の愛称を得ている。

土合駅の改札口があるのは標高６５３・７ｍの位置。下り線のホームは、標高５８３ｍに位置している。

その標高差は70・７ｍ、階段数にして４８６段になり、歩くと10分はかかる。おりていくのはまだしも、あがるときは休憩が必要。そのため、階段脇の空きスペースにエスカレーターができると噂されていたが、ＪＲでは設置の予定はないという。土合駅下り線で下車するなら、息切れを覚悟しなければならない。

日本一長い駅名

南《みなみ》阿蘇《あそ》鉄道高森《たかもり》線
南阿蘇水の生まれる里白水高原《はくすいこうげん》駅

最近では、せっかく駅に名前をつけるのなら、目立つようなユニークな名前にしようという風潮があるようだ。じつは、日本一長い駅名の称号をめぐり、ふたつの駅が火花を散らし、勝者（？）が入れ替わるという前代未聞の珍事が起きている。

1992（平成4）年4月1日の開業以来、日本一長い駅名の称号を手にしていたのは、南阿蘇鉄道高森線（熊本県）の「南阿蘇水の生まれる里白水高原駅」だった。ところが、2001（平成13）年4月2日に駅名を改称した一畑《いちばた》電車北松江《きたまつえ》線（島根県）の「ルイス・C・ティファニー庭園美術館前駅」がこの駅から日本一長い駅名の称号を奪い取った。

ところが予想外の事態が起こる。2007（平成19）年3月31日、ティファニー美術館が閉館してしまったのである。これに伴い駅名が5月21日、「松江イングリッシュガーデン前駅」に改称されたため、「南阿蘇水の生まれる里白水高原駅」が日本一に返り咲いた。

またもうひとつ、鹿島臨海《りんかい》鉄道大洗《おおあらい》線に「長者ヶ浜潮騒はまなす公園駅」があり、こちらは音の数で1位となっている。

鉄道・なんでも

日本一

改名回数日本一

阪急千里《はんきゅうせんり》線
関大前《かんだいまえ》駅

鉄道の駅名は、町の名がそのままだったり、周辺の名所や目印になる建物名が使われることが多い。そのせいか、建物が取り壊されたりして周辺環境が変わると、駅名も変更されることがある。そのため改名歴を持つ駅は少なくないが、6回ともなると、さすがに日本一だ。

その駅の現在の駅名は、阪急千里線「関大前」で、近くにある関西大学キャンパスに由来する。路線の前身は、1922（大正11）年に開通した北大阪電気鉄道千里山線で、電鉄会社は沿線地域の住宅開発に力を注いだ。そのとき居住者用に桃を植えた公園を造成し、「花壇前」を駅名とした。やがて公園に遊具が備えられると「千里山遊園」に改名する。これが戦時中に不謹慎だと指摘されて「千里山厚生園」となる。戦後は「千里山遊園」の名が復活するが、客が戻らず1950（昭和25）年に廃園となる。

この跡地に女子校の誘致話があり、「女子学院前」にしたが、誘致は実現せず、すぐに「花壇町」に変更された。そして1964（昭和39）年に「花壇町」と隣の「大学前」が統合されて、現在の「関大前」となったのだ。

鉄道・なんでも

日本一

最高積雪地点の駅

飯山線《いいやま》
森宮野原駅《もりみやのはら》

もっとも積雪の多い記録を持つ駅といわれると、どこを想像するだろう。記録を持つのは付近にスキー場が点在する山岳の駅だ。それも日本有数の豪雪地帯として有名な長野県から新潟県を走るJR飯山線の、標高288mに位置する森宮野原駅である。

同駅はちょうど長野・新潟県境の長野県側に位置している。積雪の記録は785㎝で、1945（昭和20）年2月12日に観測されている。通常の年でも3mを超える積雪のある豪雪地帯だが、この年はとくに雪の多い年だったための記録だ。

この記録は60年以上を経た今も破られておらず、森宮野原駅構内には「日本最高積雪地点」と刻まれた石碑がある。その高さが、なんと積雪量と同じ785㎝だ。

JR飯山線は、国鉄時代に赤字路線として廃線になりかけたが、赤字の理由でもある積雪が命脈を保った。冬季、並行する国道が雪のため通行止めになったとき、住民の足がなくなるというのが存続の理由である。これをクリアするため除雪用モーターカーの利用、線路脇に積み上げた雪の壁の保護など、JRはたゆまぬ努力を続けている。

鉄道・なんでも日本一

もっとも長い路線　ＪＲ山陰本線

国内の鉄道でどの路線がいちばん長いかは、かつては地図を見れば一目瞭然だった。東京から青森まで延びていた東北本線がひときわ長く、実際に７３９・２㎞もあった。しかし、この路線は東北新幹線の八戸《はちのへ》駅開業とともに盛岡駅～八戸駅間が第三セクターとなったため、単一路線として扱われなくなった。そこで同一鉄道事業者による単一路線という条件のもと浮上したのが、ＪＲ西日本の山陰本線だ。京都駅から、山口県の下関《しものせき》近くにある幡生《はたぶ》駅まで、６７３・８㎞（支線を除く）をつないでいる。

ただ、路線とは無関係に長い距離を１路線のように走る列車は多い。たとえば東京から東海道新幹線・山陽新幹線と２路線を使って博多まで走るという列車は当たり前になっているし、東北から海峡線を使って北海道に渡る新幹線もある。

山陰本線には、東京から岡山・米子《よなご》を経由して出雲《いずも》市までを走る寝台列車サンライズ出雲がある。在来線で東京と九州を結んだブルートレインが去った今、数少ない寝台特急として鉄道ファンの人気を集めている。

鉄道・なんでも

日本一

もっとも長い鉄橋

東北新幹線 第一北上川橋梁《きたかみがわきょうりょう》

鉄橋は、川に架けた鉄道専用の橋だから、橋を架ける川が大河であるほうが長くなりそうな気がする。しかし鉄橋の長さは川幅だけで決まるわけではない。周辺の地形でどこから橋脚を建設するかなど条件が変わるからだ。

その結果、いま日本でいちばん長い鉄橋は、東北新幹線の一ノ関《いちのせき》駅～水沢江刺《みずさわえさし》駅間にある第一北上川橋梁だ。長さは3868mもあり、1975（昭和50）年に竣工し、それまで1位だった東海道新幹線・富士川橋梁を2500mも抜いてしまった。

どうしてこれだけ長くなったかといえば、この鉄橋は、北上川だけでなく遊水池も一緒に越える構造だからだ。

瀬戸大橋のほうが長いのでは？　と思う人がいるかもしれない。実際に橋梁の海峡部分は長さ9368mある。

しかし瀬戸大橋は本州と四国を結ぶ6本の橋の総称で、橋は途中で瀬戸内海に浮かぶ小島の5つを経由する。それぞれの橋の長さは790～1723mにとどまる。

鉄道・なんでも

日本一

踏み切り密度日本一の路線

都電荒川《あらかわ》線

東京都内にただひとつ残された路面電車が、都電荒川線だ。台東区の三ノ輪橋《みのわばし》から早稲田まで、12・5㎞を走る。全盛時には41路線、全長352㎞もあったことを思うと、モータリゼーション社会が鉄道を圧迫したという現実がよくわかる。

この荒川線が、専用軌道であることと、都心の細い道路が入り組んだ密集地域を走るため、約110mに1か所踏み切りにぶつかるという、日本一密度の高さを誇っている。しかし、この密度の高さが、荒川線を生き残らせたともいえる。

東京の路面電車は、たいてい道路の中央にレールが敷かれていたから、車と併走する形になり、しだいに多くなる車のために軌道を明け渡すことになった。けれども荒川線だけは、道路の端に専用軌道が敷かれていて車との共存が可能だった。代わりに交差点に信号が置かれるのと同じくらいの割合で、電車にも道路を横切るための踏み切りが生まれたわけだ。

荒川線の軌道は、民家と民家の間にも敷かれている。そのため、民家の玄関を人が出入りするための小さな踏み切りなども必要となり、踏切の数の多さに結びついている。

第4章

こんなルーツがあったのか！

歴史でひも解く鉄道事始め

日本初の鉄道開通区間は新橋～横浜間ではなくて、実は品川～横浜間？

日本に初めて鉄道が通ったのは、1872（明治5）年のことである。では、どの区間を走ったのかとなると、意見はふたつに分かれてしまう。「えっ、何をいっているの？9月12日（太陽暦10月14日）に開業した新橋～横浜間だろう」との指摘を受けそうだが、たしかに一般的には、そのとおりである。しかし、正確にいうならば、この「新橋～横浜間」というのは、〝あくまで正式開業としては〟といった但し書きがつく。

じつは、この正式開業の前の5月7日（太陽暦6月12日）に、仮開業をしていた区間があった。それが、品川～横浜間だ。

高速道路などでも、全線開通の前に、途中の区間だけ先に開通しているといったケースを見かけるが、要はそんな感じで、新橋～横浜間が開通する前に、途中の品川～横浜間が仮に開業されたというわけだ。実際には、品川～横浜間は、新橋～横浜間の途中区間であり、同じ路線内なので、大きな違いはないともいえるが、ちょっと残念な思いをしたのが品川駅であったことをつけ加えておきたい。

『新橋鉄道之図』

日本初の鉄道が出発した新橋ステーションの様子を描いた錦絵。

幹線鉄道の起点であることを示す標識を「ゼロマイルポスト」というが、このゼロマイルポストに認定されたのは、新橋駅だった。新橋駅よりも約4か月も早く列車が走っていたにもかかわらず、品川駅はゼロマイルポストの「栄誉」を授かることはなかったのである。

品川～横浜間は、仮開業とはいえ、1日8往復もの運行があり、そのうえ練習運転も盛んに行なわれたというから、かなり活気に満ちており、品川駅は、幹線鉄道の起点駅の風格は十分といえたかもしれないが、結果は違った。

当時の新橋～横浜間の所要時間は53分。途中、品川、川崎、鶴見《つるみ》、神奈川の4駅に停車した。運賃は、上等、中等、下等の3

段階に分かれており、中等は下等の2倍、上等では3倍にもなった。新橋〜横浜間の下等運賃は37銭《せん》5厘《りん》。人力車では62銭5厘かかったというから、それよりはかなり安いといえるが、庶民にとっては高額で、気安く乗れるというものではなかった。なぜなら、37銭5厘もあれば、米が1斗《と》（10升《しょう》）買えたからだ。

日本初の鉄道の技術指導に当たったのは、イギリス人のエドモンド・モレルで、初代建築師長にも就任した。その後も、日本の鉄道のお手本になったのはイギリスで、日本人技師たちも、イギリスで技術を学んだ者が多かった。

新幹線に代表されるような、世界に誇る日本の鉄道技術の基礎は、イギリスによってもたらされたということができる。

「旅客輸送」の枠をはずせば、日本初の鉄道開通は北海道

本章の最初の項目で、日本で最初に鉄道が正式に開通したのは新橋〜横浜間であるが、仮開業を含めると、品川〜横浜間になると述べたが、さらに解釈を広げて、〝旅客輸送〟という枠にこだわらなければ、最初の鉄道は北海道にあった茅沼《かやぬま》炭鉱軌道ということにな

る。

茅沼炭鉱軌道は、その名のとおり、炭鉱で採掘された石炭を運ぶための鉄道である。そのため線路は、道路に角材を並べて、角材の上に釘で鉄板を打ちつけただけという簡素なつくりだった。正式な史料がないため、断定はできないが、1867（慶応3）年か1869（明治2）年に完成したとされている。

茅沼炭鉱は、海岸から3㎞ほどの山にあり、採掘した石炭を担いで行き来するのは骨が折れた。そこで、イギリス人技師ガールの発案によって、石炭運搬用の簡易鉄道が敷かれたというわけだ。

どのようなものだったか、例のごとく、正式な史料がないので確実なことはいえないが、おおかたの予想では、炭鉱から海岸までは下り坂のため、その勾配を利用して石炭を下ろし、海岸から炭鉱までの山道は、牛馬にトロッコを引かせたのだろうといわれている。

ほかにも説がある。下り坂ではスピードのコントロールが難しいので、ケーブルカーのように上下をロープでつなぎ、炭鉱から海岸への勾配でできる動力を利用して、海岸から炭鉱へ空のトロッコを持ち上げた。あるいは、あるところまではそのようなケーブルカーの原理を使い、途中からは牛馬に引かせたなどというものもある。いずれにせよ、新橋〜横浜を走った鉄道とは趣《おもむき》が異なるようだ。

簡易鉄道とはいえ、敷設工事は急ピッチで行なわれた。一日も早い完成が必要だとみなされたのである。地方で石炭を運搬するための路線が、なぜそれほど早急に必要だったのだろうか。

これは、江戸幕府がペリーと結んだ日米和親条約の影響が大きい。条約により、幕府は、下田《しもだ》と箱館《はこだて》を開港させられ、外国船が入港し、薪《まき》や水、石炭、食糧などを供給することを認めさせられた。和親条約はアメリカだけでなく、ロシアやイギリスとも締結されたので、鎖国で外国船が来ることもなかった箱館の港には、多くの外国船が入港するようになった。

そこで、外国船からもっとも要求が多かったのが石炭だ。幕府は、入港する外国船のために、大量の石炭を常に用意しておかなければならなかった。茅沼炭鉱から採掘された石炭を大量に迅速に、港まで輸送する手段が必要だったのである。石炭を安定して供給するために、効率的な輸送手段である鉄道が敷かれることとなったのである。

意外に知らない？
日本で最初に誕生した私鉄は上野～熊谷間

明治新政府は、近代化のための国の事業として鉄道の敷設を計画した。それが、１８７

2（明治5）年の新橋〜横浜間の開通に始まる東海道本線の計画で、ほかにも江戸時代の五街道を中心に官営で鉄道網を張り巡らせる予定だった。

しかし予算には限度がある。優先順位の高いところから工事が進められ、新橋〜横浜間が開通した翌年には、関西で神戸〜大阪間が開業し、数年をかけて京都から大津《おおつ》まで路線が延ばされた。琵琶湖の水運を利用するための路線である。

一方で1880（明治13）年には、北海道に幌内《ほろない》鉄道を開通させている。幌内炭鉱の開発を目指すためだ。東北では、釜石《かまいし》製鉄所に鉄鋼石運搬のための鉄路も開かれており、産業発展に鉄道が必要不可欠のものだと考えられていたことがわかる。こうした気運が民間にも伝わり、国に頼らず鉄道を敷設しようとする動きが出てきた。私鉄の誕生である。

その第1号になったのが、1883（明治16）年に上野〜熊谷《くまがや》間に蒸気機関車を走らせた「日本鉄道」である。

これは国が計画していた路線だったが、事業が後回しになっていたところ民間から鉄道敷設計画の申請があったため許可したものだった。この動きに連動して、各地に私営の鉄道を敷設する動きが広がっていく。第1号の日本鉄道は、さらに東京〜青森間など路線網を広げていくが、政府の手が回らない事業を行なうというので政府の庇護も厚かった。日本鉄道は企業として鉄道計画を立てたが、実際の建設や列車の運行を官営鉄道に委託していて、政府への依存度は高かった。

そんななかで、まったく政府の手を借りずに生まれた民間の鉄道は、大阪の「阪堺鉄道《はんかい》」だ。１８８４（明治17）年に建設許可が下りると翌年には難波《なんば》～大和川《やまとがわ》間、三年後に大阪の難波と堺《さかい》を結ぶ路線が全線開通している。阪堺鉄道はわずか８㎞足らずの短い路線からのスタートだったが、のちに堺～和歌山市を結んでいた南海《なんかい》鉄道が、１８９８（明治31）年に阪堺鉄道の事業を継承した。これがのちに南海電鉄となる。

上野～熊谷路線を開いた日本鉄道は、のちに官営鉄道に吸収されて今はＪＲ東日本の一路線になっている。現役最古の私鉄といったら南海電鉄なのである。

日本初の鉄道トンネルは、なぜ平地に掘られたのか？

日本で初めて鉄道が正式に開通したのは１８７２（明治５）年の新橋～横浜間だというのは、先の項目でも紹介した。では、日本で初めての鉄道トンネルはどこか。

答えは、大阪～神戸間の路線につくられた「石屋川隧道《いしやがわすいどう》」（「ずいどう」とも読む）である。

大阪と神戸を結ぶ「大阪・神戸間鉄道」（現在の神戸線）は、１８７４（明治７）年、

石屋川隧道

日本初の鉄道トンネル「石屋川隧道」。トンネルの上を川が流れていた。

日本で2番目の鉄道として開業した路線であり、関西初の鉄道だ。この路線の計画当時の関係者がもっとも頭を悩ませたのが阪神間にまたがる3つの川。大阪と神戸を結ぶ川といえば淀《よど》川があまりにも有名だが、このとき問題になったのは芦屋《あしや》川と住吉《すみよし》川、石屋川というさほど川幅が広くない小さな川だった。

本来なら橋を渡せばいいだけのことなのだが、六甲《ろっこう》山地より流れる3つの川は、急な傾斜のために大量の土砂を堆積しており、川底が非常に高く、堤防もかなりせり上がっていて、明治期にはすでに川のほうが堤防の周囲の土地よりも高い天井《てんじょう》川の様相を示していたのである。

ここに橋を架けると、前後の線路が急勾配になってしまう。当時の鉄道技術では致命的な傾斜だった。そこで川の下にトンネルを掘ることになったのである。この工事は、イギリス人技師が設計・監督をして実施されたが、トンネルの掘削技術が遅れていた当時の日本にとってはかなりの難工事だったようだ。最初に誕生した石屋川隧道は約61ｍ、芦屋川隧道は約１１１ｍ、住吉川隧道は約50ｍと短いものだったが、川の流れを一時的に変え、川底を掘り下げ、トンネルをつくりながら、また川を元に戻すという作業は、かなりの困難を極めたようだ。

この日本鉄道界の歴史的なトンネル・石屋川隧道は、１９７６（昭和51）年の高架工事で線路が石屋川を跨《また》ぐ形となってしまい、現在はその痕跡をとどめていない。ＪＲ西日本が建てた「旧石屋川隧道跡」の碑が高架下にポツンとあるだけだ。芦屋川と住吉川については、現在も水路橋の下を線路が通っているので、なんとか往時を偲《しの》ぶことができる。

深さ50尺が5尺に、手続きミスのおかげで着工できた日本最初の地下鉄工事

日本初の地下鉄は１９２７（昭和２）年に開通した浅草〜上野間である。東京地下鉄道の取締役早川徳次《はやかわのりつぐ》の奔走《ほんそう》によって開通した路線だが、そこに至るまでには、行政側の思わ

ぬうっかりミスにも助けられたというから面白い。

当初、東京市が地下鉄の建設を認可した条件を見た関係者らは愕然《がくぜん》とした。地表からトンネルの天井までの厚さを「50尺《しゃく》（約15ｍ）」とする内容で建設許可が下りていたからである。これは地上にある皇居や建物への振動を考慮したものだが、技師たちの間からはこれは深すぎる。０のひとつ違う５尺（約１・５ｍ）の間違いではないかという声があがった。

当時、ニューヨークやパリにも地下鉄があったが、世界で50尺の深さの地下鉄をつくっていたのはロンドンくらいのもので、東京の地質ではそこまでの深さは必要ないと考えられたからである。第一、費用面、技術面からいってもこの深さでの地下鉄建設は難しかった。それでなくとも資金不足のため上野～新橋間開通の予定だったルートを短縮していたくらいである。

このままでは地下鉄建設そのものが頓挫《とんざ》しかねない状況に陥った。そこで関係者らは確認も兼ねて「５尺」で東京府に再申請を提出する。するとなんと、それがあっさり認められてしまったのである。これははじめの「50尺」がじつは５尺の間違いだったわけでも、建設費用のことを考慮してくれたわけでもない。

認められた理由は、うっかりミスだったと、『メトロ誕生』（中村建治著、交通出版社）

に当時の様子が記されている。申請を受け取った東京府が、「50尺」の条件を添えて認可を出していた東京市への諮問《しもん》をし忘れてしまったのである。最終的に許可を出す鉄道省もまさか東京市を経由していないとは思わず、内容をよくチェックせずに5尺でOKを出してしまった。つまり偶然の産物にほかならない。

しかもそのおかげで浅い地を掘るのに適した「開削方法」での工事も認められることになった。

こうして、無事、地下鉄建設は着工の運びとなる。

ただし、この方法をとることで、思わぬルート変更を迫られたようだ。当初の予定では雷門《かみなりもん》の前の大通りを貫通する予定になっていたが、この地には民家や社寺が密集していた。深い地を掘り進む場合は問題ないが、地面の上から穴を掘り、後でふたをする「開削工法」では、一時、立ち退いてもらわねばならないのだ。しかし、移転の費用も時間もばかにならない。

この問題については、ルートを雷門通りの南側の浅草通りに変更することで解決している。

初の地下鉄建設は、様々な難題との戦いだったが、それを無事クリアして見事、開業にこぎつけたのだった。

日本でもっとも古い地下鉄は浅草〜上野間ではなかった？

日本初の地下鉄は前出の通り、上野〜浅草間の東京地下鉄道だ。

「地下鉄」と呼ぶには、厳密には「都市計画法に定められている都市高速鉄道」に当てはまらなければならないなど条件がある。それらの条件には当てはまらないものの、東京地下鉄道より古く地下を走る実質的には地下鉄と呼んでいいほどの路線がすでに存在していたというから驚きだ。

それは仙台〜西塩釜《にししおがま》を走る宮城電気鉄道。上野〜浅草間の地下鉄より2年早い１９２５（大正14）年に開通していたのである。ただ、路線のすべてで地下を走ったわけではない。宮城電鉄の起点、東北本線仙台駅の西口前広場の地下から、東北本線を潜り抜けて東口で地上に出る。その間の３００ｍが地下路線となっていたのだ。

なぜ、こんな路線が必要だったのかというと、必要に迫られてのことだったらしい。というのも、東北本線仙台駅から東に伸びる宮電の駅は、仙台駅の東口につくるのがベストだ。ところが、当時の仙台駅には東口に改札がなかったため、東口に宮電の仙台駅をつくっても乗り換えには不便だったのだ。しかし、改札のある仙台駅の西口に駅をつくれば、東北本線の線路を横断しなければならなくなる。そこで宮城電鉄では便宜上《べんぎじょう》、東北本線を横断するために西口から東口の間を地下路線にしたのである。

こうして日本初の地下を走る鉄道が誕生した。決して地下を走ることを主眼にしてつくられた鉄道ではないが、地下を有効に利用した点では先見の明があったといえるだろう。

この地下路線はその後、数奇な運命をたどる。

宮城電気鉄道は1944（昭和19）年の戦時買収で国鉄に編入され、仙石線《せんせき》となったが、地下路線はそのまま運行された。ただし、東口ホームも設置され、そこで折り返す電車も設定された。

この地下路線が大きく変わるのは1953（昭和28）年の宮城国体のときのこと。仙台駅の混雑解消のために仙台駅の東口〜西口の間に乗り換え通路が必要となり、仙石線の地下路線は、今度は地下通路として活用されたのである。こうして、日本初の地下路線は姿を消した。

2000（平成12）年、仙台駅付近は再び地下化された。今度の地下化は、仙台・陸前《りくぜん》原ノ町《はらのまち》間の踏切をなくすための立体交差事業として実施された、仙台駅西側にあおば通駅が開業した。

日本の鉄道幹線に東海道ルートが選ばれた事情とは？

新橋〜横浜に初めて鉄道が開通したあと、明治政府は、早急に大阪までの路線を確保することが大事だと考えた。その結果敷かれた路線が東海道本線だ。しかし、東京と大阪を結ぶ東海道ルートは、始めから鉄道の幹線とされていたわけではないことをご存じだろうか。はじめに、候補に上がったルートは東海道だけではなく、中山道《なかせんどう》ルートもあった。

東海道ルートを選択すると、大きな河川をまたぐ鉄道を敷かなければならない。いっぽう中山道ルートは、山間部が多いため急斜面である。それぞれに一長一短があったが、有力だったのは中山道ルートだった。

理由は、陸軍が、海沿いを走る東海道ルートでは海上から攻撃される可能性があると強固に指摘したからである。そして一度は、中山道ルートが選択されることになった。

中山道ルートでも最大の難所とされたのは碓氷峠《うすいとうげ》だったため、まずは碓氷峠以外の区間の建設にとりかかり、１８８４（明治17）年までに上野〜高崎と、長浜《ながはま》〜関ヶ原《せきがはら》が開業した。しかし再度現地を調査したところ、碓氷峠をはじめ難所が予想以上の険しさであることが判明。工事の難航により工期も費用も莫大なものになることが予想された。

このため１８８６（明治19）年に主要鉄道路線は東海道ルートへと変更されたのである。

実際、碓氷峠は高低差５５２ｍ、山岳の傾斜地にはトンネル26ヶ所を設置した峠である。開通には急斜面のために特別な方式の鉄道が敷設された。ドイツの鉄道で使用されていたアプト式鉄道である。アプト式鉄道とは、軌道の間に、車両が滑らないためにギザギザの波のような形をしたレール（ラックレール）を設置した鉄道のことである。

ヨーロッパでは、このラックレールを２枚にしているところが多いが、勾配のきつい碓氷峠では、さらに１枚を増やし３枚にして強化しているのが特徴である。

真偽はいかに！
東海道線が熱海経由になったある人物の存在

東海道本線が静岡まで全線開通したとき、そのルートは現在とは異なっていた。国府津《こうづ》から北へ向かって松田《まつだ》、山北《やまきた》と箱根《はこね》山の北側を廻って登り、御殿場《ごてんば》経由で沼津《ぬまづ》に至るというのが当初のコース。この路線では、最大勾配25‰《パーミル》（‰＝千分率。25‰は１０００ｍにつき25ｍの高低差を示す）という山登りがあり、補助機関車が連結されるほどだった。

この区間総延長が60・2㎞もあるところから、距離の短縮と勾配のない路線に改めることが、1909（明治42）年ごろから検討されはじめた。コース的には海岸沿いに伊豆半島のつけ根部分を横断するのが最短ということになって生まれたのが、丹那《たんな》トンネル掘削計画だった。これが、国府津から小田原《おだわら》、湯河原《ゆがわら》、熱海《あたみ》と走ってトンネルを抜け、三島《みしま》を経て沼津に至るという現在のルートである。

ただ地形図を見ると、単純に距離の短縮だけを目的とするなら湯河原からダイレクトに沼津に向けて走るコースのほうが短い。実際、計画が持ち上がったとき、田代《たしろ》盆地の下にトンネルを掘るというこのルートが計画されていたのだが、地元の運動などがあって熱海まで南下して丹那盆地の下を抜けるという現ルートに変更されたのだった。

当時、庶民の温泉客は湯河原を多く利用していたが、熱海には政治家や富裕層が別荘を構えていた。明治30年代の熱海町の地図には、元佐賀藩主・鍋島《なべしま》家や、元広島藩主・浅野《あさの》家などの名が記された邸宅が見えている。建設反対派の議員がこれに目をつけ、糾弾したのだ。彼らが東京から熱海の別荘へ行くとき、汽車《きしゃ》と軽便《けいべん》鉄道を乗り継いで約6時間、直通で行くなら東京湾汽船で霊岸《れいがん》島から約8時間かかるという不便さがあった。彼らにとって東海道線が熱海に迂回《うかい》して停車してくれるのはありがたいことだったろう。

さすがに別荘と鉄道との因果関係は示されなかったのだが、万が一それが事実ならば熱海は、日本の鉄道史上、初めての「政治駅」だったことになる。この働きかけの具体的事例でひとつだけわかっていることは、そのころ政界の黒幕といわれていた三浦梧楼《みうらごろう》という人物が、熱海町長も務めていた旅館経営者に添え書きを持たせ、鉄道大臣を訪ねさせていることだ。

この旅館経営者の子孫の家には、それに対する返書が保存されていて、「三浦の責問に預かって工事が終わり、鉄道が開通したことは、三浦にとっても熱海周辺の人々にとってもさぞ満足でしょう」といった内容だ。三浦は明治二十年代から熱海の別荘に愛人と暮らしていて、熱海に鉄道を走らせたがっていたという風聞《ふうぶん》が、当時は流れていたようである。

銀座のど真んなかを走るなんて！　意見が分かれた上野〜新橋間の東海道線直通計画

新橋〜上野の地域は、江戸時代には江戸市中としてすでに発展していたが、なかなか鉄道で結ばれなかった。当時、東海道本線の起点が新橋で、東北本線の起点が上野。ところが、この間がぷっつり途切れていたため、両線を東海道本線から東北本線というように乗り継ぐためには、遠回りして品川から渋谷、新宿、池袋を通って赤羽《あかばね》を経由しなければならなかったのである。

そこで1899（明治32）年、この不便を解消すべく「東京市区改正計画」の一環として、上野と新橋とを高架鉄道で結び、その途中に中央停車場（現在の東京駅）を設ける計画が決定した。しかし、当時の日本では高架鉄道を建設する技術がない。そのため設計を九州鉄道の顧問となっていたヘルマン・ルムシュッテルと逓信省《ていしんしょう》の顧問フランツ・パルツァーというふたりのドイツ人に依頼した。

ところが、この両ドイツ人がまったく違う案を提出したことから計画は右往左往することになる。ルムシュッテルは銀座を避けて西へと曲がり中央停車場へ向かう路線を提案。高架橋はレンガで建設するとした。かたやパルツァーは新橋から銀座を通って、中央停車場に向かう路線で、高架橋については鋼鉄を使う案を出した。

さて、政府は困った。どちらにも一長一短あったからである。距離については銀座を貫通する方が、90ｍほど短い建設距離ですむが、すでに市街化されていた銀座の地価は高く、買収費用や建物の移転費用がばかにならない。材料についてもレンガは国産でまかなえるが、鋼鉄は海外から輸入せざるをえず、また、数年ごとにメンテナンス費用がかかることも懸念された。そのため、コスト面を考えると銀座を避けるルムシュッテル案に分《ぶ》があった。

しかし、ルムシュッテル案にもひとつ大きな問題があった。レンガの耐震性についての安全面が不安視されたのだ。人命を預かる鉄道では安全性が何より重視される。しかも地震国の日本においては、より慎重にならざるを得ない。コストをとるか、安全をとるか。安全第一だが、財政の苦しい日本としてはコスト面も無視できない。

そんなジレンマのなか、政府が愁眉《しゅうび》を開く朗報がもたらされる。ある技師がベルリンのレンガ造りのトンネルが地震でも崩壊しなかったという実例を示したのだ。こうしてレンガの安全性もクリアしたため、ルムシュッテル案を採用。現在のルートができたのである。

もし、パルツァー案が採用されていたら。いまごろ銀座のど真んなかを鉄道が走っていたことだろう。

わずか5年で完成！新幹線の奇跡を可能にした戦前の「弾丸列車計画」

1964（昭和39）年10月、東海道新幹線が日本の新幹線第1号として東京～新大阪間で開通した。日本の在来線はそれまで軌間1067㎜のレールが採用されており、世界の標準軌1435㎜より狭いものだったが、新幹線には世界標準の軌道が採用された。

東海道新幹線は東京オリンピックを見据えて計画され、オリンピックの開幕直前に開通した。着工は1959（昭和34）年だから、わずか5年という短期間で500㎞もの長さの鉄道を完成させたことになる。まさに奇跡ともいうべきスピードである。なぜ新幹線はわずか5年で完成できたのか。

その理由は、新幹線がじつは戦前から計画されていたある計画を下敷きとしていたことにある。その計画の名は「弾丸列車計画」といい、構想が浮上したのは1930年代のこと。

きっかけは、1931（昭和6）年に満洲事変《まんしゅうじへん》が勃発《ぼっぱつ》し、翌年に満洲国が成立、さらに1937（昭和12）年に始まった日中戦争などの影響で、国内の鉄道輸送力が飽和状態に陥ってしまったことだ。とくに需要が増大したのは、大陸への玄関口となっていた下関《しものせき》への輸送で、東海道本線と山陽本線の輸送量はすでに限界寸前となってしまっていたのだ。

そこで当時の国鉄（鉄道省）が考えだしたのが、東京～下関間に踏切のない高架の専用線路を建設し、東京～大阪を4時間30分、東京～下関を9時間で結ぶ時速200㎞の高速列車を走らせようというものだった。軌間幅が従来の狭軌ではなく、スピードと輸送力をアップさせるために標準軌にするという案も、このとき持ち出されたものである。

まさに開通当時の新幹線とほぼ同じような計画が、戦前の日本ですでに進められていたわけであり、この計画は着々と実行に移されていた。1940（昭和15）年には帝国議会で工事予算が成立し、翌年には本格的な用地買収とトンネル工事が始まったのである。

この鉄道輸送力アップ計画にはさらにおまけがあり、将来は対馬《つしま》海峡の海底トンネルを経て朝鮮半島、北京、さらには当時の同盟国ドイツの首都ベルリンまで延長しようという「大東亜《だいとうあ》縦貫《じゅうかん》鉄道構想」まで計画されていたというのだから、当時の日本の鼻息の荒さが感じられる。

しかし、「弾丸列車計画」は、戦争の激化によって建設費が捻出できなくなり、1943（昭和18）年、ついに工事中止へと追い込まれた。この段階で、日本坂トンネル（2174m）はすでに貫通しており、新丹那《しんたんな》トンネル（7958m）は、熱海側647mと函《かん》南《なみ》側2080mが掘られていたという。

それから21年後に開通した新幹線の路線内の日本坂トンネルと新丹那トンネルは、当時掘られていたものをそのまま使ったものであり、新幹線の着工当時、東京・大阪間の路線の約18％がすでに買収されていた。新幹線がわずか5年で完成したのは、戦前の計画があったからこそなのである。

新幹線初開通！でも区間は大山崎～上牧間で走ったのは阪急の電車？

新幹線の線路は、前述したとおり「標準軌」と呼ばれる。国内の在来線が一般に採用している「狭軌《きょうき》」の線路よりもレール幅が３６８㎜広い１４３５㎜の線路だ。また、架線に通っている電圧も、一般の電車と新幹線では違っている。新幹線を走っている車両は、新幹線用に開発された特別の車両なのだ。

ところが、その常識を覆《くつがえ》すことをやってのけたのが、阪急電鉄だ。新幹線用線路を約８か月間も走っていたのである。しかも、その線路というのが、新幹線用に敷設されたばかりの真新しい線路だったというから驚きだ。新幹線用に新しくつくった線路であるにもかかわらず、新幹線よりも先にお試ししていたことになる。

なぜ、こんなことができたかというと、新幹線線路をつくる側の旧国鉄が、阪急電鉄にそうするように頼んだからである。これは、東海道新幹線開通にまつわるエピソードである。

東海道新幹線の路線のうち、京都府大山崎《おおやまざき》町から大阪府高槻《たかつき》市上牧《かんまき》までの約３㎞は、淀《よど》川沿いまで山が迫っており、平地は限られていた。にもかかわらず、その狭い平地には国道171号線が通り、阪急京都本線まで走っていた。ここに、新たに新幹線の線路をつくるスペースなどなかったのである。

困った旧国鉄は、まず旧建設省に、道路を移設してくれないかと相談をしてみた。ところが、答えはノーだった。

そこで、今度は阪急電鉄に相談をもちかけた。京都本線を北側に移してもらえないかと提案したのである。京都本線が移動してくれれば、そこに東海道新幹線を通すことができる。この相談は幸運にもまとまった。

京都本線を北側に移すといっても、ただ移すだけでいいというものではなかった。地盤の強度などを考慮すると高架化しなければならなかったのである。

そのため、まず京都本線を北側に移設させるための仮線をつくり、阪急にはその仮線を使用してもらった。阪急が仮線を使用している間に、新幹線用線路をつくり、新幹線用線路ができると、今度は阪急電鉄に新幹線用線路を使ってもらい、そのあいだに京都本線の仮線を高架化する工事をおこなったのである。

この阪急京都本線の高架化工事のあいだの1963（昭和38）年4月から翌年1月までが、阪急電鉄が東海道新幹線を使用した時期となる。

阪急京都線の大山崎〜上牧付近

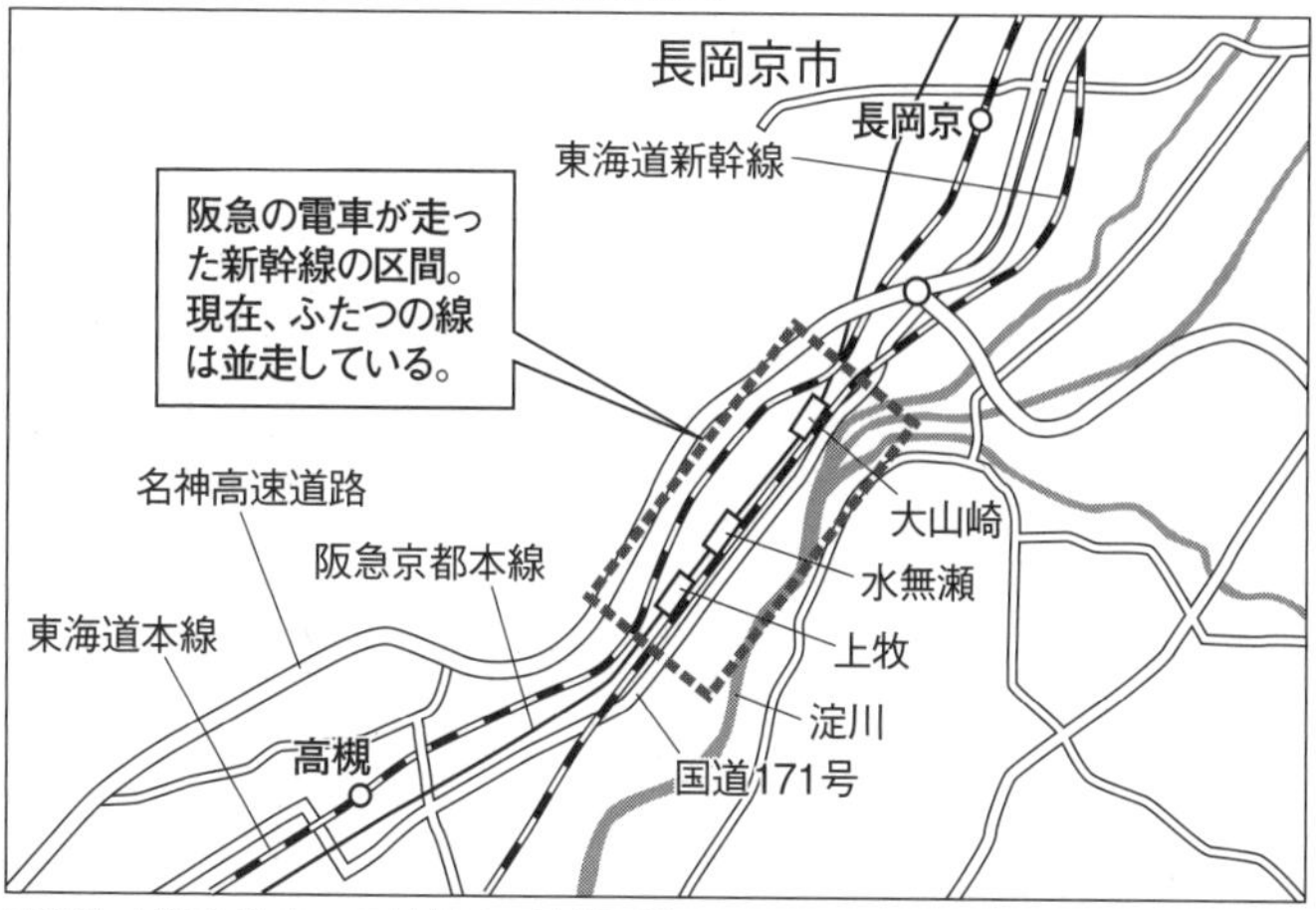

京都と大阪を結ぶこの地域は、淀川が流れ、土地の確保が難しかった。

それにしても、そんなややこしいことをするよりも、まず阪急京都本線の高架化工事をおこなってから移ってもらい、そのあとで新幹線用線路をつくれば、もっとシンプルである。そのようにしたかったのはもちろんだったが、できない理由があったのだ。

ご存じのように、新幹線線路は高架化されている。そのための基礎工事の関係で、阪急京都本線を高架化してから、新幹線線路を高架化すると、阪急京都本線のほうが地盤沈下を起こす可能性があったからだ。

もっとも、このような裏ワザができたのは、阪急電鉄の電車のレール幅が新幹線と同じ１４３５㎜だったから。電圧に関しては、阪急電鉄が使用中は、それに合わせて設定し、新幹線が通ることになってからは、改めて設定をし直すことで、解決したのだった。

意外と知らない？環状ではなかった山手線と中野駅への「のノ字」運転

昔の山手線には、中野《なかの》駅が含まれていたというと、いったいどうやったら中野駅を通過できるのか、首を傾げることだろう。

中野駅は、新宿駅の西側に飛び出しているため、現在の山手線で見ると、山手線の外側にある。もしかして山手線の支線として、新宿〜中野間の運行があったのかと思いたくなるが、そうではない。じつは昔の山手線は、現在のような環状線ではなかったのである。

昔の山手線は、通称「のノ字運転」といわれるイレギュラーな路線形態だった。新宿の西にある中野駅から東へ向かって新宿駅を通り、御茶ノ水《おちゃのみず》、南下して東京、品川、今度は西から北へ、路線がぐるりと回って渋谷、ふたたび新宿を経由して北上を続けて池袋、そしてまた東へ向かって田端《たばた》、上野を終点とした。

これを地図上で見ると、なんとなく「の」という字を描いているようになる。そこで、「のノ字運転」という言葉が生まれたのである。

このルートを聞いて、「あれっ、中央線と山手線がミックスされたような感じだな」といった印象を持った方も多いだろう。ご想像どおり、この「のノ字運転」が運行されたのは、ひとえに中央線が東京駅に乗り入れるようになったことが大きい。

中央線が東京駅に乗り入れるようになると、郊外から中心部への足が確保され、通勤できるようになった。しかし、中央線で、郊外から東京駅まで出てきたものの、そこから仕事場へ向かうには、中心部の交通網をさらに充実させる必要があった。とはいえ、鉄道敷設は大事業で、新たな路線を設置するとなると、時間もお金もかかる。

そこで目をつけたのが、既存の路線をそれぞれつないで、中心部の交通網を効率的にしようというアイデアだった。中野〜神田までの「中央線」(東京駅まで乗り入れてはいるが、中央線としては神田まで)、神田から東京までの「東北線」、東京から品川までの「東海道線」、品川から田端までの「山手線」、田端から上野までの「東北線」をつないだのである。

このアイデアのおかげで、乗客は、路線が違うからといって、そのつど乗り換えをしなくてもよくなり、利便性がアップした。実際、この「のノ字運転」が運行されると、ひじょうに便利で、乗客たちからも好評だった。

すべての電車が「のノ字運転」を忠実に守っていたわけではなく、乗客数に応じて、中野〜池袋、中野〜品川、品川〜田端などのように、部分的な運行もなされた。忠実な「のノ字運転」は、片道107回の運行中、83回だったから、7割強だったことがわかる。

山手線が現在のような環状線になったのはいつごろかというと、1925（大正14）年である。「のノ字運転」が開始されたのは1919（大正8）年だから、それから6年後のことである。

環状線にするには、「のノ字」路線に、上野～東京間を加えるだけでよかったのだが、もともと山手線の池袋～田端間は貨物輸送用として設置されていたぐらいで、当時はまだ池袋～上野、神田方面への乗客はそれほど多くなく急を要するほどではなかったのだろう。

東京の地下鉄にはなぜ「東京メトロ」と「都営」の2社があるのか？

現在、地下鉄が走っている都市は、東京・大阪・名古屋・札幌・横浜・神戸・京都・福岡・仙台の9都市。東京では「東京メトロ」と「都営」の2社が地下鉄を運営している。しかし、先に挙げた9都市のなかでひとつの都市に2社の地下鉄が走っているのは東京だけだ。ほかの8都市はすべて1社の経営で、しかもすべて「市営」地下鉄である。一体なぜ東京だけ違うのだろう。

東京にもかつての「東京市」が地下鉄経営を一元化しようとする計画があったらしい。既存の路線の「市営化」に先立ち、東京市は独自の新路線の免許を取得していた。しかし、1941（昭和16）年、「帝都高速度交通営団法」の成立で、東京市の思惑は覆《くつがえ》されてしまう。経営の一元化どころか、東京市が免許を取得した路線まで営団に渡さねばならなくなったのだ。

戦後、東京都制が施行され、「東京都」が誕生した。これをキッカケに、今度は都営地下鉄を建設しようという運動が起こった。

人口と産業が首都圏に集中し、交通混雑が激化するなか、営団の地下鉄建設が思うように進まないのをみて、東京都が首都建設法の制定を請願。国に都営地下鉄の建設を認めるように強く主張する。なかなか許可はおりなかったが、ついに1956（昭和31）年に、都営地下鉄の建設が決定した。都が申請した路線のうち、京成《けいせい》電鉄・京浜《けいひん》急行電鉄との相互乗り入れを前提とした押上《おしあげ》〜西馬込《にしまごめ》間を許可。これが現在の都営浅草線である。

都には東京市時代、営団に免許線を渡さざるを得なかった過去がある。営団側にとって都は、営団が戦後独占してきた東京の地下鉄業界に登場した強力なライバルというわけだ。

この2社は料金体系も異なる。2社の路線を乗り継ぐと、運賃はどうしても割高になる。一元化すれば、地下鉄の乗車運賃も下がるだろうし、もっとシンプルで使いやすい地下鉄になるはずだ。だが今のところ一元化される計画は聞こえていない。

「京都線は当社が敷設したものではない」という阪急の裏事情

阪急阪神ホールディングスが刊行した『100年のあゆみ部門史』では、京都線についての記述はいきなり「京都線は当社が敷設《ふせつ》したものではない」とする断りから始まる。では、誰が敷設したのかというと、それは現在のライバル会社である京阪《けいはん》電鉄だ。

京都と大阪を結ぶ電車を走らせている京阪電鉄は、大阪から淀川東岸に沿って京都市街地までレールが延びている。この京阪電鉄が、一部で既存の集落の間を縫うように走る本線とは別に、淀川西岸沿いに高速の新線を設置する計画を立てた。大正時代のことである。

1919（大正8）年には西岸線開設の特許も取得した。これは高速化をねらったものではあったが、他社が大阪～京都間の路線敷設に進出してくるのを防ぐ目的も含まれていた。当時は官営の鉄道が大阪と京都を結んでいるだけだったので、京都へのアクセスを私鉄として独占したい思惑があったのだ。3年後にはこのプロジェクトのため新会社・新京阪鉄道を設立している。

京都側の起点として申請した四条大宮《しじょうおおみや》駅は認められたが、大阪側の起点は本線の野江《のえ》駅から延ばすのではなく、別の場所に設けるよう指導された。この解決に京阪電鉄がとった策が、北大阪電気鉄道との合併だった。同社は千里山《せんりやま》～十三《じゅうそう》間で営業していたが、分岐して天神橋《てんじんばし》（現・天神橋筋六丁目）まで延線できる免許を取得していた。この免許を利用して天神橋に一大ターミナルを築くことを決めると、新線建設計画は着々と進められた。

まず十三～淡路《あわじ》～豊津《とよつ》間を開業し、淡路から分岐して天神橋までを開通させたのが、1925（大正14）年のことだ。さらに淡路からは反対方向に高槻、京都と工事を続け、1928（昭和3）年には京都の西院《さいいん》までを開通させている。京都市街地部分は地下にトンネルを掘って地下鉄にする工事が進められた。

ところが、翌年には世界恐慌が日本を襲う。新京阪鉄道は借入金の清算などのため1930（昭和5）年に本体の京阪と合併、さらに京阪は、1943（昭和18）年に阪神急行電鉄と合併してしまう。この合併は戦時下での国策による地域ごとの鉄道会社統合策によるものだ。

この統合が、のちに阪急電鉄京都線を誕生させることになったのだ。

統合して誕生した京阪神急行電鉄は、太平洋戦争の終結で1949（昭和24）年に京阪電気鉄道が、旧京阪線と大津線の事業を行なうという形で分離独立した。そのとき、新京阪が建設した京都線は、京阪神急行電鉄に残されたのである。ある意味では、国の統合策によって阪急は、建設工事をしないまま京都線を手に入れることができたのだといえる。

阪急が工事をしたのは、１９６３（昭和38）年に延長工事が完了した河原町《かわらまち》までの区間だけである。その後、京阪神急行電鉄は、１９７３（昭和48）年に正式に阪急電鉄と名称変更している。最初に京阪が計画したとおり、新京阪線は並行する当時の国鉄より速いとか、車体のデザインを斬新なものにするなどの理由で、誕生時から近畿圏の人たちに愛される路線だった。その伝統は、阪急京都本線となった今も変わらない。

大宮か、熊谷か！ 東北本線の分岐地点選定の二転三転

埼玉県の県庁所在地である「さいたま市」は、大宮《おおみや》、浦和《うらわ》、与野《よの》の３市の合併により２００１（平成13）年に誕生した。さいたま市のなかでも旧大宮市が人口も多く、埼玉県の商業の中心地として発展していた。その背景には、東北本線が深く関わっているらしい。

旧大宮市が鉄道の街となったのは、１８８５（明治18）年にまで遡る。このとき、高崎《たかさき》線と東北本線の分岐点となったことにより、以後、１８９４（明治27）年には日本鉄道（当

時、東京～前橋間の鉄道敷設を請け負った会社）大宮工場が設立、1927（昭和2）年には、大宮操車場が開業した。このように、旧大宮市は、鉄道の街として発展してきたのである。

その後、鉄道路線が数多く走るようになった。1929（昭和4）年には東武野田《とうぶのだ》線、1932（昭和7）年には、国鉄（現・JR）京浜東北線、1940（昭和15）年には国鉄（現・JR）川越《かわごえ》線が開設された。

近年では、1982（昭和57）年に東北・上越新幹線の暫定《ざんてい》始発駅となった。埼京《さいきょう》線が、1985（昭和60）年に池袋まで開通、その後、翌年に新宿まで、さらに1996（平成8）年には恵比寿《えびす》まで延長され、ますます便利になっている。

このように旧大宮市が、埼玉県下最大の鉄道交通の要となったのも、もとを正せば、東北本線の分岐地点になったことが大きい。

この旧大宮市の発展に欠かせなかった東北本線の分岐地点選定に関しては、じつはすんなりと大宮に決まったわけではなかった。東京～前橋間の鉄道建設を請け負った日本鉄道会社では、分岐地点は大宮が妥当であるとして、政府に申請した。政府もこの計画を認可し、実地測量をはじめようという段階にまできたとき、思わぬ横やりが入ったのである。

栃木、足利《あしかが》、佐野《さの》地方の有力者たちが、大宮分岐地点案に異議を唱えたのだった。当時、栃木県の県庁は栃木町（現・栃木市）にあったが、大宮を分岐地点にしてしまうと、栃木市は路線からはずれてしまう。そこで、栃木県知事と協力して、栃木町を通る路線にするように、ぜひ熊谷《くまがや》分岐にしてほしいと請願したのである。

結局、鉄道局では、大宮分岐案をいったん白紙に戻して、大宮分岐案と熊谷分岐案のどちらが妥当であるか、もう一度検討することにした。

その結果、対案として出された熊谷を分岐地点とした場合に試算される建設費と建設期間は、大宮を分岐地点とした場合に見込まれる建設費と建設期間よりもはるかに上回ることが判明。熊谷分岐ルートには河川が多いため、費用も工事期間も大宮分岐ルートよりも余計にかかってしまうのである。こうして、一度は白紙になった大宮を分岐地点にするという案は、見事、復活を遂げ、ふたたび認可されることになったのである。

鉄道を発展させたものが鉄道を縮小させた、島原鉄道の悲劇

日本は火山列島であり、その恩恵として温泉が湧く。「名湯」と呼ばれ観光資源となっている地域もたくさんある。土地の特性を活かして観光客を呼び込み発達した鉄道路線も

ある。

JR長崎本線の諫早《いさはや》から島原《しまばら》半島中部の島原外港までを走る島原鉄道は、かつて多くの観光客の足として島原半島南端の加津佐《かづさ》まで通っていた。1911（明治44）年に島原鉄道は本諫早〜愛野《あいの》村間を開業し、少しずつ島原半島を南へ延伸した。1922（大正11）年に半島南部に開業した口之津《くちのつ》鉄道は、1943（昭和18）年に島原鉄道と合併。1958（昭和33）年から国鉄の急行列車に自社車両を連結して博多まで乗り入れていた。

そのために国鉄急行型車両に準じた気動車を自社発注し、座席の背もたれには白いカバーが掛けられ国鉄よりもちょっと豪華さを演出した。これらの車両の塗装は国鉄の気動車と同じ赤とクリーム色だったが、運転席があるフロントガラスの下の赤いラインが特徴で、「赤ひげ」などと親しみを込めて呼ばれていた。

沿線は、まず雲仙《うんぜん》温泉、そして温泉をはぐくむ雲仙普賢岳《ふげんだけ》を望み風光明媚《ふうこうめいび》な有明海《ありあけかい》西岸に沿って走り、天草四郎《あまくさしろう》で有名な原《はら》城をはじめ名所旧跡が点在していた。鉄道が地元の観光資源を有効に活用した例だといえよう。

昭和30年代は高度成長期で生活水準も少しずつ向上してきたため、九州へは首都圏から新婚旅行専用の寝台急行列車が運転された。とくに観光客にとって島原半島は長崎とセットで考えられていたので島原鉄道は利用客が増え、1980（昭和55）年に国鉄乗り入れが中止されたのちも多くの観光客が訪れた。

しかし、生活や風景を豊かにしてくれる火山は、ときに猛威を振るう。天災が、自然の恩恵によって発展してきた島原地方を突然襲った。1991（平成3）年の雲仙普賢岳噴火である。

被害は当然、鉄道にも及んだ。火砕流《かさいりゅう》に線路の一部が呑み込まれ、南島原〜布津《ふつ》間が運休となったのである。この噴火では、死者行方不明者43人、約1万1000人の住民が避難生活を余儀なくされた。

鉄道は、年末には早くも全線で運転を再開したが、翌年3月、土石流《どせきりゅう》によって再び島原外港〜深江《ふかえ》間が運休となってしまった。その後も復旧が進められ1997（平成9）年に島原外港〜深江間は土石流の再発に備えて高架化され運転を再開した。同時に観光トロッコ列車を運転し観光客に島原鉄道の復活をアピールした。

さらに、1994（平成6）年には、小型・軽量の黄色い軽快気動車を順次導入し冷房化と乗り心地の改善を図り、1999（平成11）年からワンマン運転を開始した。

しかし、もともと南部区間は収益が厳しかったことに加えて休止期間中に離れた乗客を取り戻すことが出来ず、2008（平成20）年に島原外港〜加津佐間は廃止された。

かつては観光の目玉のひとつであった雲仙普賢岳の突然の噴火とその火砕流によって、島原鉄道は一変したのである。

鉄道開通に反対の嵐！明治の元勲がとった苦肉の策とは

日本で最初に正式開業した旅客鉄道は新橋～横浜間だが、誰もが鉄道の開通を待ちわびていたというわけではなかった。むしろ鉄道を敷くことに反対する者のほうが多かったから、新橋～横浜間を開通させるのは至難の業だった。

今ではちょっと信じられないが、近代化を図ろうとする政府内にも反対派は多く、推進派の大隈重信《おおくましげのぶ》や伊藤博文《いとうひろぶみ》らは窮地に立たされていたのである。

まず軍人はこぞって反対をした。諸外国に対抗するためには近代化した軍隊が必要であり、鉄道敷設に莫大な資金をつぎ込むぐらいなら、軍備増強に回すべきだと主張した。そして、当初の計画では新橋～横浜間には軍用地が組み込まれていたが、軍用地は明け渡さないと反対し、そのうえ、軍用地周辺の調査でさえ、「軍の機密に関わる恐れがある」として拒否したのである。

政府内には財政面を憂《うれ》う政治家も多かった。開国したばかりの日本は貧乏で外貨など持ち合わせていなかった。そんな状況にもかかわらず、鉄道敷設のための車両やレールを買い、外国の技術者を日本に招くとなると、外国に多額の借金をすることになる。それでは国自体の存亡にかかわるという危惧《きぐ》だった。たかが鉄道をつくるために、国を外国に売り渡すのかといった極論もでるほどだったという。

法務を司《つかさど》る機関である弾正台《だんじょうだい》からは、国民が貧しい生活をしており、日本にはとても鉄道をつくる余裕などないと厳しく指摘された。鉄道をつくるよりも、まずは国民の生活を少しでも落ち着かせることこそ優先するべきだというものである。

大隈らの推進派は、政府内のこれらの反対者を説得してまわったが、さすがの大隈も、軍用地使用は断念せざるをえなかったという。

さらに、鉄道敷設を困難にしたのは、周辺住民の反対だった。宿屋や車引き、馬方《うまかた》など輸送に関わる者は、自分たちの生活が脅かされるといって反対した。農民や漁師たちは、先祖代々の土地を売り渡すことはできないといい、鉄道のための用地買収は思うように進まなかった。

困った大隈がぶち上げたのが、「みんなが反対して協力しないなら、海の上にレールを敷こう」というものだった。当時の新橋～横浜間は海沿いにあったため、極力海沿いに鉄道を敷くことにした。海沿いのルートが難しい箇所は、海を埋め立ててからそこに線路を敷いたのである。

鉄道敷設だけでも大事業であるのに、海中に防波堤を築くことにもなったので、石垣に使う石材の確保をはじめ、通常の敷設には不要な工事も必要となり大変な作業だった。干潟での測量や作業では、長ぐつをはいた外国人は困らなかったが、雪駄《せった》やぞうりしかない日本人のほうは、すぐに足がぐしょぐしょになり、たいそう困ったという。

鉄路を船で結ぶ連絡船、最初の路線は海ではなくて、実は湖

瀬戸内海をまたいで本州と四国を結んでいる瀬戸大橋は、上側は自動車道路となっており、電車は下側を通るようになっている。橋梁《きょうりょう》技術が発達していなかった昔は、海などを挟んで陸地と島、陸地と陸地を結ぶ路線を設置した場合、レールを敷けない海などの区間は、鉄道を敷く代わりに船で往来し、両岸の鉄道を連絡するという方法が取られた。これが、いわゆる「鉄道連絡船」である。

歴史をひもといてみると、最初の鉄道連絡船は、離島ではなく陸続きの場所を結ぶため

に就航した。それはどこかというと、琵琶湖である。琵琶湖東岸の長浜《ながはま》駅と南岸の大津《おおつ》駅を結ぶ航路・太湖《たいこ》汽船が、1882（明治15）年に開かれていたのである。

鉄道連絡船というと、青函《せいかん》連絡船や宇高《うこう》連絡船など、海上の航路がすぐ思い浮かぶが、日本初の鉄道連絡船は、海上ではなく湖上を走ったというわけだ。

琵琶湖は、古くから北陸道、中山道《なかせんどう》、東海道につながる関西方面の交通の要衝地だった。大津は、京都のすぐ東にあるから、琵琶湖の東北岸の長浜駅からほぼ南端の大津駅までを、高速・大量輸送できれば、便利さはグッとアップする。琵琶湖の鉄道連絡船は、当時は珍しい鉄製の船で、定員を350人のほか、米や炭、木材などを運んだ。通常の船ならば、長浜～大津間の所要時間は4時間かかるとされたが、この鉄道連絡船は、2時間半で結ぶ計画だった。

鉄道局は、威信をかけて船のスピードアップに力を入れていたのだ。だが現実はというと、PRした所要時間よりも1時間もオーバーした3時間半ほどだったという。船のハイスピード化は、現在の最先端技術を駆使したとしても簡単なことではないらしい。

試行錯誤で始まった琵琶湖の鉄道連絡船は、わずか7年間の営業で、廃止されている。じつは、東海道本線が既に建設中であり、東京都と神戸の両端から延伸していた。最後に残された区間だったのだ。ところが、1877（明治10）年に起きた西南《せいなん》戦争などにより、財政が逼迫《ひっぱく》してしまい、鉄道敷設に代わる窮余《きゅうよ》の策として登場したのが連絡船だった。

財政的にも社会的にも落ち着いたところで、1889（明治22）年に東海道本線は全通したため琵琶湖の鉄道連絡船は、その役目を終えたのである。

明治の文豪が集った、御茶ノ水〜神田間にかつてあったターミナル駅

東京を横断し、山梨方面へ延びる中央線のターミナル駅といえば東京駅だが、大正初期は、そうではなかった。鉄道の中心は万世橋《まんせいばし》駅だった。しかも、万世橋駅は、たんに鉄道のターミナル駅というだけではなく、東京市電（現在の都電）のターミナル駅的存在でもあり、繁華街の中心でもあった。

この万世橋駅、いったいどこにあったのかというと、御茶ノ水駅と神田駅の中間に位置していた。初代の万世橋駅は、1923（大正12）年9月1日の関東大震災での火事によって焼けてしまったが、駅舎は、現在の東京駅のような造りで、壮麗なものだったという。設計を手がけたのは、東京駅と同じ辰野金吾《たつのきんご》氏。レンガ造りの2階建てで、改札口と集札口が分離されており、乗降客の動線を考慮した機能的な設計になっていた。そのうえ、1

等から3等まで、それぞれに対応した待合室があり、別に女性専用の待合室まで設けられていた。日本初の乗客用エレベーターまであったという。

とくに画期的だったのは、2階に設けられた3つのレストランとバーである。芥川龍之介《あくたがわりゅうのすけ》や菊池寛《きくちかん》などの作家たちが集まるサロンのようだったともいわれている。つまり、万世橋駅は、列車に乗るためだけでなく、そのスペース自体が楽しめるつくりになっていたのである。

もともと万世橋駅をつくろうとしたのは、甲武《こうぶ》鉄道だった。甲武鉄道では、万世橋駅をターミナル駅とするために、飯田町《いいだまち》までしか敷かれていなかった鉄道を、御茶ノ水を経由して万世橋駅まで延長したいとしていた。そのための許可を管轄所管である東京市区改正委員会に願い出たところ、新橋〜上野間を結ぶ市内縦貫線の計画があるから、これと接続することを前提にするようにといわれたのである。

そこで、新たに万世橋駅から現在の神田駅近くにあたる鍛冶《かじ》町まで延長して工事することにした。しかし、このことが万世橋駅の存在を薄くしてしまう結果になった。1912（明治45）年、中央線が万世橋駅に乗り入れ、1919（大正8）年、東京〜万世橋間が開通すると、飯田町や御茶ノ水から直通で東京駅まで行けるようになった。そのため、万世橋駅は、たんなる通過駅になってしまったのである。

万世橋停車場

御茶ノ水〜神田間にあった万世橋停車場。日露戦争の軍神・廣瀬中佐の像がシンボルであった。

当初の計画では、万世橋駅は長距離列車のターミナル駅になる予定だったので、そのためのプラットホームも用意されていたものの、ついに長距離列車の始発駅になることはなかった。さらに、関東大震災による火災で駅舎は焼失してしまい、2年後に再建されたものの、かつてのような壮麗なものではなく簡素なものとなってしまった。

万世橋駅の存続を難しくしたのが、1925（大正14）年、山手線が環状線になったことである。これにより、山手線の秋葉原駅の利用が多くなり、すぐ近くの万世橋駅を利用する人が激減。その後も細々と存続はしていたものの、１９４３（昭和18）年10月31日に休止されるに至ったのである。

東急世田谷線も山手線も、もともとは建築資材運搬路線だった

鉄道は、おもに何を輸送するかによって大きく貨物と旅客に分けられる。私たちが普段利用する電車は、人、つまり旅客輸送を事業目的とする鉄道会社によって運行されている。ところが、その電車にも、ルーツをさかのぼると旅客輸送以外の目的でつくられた路線があるから面白い。じつは、今や東京都民の足として欠かせない山手線や東急世田谷線もそのひとつ。そのルーツは意外なところにあった。

それはどちらも、資材運搬用の路線として開通していたのだ。日清《にっしん》戦争直後の日本は、好景気にわいていた。東京でも開発が進み、建築ラッシュ。そのため工事用の砂利《じゃり》の需要が高まる。

そこに着目したのが東急世田谷線の前身、玉川《たまがわ》電気鉄道（当初は玉川砂利鉄道）だった。砂利を大量に運ぶ鉄道が必要だと気づいた同社は、１９０７（明治40）年、多摩川で採取

住宅地を走る世田谷線

世田谷線は、専用軌道を持つ路面電車として運行されている。

した砂利を都心に運搬するために渋谷～玉川間の渋谷線を開通したのである。砂利を運ぶことから「ジャリ電」の愛称で親しまれたが、人も乗せてくれたようだ。

その後、次々と路線を延長し、新路線も開業。１９２５（大正14）年には現在も存続している三軒茶屋《さんげんぢゃや》と下高井戸《しもたかいど》を結ぶルートを確立した。

だが砂利運搬は、１９３４（昭和９）年に、二子橋《ふたごばし》より下流では禁止となる。その後現在の東急電鉄に合併されると、砂利運搬は行なわれなくなったのである。

同じ資材運搬用でも鉄道建築資材を運ぶために開通した品川線をルーツとしているのが、山手線だ。１８８５（明治18）年、品川線を開通したのは日本最大の私鉄として知られた日本鉄道。同社は、東日本を中心に路線を延ばしたが、横浜港に陸揚げした鉄道の資材を北へ運ぶための路線が必要となった。そのため敷設したのが品川線だったのである。新橋から赤羽《あかばね》に達し、ここで上野～熊谷間の路線に接続。資材はこの路線を通って北へと運ばれていったのである。

品川線が運んだのは建築資材だけではなかった。日本の代表的な輸出品だった生糸などが、品川線を経由して群馬県の高崎方面から横浜港へ運ばれていった。品川線は、日本の経済を支える輸出ルートの一端を担っていたといえるだろう。

通勤通学の最重要路線として大勢の来客を運ぶことで、東京の生活と経済を支える山手線は、かつては貨物輸送を第一の目的に建設され、日本の開発や貿易を支えていたのである。

かつての栄華は今いずこ、日本の石炭産業を支えた3路線

北海道夕張《ゆうばり》市といえば夕張メロンやゆうばり国際ファンタスティック映画祭を思い浮かべる人が多いだろう。また、2007（平成19）年には財政破綻《はたん》ですっかり有名になって

しまった。しかし、年配の人であれば、夕張がかつては日本有数の石炭産業の中心地として栄えたことを思い浮かべるに違いない。

石炭産業が活況を呈していた全盛期の夕張市には、旧国鉄の夕張線のほかにも、私鉄の夕張鉄道・三菱石炭鉱業大夕張鉄道が敷かれ、炭坑で採掘された石炭を小樽《おたる》港や室蘭《むろらん》港などに向けて輸送していた。だが、１９６０（昭和35）年に11万６９０８人だった夕張市の人口は、２０１３（平成25）年には1万人を割っている。

かつての国鉄夕張線は室蘭本線追分《おいわけ》と夕張を結んでいた。蒸気機関車全盛期には全国各地から鉄道ファンが訪れた。１９８１（昭和56）年、石勝《せきしょう》線が開通すると、夕張線は石勝線夕張支線になり、現在、新夕張と夕張をワンマンカーの気動車が結んでいる。国鉄時代の夕張駅は石炭貨車がひしめく大きな駅だったが今ではリゾートホテルに寄り添うように小さなホームがあるだけだ。

つぎに、夕張に乗り入れていたふたつの私鉄のうち、夕張鉄道は夕張市の中心部である夕張本町と室蘭本線の栗山《くりやま》を経て石狩《いしかり》平野にある野幌《のっぽろ》を結び、夕張炭坑を経営する北海道炭礦《たんこう》汽船が１９２６（大正15）年に開業した。略して北炭といい、かつては北海道を代表する大企業であった。

現在夕張市役所があるあたりに夕張本町駅があり、貨物輸送だけでなく旅客輸送でも活気があった。そのため昭和30年代前半に地方私鉄としてはひと足早く、シートの向きを変えられる転換クロスシート付き新型気動車を導入し急行列車などに使用した。また、実現はしなかったが札幌駅への乗り入れも検討されていた。

このように、北海道最強の私鉄とすら称された夕張鉄道だったが、炭坑が閉山すると貨物輸送と旅客輸送の減少に歯止めがかからず、1974（昭和49）年に旅客輸送を止め、翌年廃線となった。

かつて本社があり視察に訪れる国内外のＶＩＰをもてなすための迎賓館《げいひんかん》があった鹿ノ谷《しかのたに》は国鉄夕張線との接続駅で機関車の車庫がある大きな駅だったが、現在では草ぼうぼうの空き地が広がっている。

もうひとつの私鉄・三菱石炭鉱業大夕張鉄道は、国鉄夕張線清水沢《しみずさわ》と大夕張炭山を結んだ私鉄で、1987（昭和62）年まで営業されていた。この鉄道も炭坑閉山によって役目を終えた。国鉄との乗り換え駅だった清水沢は夕張市街地同様にすっかり寂れてしまったが、駅前商店街の佇まいがかつての繁栄ぶりを彷彿させる。うれしいことに、三菱大夕張鉄道の車両が今でも地元保存会の手で大切に保存されている

特集2

見てびっくり！全国ユニーク駅舎

ユニーク駅舎

おどけた大亀が見下ろす

津山《つやま》線 亀甲《かめのこう》駅

岡山県久米《くめ》郡三咲《みさき》町にあるＪＲ津山線亀甲駅は、駅舎の屋根から巨大な亀が首を突き出している。

見開いた大きな目は時計の文字盤だ。屋根が甲羅《こうら》に見立てられており、駅舎が亀そのもののような姿で、駅や鉄道の守護神のようでもある。

駅舎の形も駅名も、この町の伝説の岩に由来する。伝説の岩とは、駅から２００ｍほどのところにある亀甲岩だ。

昔、行き倒れの旅人を村人たちが哀《あわ》れんで埋葬したら、その地に弘法大師《こうぼうだいし》像を乗せた岩がせり上がってきたと地元では伝承されているものだ。

一軒家ほどの巨大さで、その形が亀に似ているところから地元で亀甲岩と呼ばれていた。１８９８（明治31）年にこの地に鉄道が敷設されたとき、伝承の岩の名が駅名に選ばれたのである。

１９９１（平成3）年ころから当時の町長が中心となって町おこしが図られたとき、駅名同

様この亀甲岩がシンボルとして使われることになった。

まず駅近くに亀がデザインされたコミュニティハウスを建て、バス停やトイレも備えた。橋の欄干《らんかん》には歩いている亀のオブジェを乗せた。野菜市場では甲羅形の電光掲示板を設け、お知らせを流したりするようになる。

その総仕上げとして、駅舎の建て替えに際して採用されたのが現在のデザインで、1995（平成7）年夏に完成し、町の人たちに親しまれるようになっている。

亀形の駅は、平日の利用客は200〜300人という小規模なもの。駅業務は民間に委託されているが、駅舎内には本物の亀が飼育されているという徹底ぶり。思い切った遊び心のある駅が誕生したのも民営化の恩恵といえそうだ。

ユニーク駅舎

巨大土偶の目が光る

五能《ごのう》線 木造《きづくり》駅

木造駅は、ＪＲ東日本の奥羽《おうう》本線が秋田県能代《のしろ》駅から内陸部に向かうのに対し、分岐してずっと日本海沿いを走った五能線が、五所川原《ごしょがわら》に到着する手前にある駅。日本海が美しいと隠れた人気の観光列車になっている五能線の駅のなかでも、この駅は観光客の度肝《どぎも》を抜くような駅舎が自慢だ。

駅舎正面に巨大な土偶《どぐう》像が、駅舎壁面に貼りつけられたかのように飛び出しているのだ。土偶の首から上は2階建て駅舎の屋根より高くそびえ、肩から腕までが2階部分の壁の3分の2は覆い隠している。乗降客は土偶の足元を通って駅舎に出入りする格好になるといえば、その巨大さがわかろうというもの。

しかもその土偶の目は、列車が近づくと光って知らせるようにつくられている。かつては終日、列車の到着を知らせていた。ところが、夜に目が光ると子どもが怖がるという住民の声があり、現在は自粛している。

この土偶、じつは遮光器《しゃこうき》土偶という国の重要文化財にも指定されている出土品を模《も》したも

の。この土偶は、縄文時代晩期の遺跡といわれる「亀《かめ》ヶ《が》岡《おか》遺跡」から土器に交じって出土した貴重な考古資料なのだ。縄文時代を知るうえでも重要な亀ヶ岡遺跡は、この木造駅のある地区で見つかっている。

合併でつがる市となった旧木造町が、1992（平成4）年に「木造ふれ愛センター」というコミュニティプラザを併設した駅舎を新築したとき、町のシンボルとして設置を決めたモニュメントが遮光器土偶だったのだ。

遮光器土偶の重文指定は1957（昭和32）年と古く、亀ヶ岡遺跡から出土した土器のなかでも最も名の知れた存在。だからこそ町はモニュメントにしたのだが、遺跡に興味があって訪れた観光客でなければ、ギョッとすること間違いなしだ。

ユニーク駅舎

高校生がデザインしたカッパ駅

久大《きゅうだい》本線　田主丸《たぬしまる》駅

ＪＲ久大本線（ゆふ高原線）は、鹿児島本線久留米《くるめ》駅と日豊《にっぽう》本線大分駅を結んで、九州内陸部を横断する路線だ。その久留米市の東端、福岡県の中央部に位置するのが田主丸駅だ。筑後川の支流・巨瀬《こせ》川の流れを抱くように開けた土地の中心駅である。

田主丸には町に恵みをもたらす巨瀬川が氾濫することのないよう、カッパを祀《まつ》ってきたという伝承が残っている。町の人たちも自ら「河童《かっぱ》の里」と称して、土地の伝説を大切にしてきた。今それが駅舎のデザインに取り入れられ、かわいい姿を見せている。

１９２８（昭和３）年に開業した田主丸駅が、１９９０（平成２）年に建て替えられることになったとき、ＪＲ九州と地元自治体、当時の田主丸町が共同で新築することになり、地元の要望が出された。それが「田主丸ふるさと会館」の併設だった。

新駅舎のデザインが、田主丸駅の一番の利用客でもある、近くの浮羽《うきは》工業高校の建築科に託されたとき、生徒たちが思いついたのが「河童の里」にちなんだデザイン。

生徒たちが考えたカッパは、寝そべった姿だった。駅舎の端の部分を利用する「ふるさと会

館」部分を2階建てにしてカッパの顔に見立て、つながる駅舎部分を寝そべった体部分にすればいいというアイデアだ。

河童資料館も兼ねた「ふるさと会館」2階の窓は楕円形で、カッパの目の形。1階正面部分を覆う屋根が三角に尖《とが》ってせり出し、カッパのくちばしに見立てられている。2階の屋根は、もちろんお皿を乗せたカッパの頭に見えるデザインだ。

若者のデザインらしく、それは妖怪としてのカッパでなくキャラクター人形のような表情だ。それもこれも、地元がカッパを祀ってきたという愛情から生まれたキャラの駅舎。フルーツの里でもある田主丸では、秋の名物ブドウ狩りに訪れる人たちに駅のカッパがほほえみかける。

情緒あふれる茅葺き屋根

会津《あいづ》鉄道
湯《ゆ》野《の》上《かみ》温泉駅

福島県南西部、南会津郡下郷町《しもごうまち》にある湯野上温泉駅は、阿賀《あが》川峡谷沿いに延びる湯野上温泉郷から1㎞ほどの場所に設けられた会津鉄道の駅。駅舎は茅葺《かやぶ》き屋根で、待合室の片隅には囲炉裏《いろり》が切られているというひなびた風情のもの。いかにもこれから訪れる温泉郷の雰囲気をうかがわせる造りである。

この駅に茅葺き屋根の駅舎が誕生したのは、国鉄民営化で鉄道業界に注目が集まっていたころ。

国鉄の経営難から第三セクターとして誕生した会津鉄道が、温泉郷近くの大内宿《おおうちじゅく》が茅葺き屋根の集落として知られていたことから、観光客のために駅舎に採用を決めたものだ。

公共建造物の屋根という初体験にとまどう茅葺き職人の棟梁《とうりょう》のもとに20人もの職人が集《つど》い、懐かしさを漂わせる駅舎が完成。2002（平成14）年には、東北の駅百選にも選ばれた。

日本に二つしかないの茅葺き屋根の駅舎は、世界遺産に登録された飛騨《ひだ》地方の民家とは趣を異にする。白壁の建物にエントランス部分もつけ、江戸時代ならちょっとした屋敷といった風

情の立派な外観である。

　ただ防虫のために屋根を下からいぶす必要があるため、必ず囲炉裏を焚《た》かねばならず、駅舎の維持管理が駅職員の負担になりがちだ。

　夏は暑いし、窓を閉める冬は煙がこもるので制服までいぶされてニオイがつくというのが、思わぬ発見だったという。サッシとエアコンが当たり前の現代人には、茅葺き屋根は不便もあるようだ。

　それに比べ、屋根の葺き替えは10年に1回程度と意外に少ない。それも傷んだ部分だけを取り替えればいいので、それほど大変ではないらしい。

　茅葺き集落・大内宿の玄関口として、茅葺き屋根の駅ができるだけ長く続いて欲しいものだ。

忠実に再現されたＳＬ

真岡鐵道《てつどう》線 真岡《もおか》駅

真岡鐵道線真岡駅の開業は古く、１９１２（明治45）年に栃木県内でも中心になる駅としてスタートしている。特産品の真岡木綿の人気が高く、集散地としてにぎわっていたからだ。

そんな往時の華やぎを失いかけていた真岡鐵道が注目を集めるようになったのは、昭和50年代を迎えてからだ。

かつて木綿を運んだ「コットンウェイ」に、黒い蒸気機関車が煙を吐き出していた時代を地元の子どもたちに伝えたいと真岡市が、使わなくなったＳＬを手に入れて公園に設置したのだ。北海道の国鉄から移設したというそれは「９６００型」で、１９７６（昭和51）年のことだった。

実際にＳＬが真岡鐵道の線路を走ったのは１９９４（平成６）年。型式「Ｃ１２６６」を福島県から譲り受けて３月から定期運行を始めたが、これは真岡鐵道にとって24年ぶりのことだった。

１９９７（平成９）年、真岡鐵道は真岡駅を全面的に改築した。シンボルであるＳＬをデザインするというコンセプトだったが、想像以上にリアルなものとなった。

４階建ての駅舎の側面が３～４階部分を丸くして機関車の先頭をかたどっている。屋上にはちゃんとライトを乗せ、煙突も飛び出している。

建物正面とその反対側は１～２階の窓が大きく丸い構造で車輪を表わしている。どこから見ても蒸気機関車のシルエットである。

これは建設当時の市長が、徹底してリアルさを追求させた結果だという。

さらに２０１３（平成25）年には、駅舎の横に「ＳＬキューロック館」をオープンさせ、蒸気機関車の展示や乗車見学ができるようになっている。

現在このＳＬ駅舎を発着するＳＬの定期運行を行っており、やはり人気を集めている。

ユニーク駅舎

竜宮城をイメージした 小田急電鉄江ノ島線 片瀬江ノ島《かたせえのしま》駅

神奈川県藤沢市の江ノ島には弁財天《べんざいてん》を祀る神社がある。橋でつながる片瀬海岸とともども東京から近くて便利のよい観光地、海水浴場として戦前から大人気だった場所だ。その人気を支えているのが、小田急電鉄江ノ島線の片瀬江ノ島駅だ。

1929（昭和4）年の開業以来、多くの人に愛されてきた理由のひとつには、いかにも湘南の海が居心地のいい場所であることを表現したような、駅舎のデザインも入るだろう。関東の駅百選にも選ばれている。

海の楽園といえば、おとぎ話の浦島太郎《うらしまたろう》が訪れた竜宮城だ。

片瀬江ノ島駅は、まさにそんな竜宮城に違いないと思わせるような緑の屋根と朱色の門をもつ駅舎である。

開業当時から多くの人がこの駅舎を竜宮城と信じていた。

ところが、じつは小田急電鉄本社には当時の記録がまったくなく、デザイン意図など何もわからないのだそうだ。

はっきりしているのは、6か月間だけという期限つきの仮駅舎として建てられたものだったということ。

小田急が江ノ島線を開通させる以前に、この路線とは別に、江ノ島電鉄の前身だった会社が茅ケ崎《ちがさき》から大船《おおふな》まで伸びる路線を計画していた。その軌道がちょうど小田急の片瀬江ノ島駅あたりで交差することになっており、「駅舎を仮のものと考えていたようだ」と、小田急の社史は記述している。

結局、その路線建設計画は実現せず、片瀬江ノ島駅は取り壊しも立ち退きも必要なくなってしまったのだった。

もしかすると、当時の駅舎設計担当者は、「半年の寿命だから」と考えて、遊び心でデザインしたのかもしれない。

まつりの鬼が目をつりあげる

飯田《いいだ》線 東栄《とうえい》駅

「て～ほへ、てほへ」と掛け声に合わせながら、夜を徹して鬼が舞う「花まつり」は、鎌倉時代から親から子、子から孫へと伝承されている神事である。

11月から3月までの間、愛知県東栄町の各地区で開催され、国の重要無形文化財にも指定されている。

ここ東栄町で鬼といえば、年に一度、鬼の姿を借りた神々であり、人の世の災いを払い清め、悪霊を払い除け、神人和合《しんじんわごう》、五穀豊穣《ごこくほうじょう》、無病息災《むびょうそくさい》を授けてくれる、身近な存在、ヒーローなのである。

山伏《やまぶし》や修験者《しゅげんじゃ》によって伝え残されたという40種類にもおよぶ舞を、町の人々は囃子《はやし》声をあげながら、鬼と一体になって体を動かす。思いきり踊り、飲んで、食べる。町の人々にとって、年に一度、羽目《はめ》を外せる大切な日なのだ。

奥三河《おくみかわ》の郷土芸能「花まつり」の里と知られる、東栄町の玄関口、飯田線東栄駅の駅舎は、「花まつり」で用いられる鬼の面をモチーフにしたユニークで個性的なつくりの無人駅だ。

1992（平成4）年に完成した駅舎は、改修にあたり、「特徴的な駅舎を」と、町から発案したもので、「東栄町といえば花まつり、花まつりといえば鬼」ということで、鬼をイメージした駅舎に決定。列車を降りた乗客を鬼が大きな口を開いて出迎えてくれる、インパクトあるデザインだ。

「花まつり」の鬼面はそれぞれの地区に代々伝わるもので、そのデザインは様々であるが、「とくに、特定の面をモデルにしたのではない」とのこと。駅舎には、この地域特有の良質な高級木材「三河材」が使われ、地元色豊かで趣のある駅となっている。

普段は快速・普通列車のみ止まる静かな駅だが、盆・年末年始には特急「ワイドビュー伊那《いな》路《じ》」も停車する。

最北の蝦夷地の関所

函館本線 山越《やまごし》駅

函館～旭川間４３２・１㎞を走るＪＲ北海道函館本線。函館駅から76㎞にある山越駅には、関所をイメージした駅舎がある。

北海道山越――現在の北海道二海《ふたみ》郡八雲《やくも》町山越には、日本最北の関所《せきしょ》「山越内関所」があった。

１８０１（享和元）年、現在の函館市、当時の亀田《かめだ》にあった関所が山越内に移され、おもに、蝦夷地《えぞち》への武器の持ち込みの取り締まりや通行人の関所手形である往来切手改めが行なわれていた。

しかし、１８６１（文久元）年に廃止となる。現在、関所に関する史料はあまり残っておらず、正確な場所は未確認のままとなっている。

関所のデザイン採用の経緯は、ＪＲが規模が縮小している駅の駅舎のコンパクト化を計画したとき、無人駅となっていた山越駅もその対象となった。この計画を受けて、八雲町から関所最北の地にちなんで、現在の「関所」のデザインを提案したのだ。

「山越内関所」は、先述のとおり場所をはじめ詳細がわかっていない。そのため「山越内関所」を再現したというよりは、関所をイメージするデザインで駅舎をつくった、というのが正解のようだ。ほかにも地域コミュニティー施設・山越中央会館や山越小学校の一部に、「山越内関所」をイメージしたデザインが取り入れられている。

１９８９（平成元）年に完成した関所風駅舎は、まるで時代劇のセットのよう。無料の駐車場もあることから、そばを通る国道５号線を走る車の休憩スポットになっている。

山越駅から徒歩３分ほどの「山越内関所跡」と伝えられる地には碑が立っている。北海道函館本線をご利用の際は、途中下車を楽しんでみてはいかがだろう。

第5章

知らなきゃ損する！

鉄道ダイヤのおもしろ裏事情

日本の鉄道が世界一正確に走る驚くべきヒミツとは？

列車は時刻どおりに出発し到着するものと、日本人なら当然と思っている。しかし、日本ほど鉄道が正確に走っている国は世界中探してもどこにもないのが現状だ。

たとえば、日本では予定時刻よりも1分以上遅れると「遅延した列車」というレッテルをはられてしまうが、世界的に見ると、1分程度の誤差があっただけで「遅れた」とみなすのは、日本以外ではスイスぐらいだといわれる。ノルウェーで3分以上、ベルギーで5分以上、フランスとドイツ間の国際列車の場合は15分以上の遅れがないと遅延列車とは呼ばないのである。

日本のように多くの人々を長い距離運ぶとなると、正確な運行が不可欠になる。もしダイヤどおりに運行できない列車が1本でも出ると、それはつぎつぎに後続の列車に悪影響を及ぼす。

ダイヤが混乱してしまったのでは、これだけの人数をきちんと目的地まで輸送することが困難になってしまうからだ。

そこで、鉄道各社が最も力を入れているのが、正確な運行である。

鉄道の歴史を見ると、日本の鉄道も初めは遅れるのが当たり前だったようだ。

それが、1915（大正4）年ごろから定時運転を呼びかける運動が盛んになる。『日本国有鉄道百年史』（日本国有鉄道）の青木槐三《あおきかいぞう》の記事「鉄道を育てたひとびと」によると、この運動の先鞭《せんべん》をつけたのは、鉄道の国有化以前は山陽鉄道にいた結城弘毅《ゆうきこうき》だ。結城は機関士たちに時計を見ることと、運転区間に通過時間の目印をつくることを徹底させ、正確な運転を実現させていったのだという。結城から始まった正確運行の運動が、次第に広まっていった。

現代の鉄道の運行は、コンピュータによって完全管理されている。しかし、このような正確な運行が当たり前のものとなる過程では、計算され尽くした緻密《ちみつ》なダイヤ作成とともに、運転士の技量に負うところが大きかった。

現在はコンピュータが管理しているとはいえ、ダイヤどおりに運行しようと思っても、乗客が多ければ駅の停車時間は長くなってしまうし、山手線などのように各駅間の距離が短く多数の駅がある場合は、速度調整も難しい。

そうしたときに、微調整を秒単位で行なえる運転士の技量があるからこそ、日本の鉄道は世界一正確なのである。

超過密なダイヤが乱れてもたちまち復旧させてしまうそのノウハウは？

ほとんど狂いもなくダイヤどおりに運行されている日本の鉄道だが、緊密にダイヤが定められているために、ひとたび列車に遅れが生じると、その影響は大きなものになる。そこで、極力、悪影響の範囲を狭めるため、非常事態に備えた「運転整理」というノウハウがある。これは、一時的にダイヤを変更することで、列車運行をできるだけ早く回復することを目的にした応急処置のようなものだ。

たとえば、災害や事故によって停止したり遅れたりした列車は、最寄駅に到着したら運転休止にする。これは、後続の列車まで遅延してしまったり、遅れた列車に乗車していた乗客が走行再開までずっと車内に足止めされるのを防ぐためだ。

通常のダイヤの列車の順序を一時的に変えることもある。本来ならば、その列車のあとに続くはずの急行や特急列車を先に走らせて、なるべく乗客のスピーディー輸送を心がける。列車の遅延が起こると、どうしても駅に乗客があふれて駅がごった返してしまう。そこで、運べる乗客からさっさと運んでしまい、なるべく客が駅にとどまらないようにするのだ。列車の順序の入替えには、少しでも混乱を避けようという狙いがある。

災害や事故による遅延などの影響を小さくするために、運転整理以外にも、非常事態に備えて対策が講じられている。

都市部のダイヤは「過密」といわれる程に込み合っているが、そんななかにもある程度ならばダイヤの乱れを吸収できるように「余《よ》裕《ゆう》時《じ》分《ふん》」という時間が組み込まれている。また、日本の鉄道の運転士は、少々の故障ならば、自分で応急処置ができる技術を習得している。これは、修理班を待つ時間が惜しいので、小さなトラブルならば自分で応急処置をし、とにかく最寄駅まで運行させて被害を最小限にくいとめるためである。

復旧作業を短縮するための手段としては、鉄道車両は部品交換を短時間で手軽にできるように設計されている。これは、修理に時間をかけるよりもパーツをさっと交換して、少しでも早く列車を走らせることを狙ったものだ。

電車の混雑率はどうやって計っているの？

日本のラッシュアワーの通勤電車の混雑具合は、世界の鉄道事情のなかでもかなり特異ではないだろうか。

よりよいサービスを目指すために、鉄道各社がデータのひとつとして活用しているのが混雑率だ。混雑率が高ければ高いほど乗客は窮屈な思いをして乗車をしているのだから、ラッシュアワーに、いかに混雑率を下げるかが重要になってくる。各社ともデータをもとに、増便や急行電車の本数など、より効率的なダイヤを組むように努力しているというわけだ。

混雑率は、「乗車人数÷定員」で求められる。

この場合の定員は、基本的に国土交通省が目安にしている定員数を使う。この定員は乗客ひとり当たりの面積から割り出す。座席が横に長いロングシート車両の場合は、ひとり当たり0・352㎡、進行方向（またはその逆）を向いた座席とロングシートを組み合わせたセミクロスシート車両で0・42㎡だ。

ただし、電車の定員は、座席数で決まるわけではない。当然立っている人間の数も定員には含まれているから、混雑率100パーセントといえば、実際にはけっこう混雑している印象を受けるはずだ。

では、あれほど人が混雑しているラッシュ時に、乗車人数はどのように計測するのかというと、もっともポピュラーな方法は目視である。このくらいの混み具合なら、だいたい混雑率は何パーセントになるといった目安が、あらかじめ定められている。

運輸政策研究機構によると、混雑率100パーセントの目安は、「座席は満席で、立っている人が余裕をもってつり革につかまれる程度の混み具合」をいう。150パーセントになると、「立っている人の肩がふれあう程度」となる。

180パーセントで、「肩がふれあいながらも、なんとか新聞を読める程度のすき間が乗客同士にある場合」を指し、200パーセントになると、「からだが密着している状態」となる。250パーセントになると、「身動きがとれないほどのぎゅうぎゅう詰め状態」とされている。

混雑率の基準はあるものの、目視による測定は専門の調査官などではなく、各社の社員が行なっている。いわば目分量である。

目視以外で混雑率測定をする方法としては、自動改札機によるデータ取得方法がある。自動改札機にカウントされた人数によって、乗車人数を決める。ただし、各路線との連絡が多くある駅では、この方法はあまり有効ではない。そのほか、新型の車両には、混雑を計測する機能がついているものもある。

鉄道会社が混雑緩和に取り組んできた結果、最近はラッシュ時でも、200パーセントを超える路線は少なくなっている。

乗車率200%……鉄道の定員オーバーに罰則はないの?

自動車や航空機では、定員が法律で定められており、それを超えると法律違反となり罰せられる。ところが、ここで疑問が生じる。よく帰省ラッシュで「乗車率200パーセント」などと報じられるが、そのために鉄道会社が罰せられたという話は聞かない。なぜだろうか。

まず鉄道で用いられる「定員」の決め方だが、国土交通省令の普通鉄道構造規則の規定には、とくに定員に関する具体的な記述はない。「旅客車には、適当な数の旅客用座席を設けなければならない」といった記述はあるが、これはあくまで目安であって、そのあとに「特殊な車両にあってはこの限りではない」とも書かれている。したがって、鉄道には法による定員の定めはないというのが正解だ。

以前は、「座席は全定員の三分の一以上あること」という規定があったが、現在ではこの限りではない。

それにしても、規定がないからといって、鉄道だけ定員オーバーしてもお咎《とが》めがないというのは不公平のように感じるのだが……。

これは「定員」の種類が異なるため。

自動車や航空機で定員が定められているのは、定員をオーバーしてしまうと危険を伴うといった「保安定員」である。

鉄道でいうところの定員は、厳密には、利用者が快適に乗ることができるにはこの人数ぐらいだろうといった「サービス定員」といわれるもの。確かに定員オーバーのラッシュ時は、快適とはいかないが、それが即事故につながるというものではない。

鉄道の場合は、車両の強度や性能が高いので、定員をオーバーしたからといって危険になることがないため、法による規定がないのである。

東京駅方面に行く列車がすべて「上り」とは限らない？

一般的な駅について説明するとき、「上りホーム」「下りホーム」と何の疑問も持たずに話しているにちがいない。

たしかにほとんどの列車には「上り」と「下り」があり、通常は、東京方面に向かう列車が「上り」だ。JR東海道本線熱海《あたみ》駅から東京駅へ向かう列車は上りで、その逆は下りである。ところが、例外もある。

JR中央本線は東京駅を出発し、東京都新宿区の新宿駅、長野県塩尻《しおじり》市にある塩尻駅を経由して名古屋駅までというように東京駅から離れていく。一貫して西へ向かいながら、東京から塩尻までは「下り列車」なのに、塩尻から名古屋まで向かうとき「上り列車」に変わるのだ。

1872（明治5）年、日本で最初の鉄道が東京都の新橋駅から神奈川県の横浜駅まで開通したときに、新橋方面行きを「上り」、横浜方面行きを「下り」と決めてからずっと、列車が東京に近づくか、遠ざかるかで「上り」「下り」が決められた。

ところが単純に東京方面行きが「上り」なだけではない。戦前の大阪鉄道局編纂の『鉄道用語辞典』ではさらに、「帝都《ていと》（東京）に向うのが上り」で、「支線では幹線に向かうのが上り」と定められている。塩尻から上り列車に変わる中央本線の例は、この部分に該当する。

あるいは、ぐるりと巡回する山手線のように「上り」「下り」を使わずに、「外回り」「内回り」のような呼び方もある。

私鉄などJR以外が経営する場合は、独自の決まりを持つ会社もある。

大阪から京都・名古屋などを結ぶ大手私鉄の近畿日本鉄道は、近鉄本社へ向かう列車が「上り」だし、大阪市営地下鉄は、原則、北に向かう電車と海側（西）に向かう電車が「上り」だ。

東京メトロでは「上り」「下り」を使わず「○○行き」と案内している。

さらに視野を広げて海外にまで目を向けると、「上り」「下り」と同様の呼び方を使う国としては、中国や韓国、台湾などがある。しかし全体としては、「上り」「下り」を使う国のほうが少数派のようだ。

鉄道の「上り」「下り」は、何事も「常識」と思い込んではいけないという典型的な例のようだ。

時刻表では通過駅なのにその駅に停車することがあるのはなぜ？

時刻表には列車の運行に関する膨大な情報がつまっている。あまりに情報量が多いので、間違いがあっても気付かないかもしれない。ところが明らかに時刻表の記載と違う運行に出会うことがある。「運転停車」という言葉を聞いたことがあるだろうか。

「運転」と「停車」という、相反する意味の言葉が並ぶ「運転停車」とは、時刻表では通過する駅なのに列車が停車することを意味する。では、なぜ時刻表で通過するはずの駅に、列車は停車するのだろうか。

「運転停車」とは、乗降客を取り扱わない駅で、「機関車の交代」「乗務員の交代」「列車の行き違い」「時間調整」など、運転上の必要な停車をすることをいう。

たとえば、単線の路線で、列車の行き違いや機関車の付け換えが必要になり、普段、乗客の乗降には使用しない駅で停車する場合がある。そんなときには、当然、乗客の乗り降りはないのでドアは開閉されない。だから、乗客が使用する時刻表上では「通過扱い」とされているのである。

夜行列車では、深夜の時間帯の運転士の交代も行なわれている。また、深夜に長時間停車をすることもあるが、この場合は、おもに時間調整が目的である。「電車が停車しているから、ちょっとホームの自販機まで飲み物を買いに降りよう」ということはできない。「運転停車」の駅では、電車のドアは開かないのである。

停車するのだから、ドアを開けて乗客を乗り降りさせればいいのでは、と思うかもしれない。しかし、停車中の列車のドアを不用意に開閉するというのは、防犯の面を考えると好ましいとはいえない。スリや置き引きなどの逃走に使われてしまうことも考えられるし、そんな時間帯に乗降する乗客の数も少ないだろう。

運転停車は、時刻表に記載された数字からはその有無を確認できないため、列車を使ったトラベルミステリーなどで、トリックとして用いられることがある。走行中の列車から、犯人が忽然と姿を消してしまった事件で、じつは、犯人は運転停車中に逃走していた——といった具合に使われるのだ。ミステリーに列車と時刻表が登場したら、運転停車がトリックに使われていないか、疑ってみてはどうか。

人気作家もびっくり！時刻表は隠れたミリオンセラーだった？

電車で旅したり商用に出かける場合、時刻表を手にする人も多いだろう。小説でも時刻表を片手に、犯人のアリバイを崩すトラベルミステリーが人気だったりもする。このように、日本人は世界のなかでも大の時刻表好きといえそうだ。

実際、日本では何種類もの時刻表が販売されていて、それらすべてを合計すると、毎月約１００万部近くも印刷されている。10万部売れたら、ヒット作品と呼ぶ出版の世界で、毎月１００万部というのは、大ベストセラーといってもいいだろう。

一般に時刻表という場合は、交通新聞社発行の「JR時刻表」もしくはJTBパブリッシング発行の「JTB時刻表」を指すことが多い。

このほか地域別のものや私鉄などの会社別のもの、高速バスやフェリーなどを扱ったものなど、時刻表は種類も豊富だ。

プロ仕様の時刻表では、運転士が持つ「運転時刻表」というものがある。15秒単位で細かく運行時刻が記されているほか、入線する線の番号や制限速度なども記載されたカード型の時刻表だ。もちろんこれは業務用だから市販はされていない。

JRの時刻表をつくる場合、資料を毎月JR6社(北海道・東日本・東海・西日本・四国・九州)から入手するとともに、ダイヤ改正や新車の投入などといった細かな情報も事前に取材して集められている。

余談だが、ダイヤの大改正などが行なわれると、時刻表発行元では次のような苦労があるという。『「時刻表」舞台裏の職人たち』(JTB)によると、時刻表が1kgを超えると、料金が安い第三種郵便物指定を受けられなくなり郵送料が増えてしまう。そこで、大改正などでページが急増した場合、表紙の右端を1㎜カットしたり、ページの上下を1㎜カットしたり、封筒をビニールに変えたりといった軽量化対策を行なっているのだそうだ。情報量が多く分厚い時刻表ならではのエピソードである。

絶対に遅刻できない始発乗務員はどうやって起きている？

現代人は寝不足を感じている人が多いという。目覚ましを寝ぼけたまま止めてしまい、結局寝坊したなどという経験がある人もいるだろう。飛び起きて会社へ行き、正直に謝るか、それとも、何とかして言い訳を考えるか。

しかし、鉄道業界では寝坊がときに一大事件となる。謝るとか言い訳とか、のんきなことを言っていられないのだ。

時々ニュースを賑わすのが、始発の乗務員が寝坊をして列車が遅れた、あるいは駅員が寝過ごして朝の改札が開かなかったという出来事である。事故に結びつくようなことでなくてもニュースとして報道されてしまうのが鉄道マンのつらいところだが、絶対に寝坊が許されない彼らは、どうやって起きているのか……。

始発やそれに続く列車、あるいは終発、そして夜行列車の乗務員は、自宅から出勤することは難しい。そもそも出勤や退勤のための電車は動いていないし、車には事故や渋滞の危険性があるからだ。そのため鉄道会社は、拠点となる駅や車両基地のそばに宿泊所を設けている。
そこには、さぞかし大きな音の目覚まし時計があるのかと思いきや、そうではない。宿直室には何人もの乗務員や駅員が寝ているが、それぞれ起床時間が異なっている。大きな音をたてては他の者まで起こしてしまうので、目覚まし時計は使われていないのである。

わざわざ「起こし役」の人員を決めておいたり、宿直の駅員が始発の乗務員を起こす役目を担っていることもあるが、宿泊所ならではのユニークな自動起床装置が目覚まし時計の代わりに愛用されている。

これは、布団の下に入れておいたぺちゃんこの空気袋が、タイマーでセットした時間になると少しずつ膨らんで膨張と収縮を繰り返し、寝ている人間の体を押し上げて起こすというもので、その名も「おこし太郎」。「おこし太郎」を敷くのは、腰の背中寄りあたりが効果的だという。空気袋には送風機のホースを通じて空気が送り込まれ、最大で直径30㎝ほどにもなる。この大きさが体の下にあると上半身は弓なりに反り返り、とても寝てはいられない。しかし、7秒間隔で空気を出し入れするため体をゆっくり揺さぶられる感じで不快感はなく、ほぼ100パーセント起きることができるという。この起床装置は、決して面白半分の道具ではなく、JR東日本の宿泊施設などで使用されている製品なのである。

鉄道マンにかぎらず、家族を起こさず自分だけそっと出かけたいという人にも便利そうだ。一般の人にもＪＲ東日本のポータルサイト「えきねっと」で通信販売し話題となった。現在は「定刻起床装置・やすらぎ」と名前を変えて一般にも販売されている。

日本の鉄道ダイヤの正確さは、世界一といわれる。鉄道マンの寝坊がニュースになるのも、ふだんはありえないことが起きてしまったということで、これは信頼の裏返しであろう。起床装置も、その正確さを守るための努力のひとつなのである。

指定席の割り当てには、どんな法則があるの？

指定席券を買って列車に乗ってみたらガラガラだった。そんなとき車両にポツンポツンと座る乗客のなか、なぜ自分がその席なのか、不思議ではないだろうか。

ＪＲで指定席を管理するシステム「マルス」は、発券する場合には、とくに細かな指定がない場合、ある一定の法則にしたがって空席を探すようになっている。

たとえば、ふたりなら、ふたりがけの列の隣り合った席にするし、３人なら、ふたりがけと同じ列の通路を隔てた席にして、３人が横並びになるようにする。４人なら、シートを回転させると向かい合えるような配列で席を探す。

また、一般に車両の中央部の方が、揺れが少なく乗り心地がいい。ドアからも離れているので、人の出入りが激しくなく静かに座れるため、通常、中央部の席から順に指定券は販売されていく。だから、1両目の中央部の席が完売したら、つぎは1両目の端の席を販売するのではなく、2両目の中央部の席に空席がないかどうか見つけるといった具合になる。

この方法なら、どこかの車両だけがぎっしり席が詰まっているという不均衡も防げる。閑散期には、乗客同士の間をなるべくあけて席を販売するなどの工夫もされている。また、団体客と個人客は、なるべく席を離すなどの基本法則もある。

鉄道の場合、始発から終点まで皆が乗車するわけではない。途中で乗り降りする乗客がたくさんいる。

そのため、座席を販売する場合には、ある工夫がされている。座席の空席状況は、各区間に分かれている。たとえば、Aの席があるが、これはひとつのA席とみなすのではなく、A席を1区間、2区間、3区間というように分けておくのである。ある人が2番目の駅から乗り、4番目の駅で降りるとすると、A席は、2区間と3区間が販売済みとなる。ただし、1区間はあいているので、もし1区間だけA席に乗りたいという人がいれば、その人にA席を販売でき、効率よく席を使えるというわけだ。

鉄道の信号機は「赤・緑・黄」で五つの意味を表わすって知ってる？

列車に乗っていると時折、駅の手前で止まってしまい、アナウンスで「停止信号です」と案内が流れる。列車に運行の指示を出すこうした鉄道の信号とはどんなものだろう。電車の走行に信号は欠かせない。運転士は、信号によって、さまざまな情報を瞬時に取得することができる。

信号の大きな役目は、次のふたつである。ひとつは、進行方向に電車がいないかどうかを確認することだ。前の電車が予定よりも遅れた運行となってしまった場合は、そのままのスピードで進むと衝突の可能性がある。そこで、前の電車の位置によって、停止するのか減速して進むのかなどを信号が伝える。

もうひとつは、レールの切り替えを行なうポイントが正しいかどうかを教える信号である。電車が進む方向にポイントが正しく切り替えられているかを判断し、万一、ポイント切り替えがまだの場合は、信号機からポイント操作の指令が出されるという仕組みだ。

ここでは、はじめに紹介した電車の走行速度を指示する色灯式信号機の表示をもう少し

色灯信号機の表示の意味

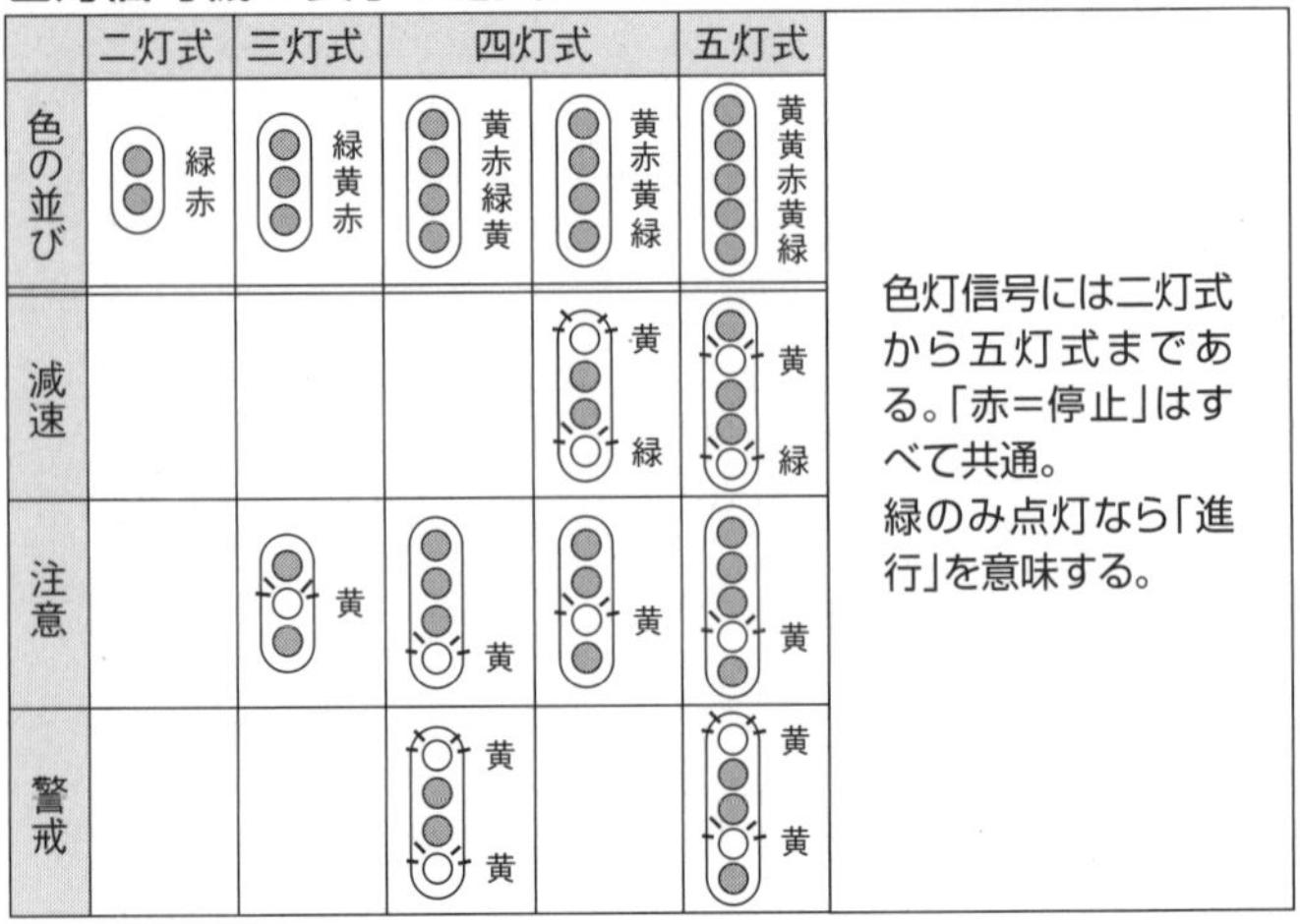

色灯信号には二灯式から五灯式まである。「赤＝停止」はすべて共通。
緑のみ点灯なら「進行」を意味する。

詳しく説明しよう。鉄道の信号機も、私たちがふだんよく目にする交通信号機と同じように三色を使う。

交通信号が横に並んでいるのに対して、鉄道信号は縦に並んでいる。色は、赤、緑、黄色である。赤が「停止」、緑が「進め」なのは、交通信号と同じだ。しかし、黄色は、交通信号では「停止」であるのに対し、鉄道信号の場合は「注意」を表わし、時速40〜55キロ以下で走れということになる。「注意」のときの具体的な速度は、鉄道会社によって異なる。

このほか、大都市の路線では、信号のランプの数が5つになり、色の組み合わせによって、さらに細かな指示が出る。緑と黄色の信号がひとつずつ灯ると「減速」を意味し、時速50〜75キロ以下で走れということになり、黄色の信号がふたつ灯ると、「警戒」となり、時速25キロ以下で走れということになる。

さて、大都市圏の路線では、信号機の色を組み合わせて、5つの指令を出すと説明したが、極めて過密な路線である山手線や京浜東北線、また高速運行をする新幹線になると、こうした信号機は存在しない。運転士が信号機を見てから操作する余裕がないからだ。

そこで、電車内に信号を取りつけておき、自動的に速度をコントロールできるATC（Automatical Train Control）で走行している。いわば電車自身で、前の電車との距離を自動的に測り、そのデータをもとに速度を自動的に制御しているというわけだ。

中越地震で新幹線を緊急停止させた「ユレダス」って何？

2004（平成16）年10月23日に起こった新潟県中越《ちゅうえつ》地震による、新幹線の脱線事故を覚えている方も多いだろう。東京発新潟行き「とき325号」の車両8両が脱線した様子は痛々しいものだったが、幸いにも乗客は全員、安全に避難することができた。これは、早期地震検知警報システム（Urgent Earthquake Detection and Alarm System）「ユレダス」の功績によるところが大きい。ユレダスとは、いち早く地震を感知し、電車が走行したままでは危険だと判断したら、送電をやめて電車を緊急に停止させるシステムである。

ユレダスのしくみは、次のようなものだ。地震にはP波とS波というふたつの波がある。まずP波が伝わり、遅れてS波がやってくる。破壊力は、P波よりもS波の方が大きい。そこで、検知点でP波を感知すると、電車に警報を送ったり、停電させて緊急停止させることで、破壊力を持つS波から電車を守ろうというシステムだ。中越地震の場合、P波とS波の速度があまり変わらない直下型地震だったために、ユレダスが作動したにもかかわらず、とき325号は脱線してしまったが、被害を最小限でくい止めたといえる。

乗客の安全を守るため、電車の地震対策は、さらに進んできている。先に紹介したユレダスでは、地震を感知してから電車を停止させるまでに3秒かかるが、JR東海では、2005（平成16）年からユレダスを改良し停電までの所用時間を2秒に短縮した。また、新世代の警報地震計である「FREQL（フレックル）」なら、地震を感知してから警報を発するまでの所要時間は最短0・2秒で、これは東京メトロに導入されている。

少しでも早く地震を探知するために、気象庁と連携して、気象庁が設置している地震計からリアルタイムに情報を得るしくみや、地震に備えて、線路沿線に地震計を設置しておき、基準以上の揺れを検知したら、自動的に電車自身で止まるシステムを導入するなど、さまざまな対策が講じられている。

第6章

つい人に教えたくなる！

車両の暗号を読み解く

電車が走るための電源は一体、どこにある？

電車が電気で動いていることは、誰でも想像がつく。電気で動く機械は普通は電源コードをコンセントに差し込むか、バッテリーを搭載して電気を得るものだ。では電車はどうやって電気を得ているかご存知だろうか。

電車の電源の供給方法には、大きく分けてふたつある。

まず私たちがよく見かける線路の上のほうに架線《かせん》を張って電気を供給するのが、「架線電車線方式」だ。架線のひとつにトロリ線と呼ばれる電気を供給する銅線が通っている。電車は車体の屋根に設置したパンタグラフを使って、このトロリ線に接触することで、電気を供給してもらっている。

パンタグラフは、菱型《ひしがた》の装置で、このパンタグラフに取り付けられている「集電舟《しゅうでんしゅう》」という装置がトロリ線と接触することで電気が供給され、電車は進んでいく。最近では、菱型をしたパンタグラフが減り、くの字の形をした「シングルアーム型」のパンタグラフなども多くなっている。

パンタグラフの素材としては、金属製のほうが電流を多くとれるのだが、トロリ線を摩耗させやすいという欠点がある。

カーボン製のパンタグラフは、大電流をとることはできないが、摩擦が少ないために架線などへの負担が少ないのがメリットだ。そのため、電気をより多く必要とする電気機関車は金属製のパンタグラフを、比較的少ない電気量で走ることができる動力分散式の電車の場合は、カーボン製のパンタグラフを使うことが多い。

架線方式に対して、線路の脇に電気を供給する3本目のレールがついているシステムを「サードレール方式」や「軌条《きじょう》集電式」などという。

架線方式が列車や路面列車に用いられるのに対し、サードレール方式は地下鉄に採用されている。

架線方式のパンタグラフと同じ役目をするのが、電気供給用のレールから電気を集める「集電靴《しゅうでんか》（コレクターシュー）」という装置だ。コレクターシューは、列車の台車枠に取り付けられた金属製のすり板のようなものである。

このほか、JR東日本では、次世代の列車として、ディーゼル機関で発電して、その電力でモーターを動かす「ハイブリッド列車」や水素を使用した燃料電池で動く「燃料電池車」などの導入を進めている。

なぜ、電気を送る架線は線路に対してジグザグに張るの？

電車が走る路線区の線路の上には何本もの架線が張られている。架線とは、架空電車線の略だ。これらの架線は河川《かせん》と間違えないように鉄道関係者の間では「ガセン」と呼ばれる。このガセンのうち、最も多く目にするカテナリー吊架《ちょうか》式の場合、電車へ電気を送っているのが「トロリ線」という銅線で、トロリ線がたるんだりしないように上から吊《つ》っているのが「吊架線」だ。

線路脇に立って架線を眺めると、トロリ線と吊架線は、線路を起こしたような形で、トロリ線と吊架線をレール部分とすると、２本の線を結ぶ枕木《まくらぎ》にあたる部分は、「ハンガ」と呼ばれている。

電車はパンタグラフをトロリ線に接触させ電気を取り込み、動力源としている。電車に電気を確実に送るため、トロリ線がパンタグラフと離れてしまわないように、風の影響などを考慮して、張力や揺れが一定となるような設計がなされている。

このトロリ線を線路の上空から見ると、地上を走る２本のレールの間を、ジグザグに張

ジグザグに張られる架線

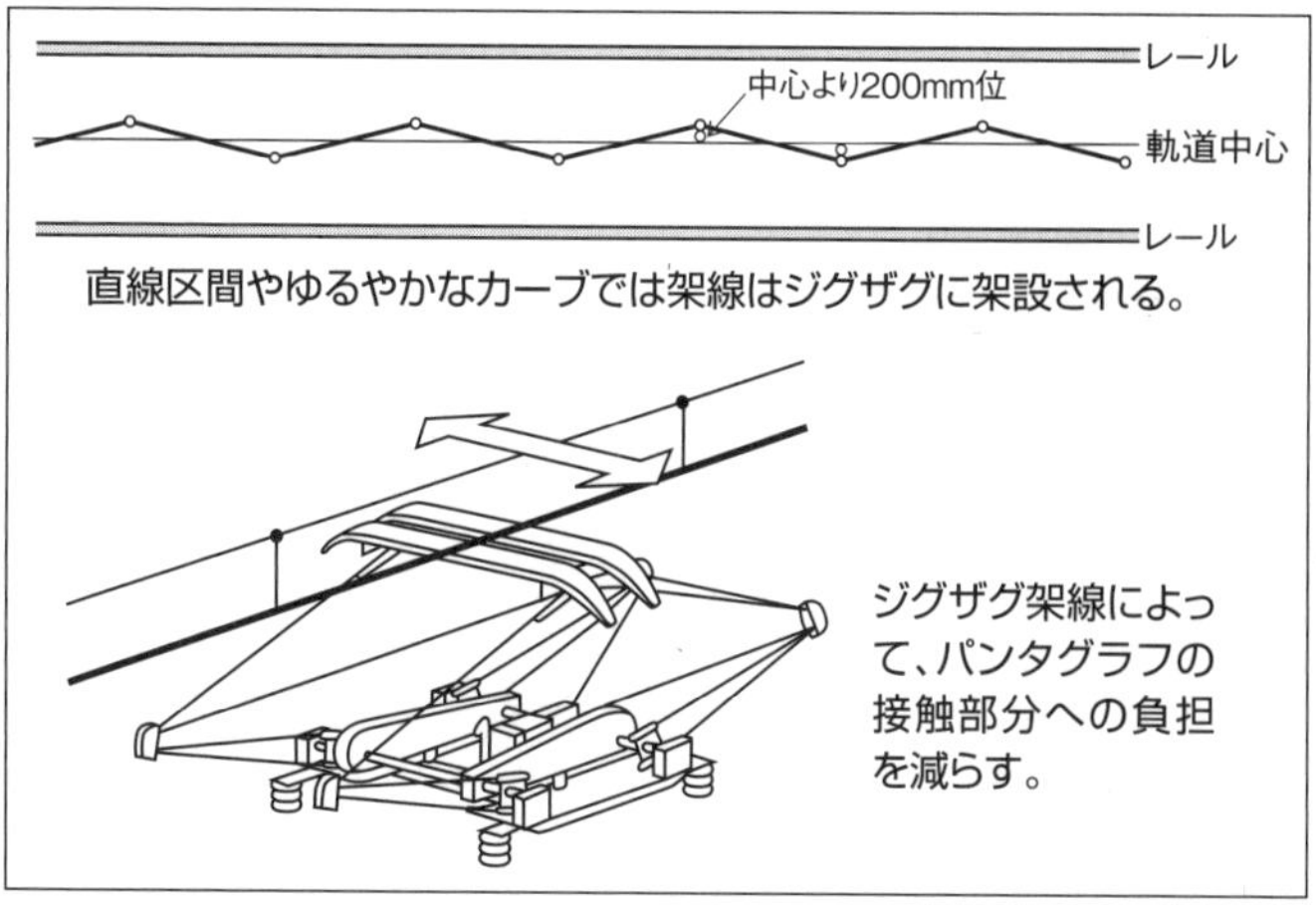

参考：『図解雑学電車のしくみ』宮本昌幸（ナツメ社）

られていることがわかる。線路は平行な2本の直線だが、トロリ線は2本のレールの中心線から右へ傾いたり左へ傾いたりするジグザグな線として見えるはずだ。

なぜトロリ線はジグザグに張られるのだろうか。

冒頭で述べたとおり、トロリ線は電車に電気を供給するため、パンタグラフと接している。走行する電車のパンタグラフとトロリ線とが接触する部分はどうしても摩耗する。

もしトロリ線がレールとジグザグではなく平行に張られていたならどうなるか。パンタグラフがトロリ線と接触する部分は、常にパンタグラフの一部分に限られ、一ヶ所だけがすり減ってしまうことになる。

するとパンタグラフが架線から離れたとき

に発生する放電によって火花が出て、架線を損傷させることにもなりかねない。

トロリ線をジグザグに張れば、接触部分はパンタグラフの上を移動することになる。摩擦がなくなるわけではないが、一ヶ所への負荷を軽くすることができるわけだ。

トロリ線には在来線交流区間の場合、2万ボルト以上の電圧がかかっている。ジグザグに張って離線など不測の事態を防ぐことは、保安上も大切なのである。

電車の架線は1㎞で1ｍも伸縮するのに、たるんだりしないの？

地方の幹線やローカル線を撮った写真と、新幹線や通勤電車を撮った写真とを見比べたとき、前者のほうが、風景がすっきり見えるように感じはしないだろうか。これは、新幹線や通勤電車の線路上に必ず張ってある架線とそれを支える架線柱が写ってしまうからだ。

電車が走る線路の上に張ってあるトロリ線は、常に一定の張力が保たれる必要がある。高電圧の電流が流れているトロリ線がもし垂れ下がって車両と接触したら大事故になるし、逆に張りが強すぎてうまくパンタグラフと接触できないと、電車に電気が供給されず

架線の張力自動調整装置

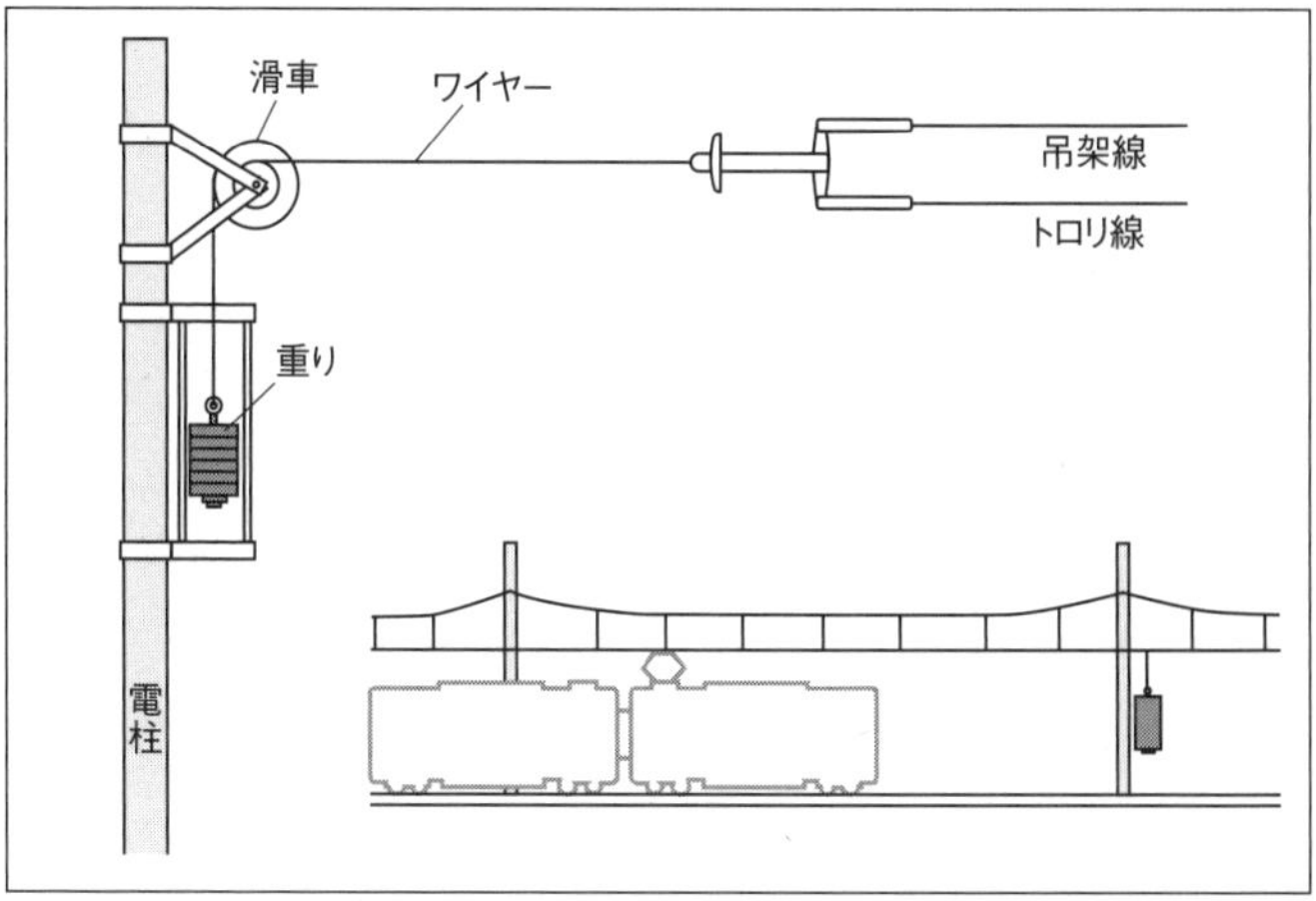

参考：『図解雑学電車のしくみ』宮本昌幸（ナツメ社）

に走行不能に陥ることになる。

トロリ線には電車を安全に走行させるための仕掛けがある。たとえば、部分的に停電できるように区間ごとに独立させている。これは、事故や保守点検のときに、その区間だけを停電させられれば、ほかの区間は通常走行ができ、乗客への不便を最小限におさえられるからだ。トロリ線を区間ごとに独立させる装置を区分装置、独立した区間をセクションと呼ぶ。

ところが、トロリ線にはやっかいな性質がある。温度差による伸縮幅が大きく、夏と冬では、トロリ線1㎞の長さに対して1ｍも長さが変わってしまうのだ。そこで、このトロリ線の伸縮に即座に対応して、常に一定の長さになるように張力を自動的に調節する装置が１㎞間隔で設置されている。

架線を張るために線路脇に立っている架線柱など、あまり注目したことはないだろう。じつはここにトロリ線の張力を自動的に調整する装置がある。架線柱にぶらさがっている小さなコンクリートや鉄のブロックがそれである。ブロックは、滑車《かっしゃ》で垂らされていて、トロリ線が伸びてたるみ、張力が小さくなるとトロリ線を引っ張り、小さくなった分の張力をカバーして、元の張り具合に戻すという仕組みだ。

反対に、トロリ線が縮んでピンと張られると、ブロックが滑車で持ちあげられトロリ線の張りをゆるやかにしてやることができる。「張力自動調整装置」に使用されているブロックは、２５０㎏もの重さがあるという。

このほか、トロリ線自体が非常に重いものなので、極端にたるんだりしないように、上から鋼製のロープを吊るしてトロリ線に巻きつけて、トロリ線を支えるなどの配慮がなされている。

重い鉄道車両、じつは空気で支えられているって、ホント？

乗客としていつも乗り込んでいる列車だが、床の下がどんな構造になっているかなどと普段はあまり気にしないのではないだろうか。

列車は、乗客が乗っている車体部分の下には、その車体を支えるバネがあり、そのバネは台車に据えられている。そして台車の下には車輪がある。

台車のおもな働きは、重たい車体を支えることに加え、車両の乗り心地をよくすることである。では、どうしたら乗り心地がよくなるのか。

最も大きな要素は、列車の揺れを吸収して、なるべく車体を揺らさないことだ。そこで、台車には車輪の回転の振動を直接車体に伝えないように、クッションのような役割をしている装置がある。

従来、用いられていたのは、金属製のコイル状のバネだ。しかし、列車の揺れは、上下・前後・左右など、複雑な揺れを繰り返す。金属のバネでは、それらの揺れをすべて吸収することができないのが欠点だった。そのうえ、コイルバネは、一度揺れが伝わってしまうと、すぐに静止できないという欠点もあった。

そんな金属バネの欠点を解消するべく登場したのが「空気バネ」である。

空気バネとは、ゴムの膜のなかに空気を入れ、これをゴム板と鉄板が層をなす基部で支えたものである。上下・左右・前後の動きに合わせて、自在に揺れを吸収できる。いわば車体はゴムボールの上に乗っかっているようなものだから、車輪がどのように揺れても、車体までは伝わりにくいのである。

また、空気バネには、車体の高さを一定に保つという役割もある。たとえば、乗客が少ないと車体の重さは軽くなるから、車体は浮き上がる。いっぽう、満員列車になると、乗客の重みで車体は沈んでしまう。

そこで、車体の下の空気バネの中の空気を調節することで、乗客の数に関係なく、車体の高さを一定に保つことができる。車体が浮くようなら、車体の空気バネの空気を減らして、空気バネの高さを低くし、車体の高さを下げることができる。車体が沈むようなら、空気バネの中の空気の量を満杯にして空気バネの高さを高くし、結果、車体の高さを上げることができるのだ。

このように、車体の高さを一定に保てることで、車体が傾くことのなく列車を走らせることができ、それが安全な走行につながっていくというわけだ。

列車のドアが開くときの「プシュ」という空気音の秘密は？

列車のドアが開くときに「プシュ」という空気音を聞くことがある。ドアの開閉は、空気の力によって行なわれている。ただし、空気は空気でも圧縮した空気である。列車の床下には、エアコンプレッサーという空気を圧縮する装置が取り付けてあり、空気を圧縮しては空気溜めに蓄えておくようになっている。停車中に「トトト」や、「ウィーン」という音が聞こえたらそれはコンプレッサーが作動している音だ。そして、ドアの開閉時には、この空気溜まりから圧縮空気が送られるという仕掛けだ。

なぜ圧縮空気を使うと、ドアが開いたり閉じたりできるのだろうか。

ドアの開け閉めをするために、ドアを外側に引っ張って開けたり、内側に押して閉じたりする連結棒というものがドアにつながっている。この連結棒を動かしているのが、棒の両側についているピストンだ。ピストンに圧縮空気を送り込むと、空気に押されてピストンが動く。このピストンがドアについている連結棒を動かし、ドアを開閉する。ドアが開閉するとき「プシュ」という音をさせている列車は、圧縮空気を用いている列車だということになる。

圧縮空気はブレーキにも用いられている。ドアの場合と同じく、ピストンに圧縮空気を送りこむことでピストンが動く。ピストンの先には、車輪の動きを止めるためのふたのような「制輪子《せいりんし》」というものがついている。これがピストンに押されることで車輪に押付けられて、車輪の回転を止め、ブレーキがかかるというしくみだ。

鉄道車両のうち、電車や電気機関車では、圧縮空気を使ったブレーキ以外に電気を使ったブレーキがある。

電気ブレーキとは、自動車のエンジンブレーキのようなものだ。モーターで発電した電気を使って電車は走行しているが、その途中で車輪の回転によってできたエネルギーを電気に戻すことにより、だんだんに走行するためのエネルギーを少なくして速度を落とすというもの。この方法は省エネルギーにもなる。

電気ブレーキの利用が増え、また、ドアの開閉も電気式をはじめリニアモーターを採用する新型車両が増えてきたため、今では、圧縮空気の需要が減り、停車中の「トトト」というような床下からのエアコンプレッサーの音があまり聞こえない電車が増えてきている。

線路にわざわざ砂利を敷くのは一体どんな意味がある？

線路の下に「バラスト」と呼ばれる砂利《じゃり》が敷き詰められているのをよく見かけるが、あれはなんとなく敷いているわけではない。大きな役割がある。まずレールの下に置かれている枕木を下から支える役目をしている。レールが少しでもゆがんだりすると、電車の走行に悪影響を与えるため、レールを支える枕木を下から支える砂利は、本当の「縁の下の力持ち」といえる。

また、いくら砂利をきっちり敷き詰めても、砂利はごつごつとがった形をしているため、砂利と砂利の間にはすき間ができる。このすき間は、電車が走行しているときの衝撃吸収剤になる。砂利のすき間が衝撃を吸収してくれるから、線路周辺の家へ伝わる振動を弱めることができるし、電車の揺れを小さくする働きもしてくれ、電車の乗り心地がよくなるというわけだ。

さらに、砂利の凹凸は、音を吸収する効果もある。だから、砂利が線路に敷き詰められているかいないかで、電車の騒音はずいぶん違ってくるのだ。

砂利のある線路は「バラスト軌道」といい、たくさんのメリットがあり、しかも設置費用が安価ですむため、今まで線路といえば、この砂利を敷いたものが一般的だった。

ところが、砂利を敷いたバラスト軌道にも欠点がある。電車が通る衝撃で、砂利がレールの下からはみ出していったり、枕木の位置がすぐにゆがんでしまう。そのため、常に点検・整備をきちんとしなければならない。点検・整備は、人が線路を歩きながらやっていくため、この作業は膨大な人件費と時間がかかってしまうのだ。

そこで、点検・整備がほとんどいらない新型の線路が登場している。枕木と砂利の役目をコンクリートで代用し、そのうえにレールを置いた「スラブ軌道」と呼ばれるものだ。これなら、レールとコンクリートをきっちりと止めることができるので、電車が走行しても、砂利を敷いた線路のように、レールがゆがむことはほとんどなく、点検・整備作業が軽減でき、耐久性にも優れている。このスラブ軌道は設置費用が高いのが難点だが、東海道新幹線を除く新幹線や大都市圏の在来線に用いられている。

スラブ軌道の登場によって、砂利を敷いた線路は消えていく運命なのかというとそうではない。コンクリートだけでは音の吸収性が悪いため、コンクリートの上に消音用の砂利が敷かれることがあるのだ。また、住宅密集地では消音性の高い従来の砂利を敷いたバラスト軌道が導入されることが多いのである。

最近、列車がガタンゴトンと音がしなくなった理由とは？

昔なら、列車に乗ると、おきまりのようにガタンゴトンと音がしたものだ。最近の列車

音や振動の原因となるレールの継ぎ目

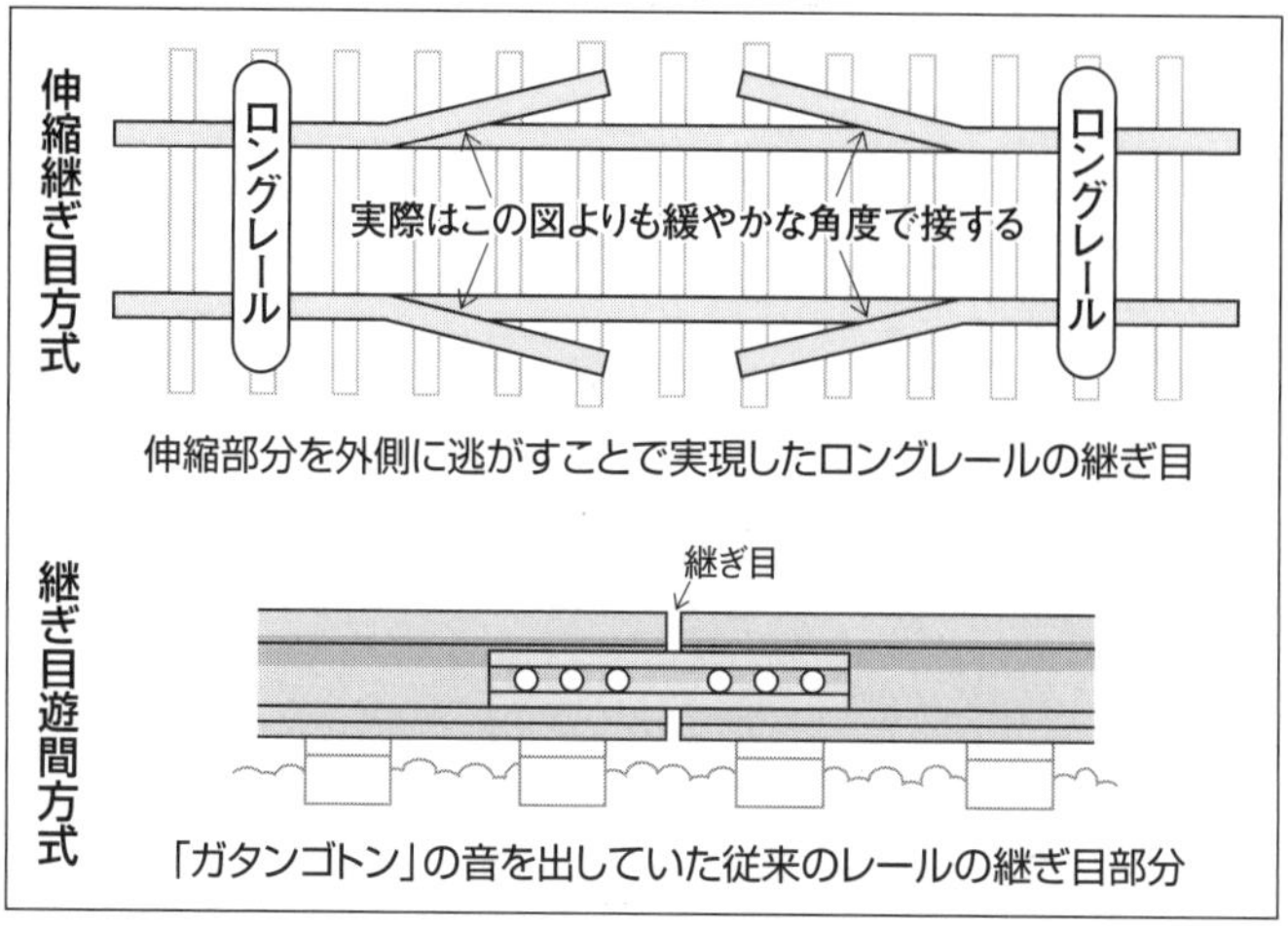

では、このような音があまりしなくなった。音がしなくなった理由が気になるところだが、その前にまず、なぜガタンゴトンといった音がしていたのかを説明しておこう。

ガタンゴトンという音の原因は、レールにあった。レールは鉄でできているが、鉄は、温度によって膨張したり縮んだりする。真夏には長くなり、冬には短くなる。そこで、鉄のレールが膨張したり縮んだりしてもレールの継ぎ目がはずれることがないように、「継ぎ目遊間方式」といって、継ぎ目に前もって10㎜ほどのすきまをつくっておくのだ。

レールの長さに10㎜ぐらいの余裕を持たせることで、少々レールが膨張したり縮んだりしても安全面に影響がないというわけだ。ところが、このすき間を列車の車輪が通過すると、まるで穴に入り込んだように衝撃や騒音が出てしまう。これが、ガタンゴトンといった音の正体である。

レールにすき間があると、列車の走行時に音がするだけでなく、すき間部分が変形したり摩耗したりしやすく、耐久性の点で問題があった。最近、ガタンゴトンという列車特有の振動と音があまりしなくなったのは、この継ぎ目が消えてしまったからだ。

まったく継ぎ目がなくなったわけではないが、従来20〜25mだった1本のレールの長さが、現在では溶接することで「ロングレール」と呼ばれる200m以上の長いレールが用いられている。

これで、レールのつなぎ目部分が以前よりも大幅に少なくなった。しかし、レールが鉄でつくられている以上、温度の変化で伸縮することは避けられない。ロングレールの場合、レールの長さが伸びた分、伸縮量も大きくなっている。

これに対応するため「伸縮継ぎ目」という方式が採用された。これは、レールの端を斜めに切断しておき、レールが膨張してつなぎ目部分が伸びると、伸びた分は自然と外側へはみだすという仕組みだ。伸びた部分ははみだすが、それはあくまで不要部分で、はみだしていない部分はつなぎのレールにぴったりと接しているため、レールがとぎれることはない。逆に、レールが収縮した場合は、接合部分の内側へレールが寄っていくという仕掛けである。

また「接着絶縁継ぎ目」という、レールの継ぎ目部分に樹脂製の絶縁物を挟む方式では、レール一本が約60㎞にもなるスーパーロングレールが実現し、こちらは東北新幹線などですでに使用されている。

列車がカーブを曲がる原理は、オートバイといっしょだった？

列車が高速走行を実現するうえで大きな課題となるのが、カーブの克服だ。カーブを通過するときの車両には遠心力が働くため、スピードを出しすぎると脱線事故にもつながりかねない。

鉄道は、年々高速化しており、さらなる時間短縮が目標になっている。そこで問題になったのが、カーブをいかに安全に高速で走行するかということだった。

その解決策としてとられているのが、オートバイに乗るときのテクニックと同じ原理を用いた「振り子式車両」だ。オートバイのライダーは、カーブを曲がるとき、からだをずらしてバランスを取っている。そのテクニックを電車車両にも応用しようとしたわけであ

カーブを克服するための振り子車両の制御のしくみ

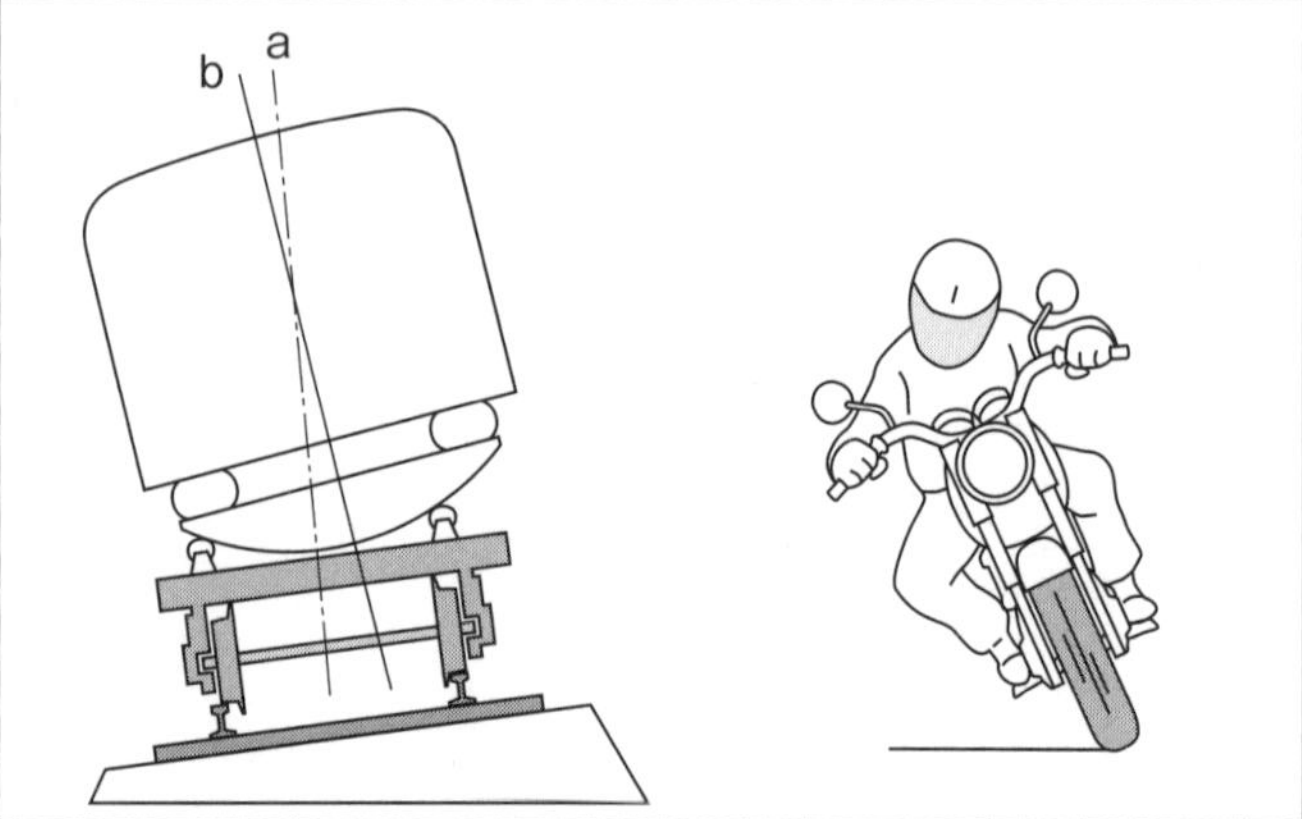

aが通常車両の傾きの線、bが振り子式車両の傾き。台車より上をさらに傾ける振り子式車両は、オートバイのカーブテクニックと同じ理屈だ。

る。

鉄道の線路は、カーブで車体に働く遠心力を吸収するために、カーブでは外側を高くして車体が内側に傾くようにしている。この傾きが大きいほど、カーブを高速で走行できるが、車両がカーブで停止した場合の安全性も考え、線路の傾きは制限が設けられている。カーブでの走行速度は、この傾きの範囲で安全に走行できるスピードまでに制限されている。

この線路の形からくる列車速度の限界を上回る速さで走行するために開発されたのが、振り子式車両である。これは、カーブに進入するとき、台車より上の車体部分を車両下半分である台車部分の傾きよりさらに大きくカーブの内側に傾け、カーブから出ると再び台車より上の車体を地面に垂直に戻すことのできる車両だ。

車両を傾けて重心を変化させることで、遠心力とのバランスがとれる。一般車両では、カーブを曲がるときに起こる遠心力によって、乗客自身にも外側へふられるような力がかかるが、振り子式車両では自動的に遠心力とは逆向きに車体を傾けることで力を相殺するため、乗客が感じる遠心力を小さなものにすることができ、乗り心地が抜群にアップするというメリットもある。

日本のように、平野が少なくカーブの多い地形の鉄道にとっては、非常に頼もしい技術のひとつなのだ。

なぜドアの数が特急電車と通勤電車で異なるの？

鉄道車両は、同じ路線を走っていても古い車両と新しい車両とでドアの数が違い戸惑うことがある。

ドア数が異なるのにはどんな事情があるのだろう。

ドアの数を見ただけで、その列車の大まかな特徴を判断できる。一両にドアがひとつしかなければ、特急列車である。ドアがふたつあっても、車両の両端にあるという場合は、これもほぼ特急列車と考えて間違いない。

いっぽう、車両の真ん中寄りにふたつのドアがある場合、またはドアが三つ以上の場合は、通勤電車である。

車両のドアの数の違いは、ひとつの停車駅で乗り降りする乗客の多さと関係する。通勤電車のように、駅で停車すると多くの乗客が一度に乗り降りする場合は、なるべく多くドアがあるほうが便利だし、両端にあるよりも、車両の真ん中よりにあるほうが人の流れがスムーズである。そのため、通勤電車のドアの数は三つ以上ある多扉だったり、ドアがふたつしかない場合は、車両の真ん中寄りに設けられている。

また、通勤電車のドアは、ドアの幅が広く両側に開くものが多いのも、なるべく乗客の乗り降りを円滑にするための工夫である。特急電車の場合、停車場が少ない分、乗降頻度も少ないので、ドアの数は少なく、設置する場所は両端にして、座席数と居住性を確保する場合が多い。

通勤電車のドアはなるべく数が多く、幅を広く、両側に開くという工夫がなされていると紹介したが、やみくもにドアの数を多く、広くすればいいというものではない。ドアの数を多くしたり幅を広くすると、その分、シートを設置できるスペースが狭くなるため、座席数が減ってしまい乗客の不満の元になることもある。

たとえば、東京と神奈川を結ぶ小田急線ではドアの幅が2mのワイドドア車を運行したことがある。ドア幅が広くなれば、ひとつのドアから一気に乗降できる人数が増えて、乗降時間が短縮できるだろうとの狙いからである。

現実は逆だった。ドアの幅が広い分だけ、むりやり乗り込もうとする人の数が増え、ドアがなかなか閉まらず、かえって停車時間が長くなってしまったのだ。また、ドア付近で立ち止まる人が多く、乗り降りの邪魔になるケースも見られた。そのうえドアを広くした分、座席数が減り、「座れない電車」だと不評を買った。

ドア数が、同じ路線の通勤電車でも異なることがあるのはこうした試行錯誤の表われなのである。

そんな問題にユニークな方法で対処しているのが関西の京阪電鉄である。車両には五つの扉がついておりラッシュ時に活躍するが、通常時間帯になると、そのうちのふたつの扉は閉鎖される。

しかもそこにはドアの天井に収納していた座席が降りてきて、座席数を増やしてくれるのである。

なかなか画期的な方法である。

通勤電車のひとり分の席のサイズは決まっている？

通勤電車に用いられる長いシートは、「ロングシート」といい4ドア車の場合、一般的に7人が座れるようになっている。しかし、「7人がけ」といわれても、冬場に分厚いダウンジャケットやコートを着て座るとけっこう窮屈なもの。わずかな隙間が空いているので座っている人を数えてみると、やはり6人しか座っていない。でもどうみても、あとひとり座るのは難しい……。この通勤電車のシートのひとり分の幅は、どのように決められているのだろうか。

電車のシートは種類によってJIS（日本工業規格）の規格がある。ロングシートひとり分幅のJIS規格は、1979（昭和54）年に43cm以上と決められている。実際には鉄道各社はこのJIS規格よりもゆとりをもって設計しており、1990年代後半につくられた車両のひとり当たりのシート幅は、JR西日本で44cm、そのほかでは45cmが一般的となった。

シートの幅を広げれば座り心地は良くなるが、車両の長さは変えられないために座席数が減ってしまう。座席の数を減らし過ぎると、乗客から不満が出てしまいかねない。また、今以上に広げても、空いたスペースに無理やり人が割り込んでしまい、かえって窮屈になることも考えられる。ロングシートのひとり分の幅をどのくらいにするかは、なかなか難しい問題のようだ。

かつての車両は車両長17～18ｍで、シート幅が42㎝だった。東京を東西に走る中央線が20ｍの新車両になったのをきっかけに改良し、ひとりあたりのシートを43・5㎝に設定したのだそうだ。シート幅が広くなったのは、車両長が2ｍほど長くなったこともあるが、日本人の体格向上を考慮しての改良だったことは間違いない。

1958（昭和33）年の『鉄道技術発達史』（日本国有鉄道）によれば、明治～昭和初期にかけての通勤列車のひとり当たりの座席幅は、3等で42・5㎝～46・5㎝が標準だったそうだ。現在の座席幅が45㎝～48㎝であり、当時は今より日本人の体格が小さかったことを考えると、座席に余裕がありそうだが、実際はどうだったのだろう。鉄道もその他の施設も当時はまだ空調設備がなく、夏以外はそれなりに厚着をしていたはずだ。服装なども考慮するとやはり、かなり窮屈な感じだったにちがいない。

鉄道会社では、7人掛けシート幅が長くなった分、座席と扉の隙間を狭くしたり、車両の両端の壁を薄くするなどの対応をしている。また、シートの途中にパイプを入れたり、座席にひとり分ずつくぼみをもたせるバケット式の座席にしたりと、何とか7人で座ってもらえるような工夫を凝らしているのだ。

車両にも地方や海外で送る第二の人生があるって、ホント？

地方に出向いたとき、昔懐かしい車両を見かけることがある。一体、何年くらい走っているのだろうと思ってしまうような年季《ねんき》の入った車両だ。鉄道車両の寿命は30年前後。メンテナンス次第では、50年位は現役で走れるともいわれるが、どんなにメンテナンスをして、機能部品や装置部分を交換しても車体の劣化は進むので、やはり、一定年数が経ったら、見切りをつけて買い換えなくてはならない。

ここでは、電車の一生を、おさらいしてみよう。

最近ではローカル線用に新造される車両も増えているが、一般的な流れとしては、新造車両は、はじめに都市部に導入され、そこで十数年活躍し、その後はＪＲであればローカル線、私鉄であれば地方の私鉄へ払い下げられる。

また、かつて特急電車などは、近郊型交流電車に改造されたりする。そこで第二の人生を歩み、車両の寿命といわれる30年前後が過ぎたころ、廃車になることもあった。

しかし、なかにはそのあとに、海外へ払い下げられるケースもある。東京都心を走っていた営団地下鉄当時の丸の内線の車両や、黄色いボディの名古屋市営地下鉄などは、アルゼンチンのブエノスアイレスやインドネシアのジャカルタで活躍をしている。

大手私鉄でも、中古市場に強いところとそうでもないところがある。鉄道車両の中古車市場で売り手としては、大手私鉄のなかでも東急電鉄と西武鉄道が2強だった。

ところが、近年、この2強に食い込もうとする私鉄が現われた。それが京王電鉄だ。東急や西武の車両ではなく京王の中古車両を購入した、島根県出雲《いずも》市の一畑《いちばた》電車に、その理由を聞いてみると、「18m車両である」「中古車導入時期と京王電鉄の廃車時期のタイミングが合った」「高性能車である」「冷房車である」「納入実績がある」などを挙げてくれた。

中古車を購入する際に、とくに重要なのは18m車両であることらしい。20m車両は、カーブが急でホームが短いローカル線には不向きなのだ。

中古車導入のメリットは、やはり「廉価《れんか》」であること。車両の改造等費用等が必要になるが、それでも新車製造に比べるとグッと安い。

新車製造の場合は独自色を取り入れると、設計費を含めて「2億1000万円／両」程度かかる。予算的に余裕のない電鉄会社は、やはり新車より中古車なのだ。

鉄道車両はどうやって工場から線路に搬入されているの？

鉄道の車両は、車両メーカーの製造工場でつくられる。では、完成した車両を線路まで運ぶのは、どうやっているのだろうか。

あの巨大な車両は、そう簡単に運べないだろう。じつは、多くの製造工場は、鉄道会社の線路に接して建てられているので、完成すると機関車に引っ張らせて線路を通って搬入することになる。ＪＲは全国にネットワークが張り巡らされており、私鉄の場合でもＪＲとどこかで線路がつながっていることがほとんどなので、接続駅まではＪＲの線路で運び、そこから自社線で車庫へ搬入する。

鉄道会社と車両メーカーの線路がつながっていない場合は、車両を台車に載せてトレーラーに引かせ、一般の道路を走ることになる。このような特大貨物を引くトレーラーはスピードを出せないし、交差点を曲がるときは対向車線にまではみだして道路の幅をいっぱいに使うほどで、当然のことながら急カーブは曲がれない。

そのため、道路を使って鉄道車両を輸送する場合は、日時や走行ルートを記した運行中請書を1か月前までに警察と国土交通省に提出することが義務づけられている。さらに、点滅灯火をつけた先導車と後導車を前後に走らせ、最も交通量が少ない深夜に行なうなどの細かいルールが法律で定められている。

道路を電車が走っているというのは、めったにお目にかかれない迫力ある光景であり、深夜にたまたまそれを目撃した人は、圧倒されるという。

新幹線の車両は大型で、在来線の線路では運べないため、海に面した製造工場から車両基地に近い港まで船舶で輸送し、そこからトレーラーで運ぶこともある。

もっと驚かされるのが空輸される場合もあるということ。広島電鉄の路面電車グリーンムーバーは、ドイツから輸入されたものだが、これは飛行機で運ばれてきたのだ。

さて、地下鉄の車両は、どうやって地下に入れるのだろう。地下鉄といえども、地上に車両基地を持っていることが多い。そこから線路が地下まで通じているし、直通で乗り入れ運転をしているＪＲや私鉄の地上の線路を経由して地下に入れることもできる。完全な地下路線の場合は、トンネルの天井を開け、そこから1台ずつクレーンで吊っては降ろすのだという。２０００（平成12）年に開業した東京の大江戸線の車両も、クレーンで地下に入ったのである。

板を組み合わせただけの信号機、これは一体どう使うのか?

運行している列車の運転席の後ろから、前方を観察していると確認できると思うが、線路沿いでは非常に多くの種類の鉄道信号が、列車を安全に走行させるために活躍している。ここでは、いろいろな信号機の役割について説明してみよう。

出発信号機は色灯式《しきとう》で、駅または列車が一時停車する場所の出口に設けられている。列車がそこを出発してもよいかどうかをあらわしている入換《いれかえ》信号機は、色灯式に対し灯列式《とうれつ》といい、点灯するランプの色ではなく並び方で、駅構内などで車両の入れ替えを指示する。横一列に点灯すると「停止」で、斜め一列に点灯すると「進行」を意味する。

カーブなどで見通しが悪いところでは、カーブの手前に補助的な灯列式の信号機を設置している。中継信号機と呼ばれるもので、これはその先の信号機が今どの表示になっているかを表示して、事前に情報を運転士に伝える役割を果たしている。

とてもアナログな信号機もある。腕木《うでぎ》信号機である。

これは、板を組み合わせただけのもので、駅員が手で動かす。腕木が下がっていると「進

線路わきで活躍するいろいろな信号機

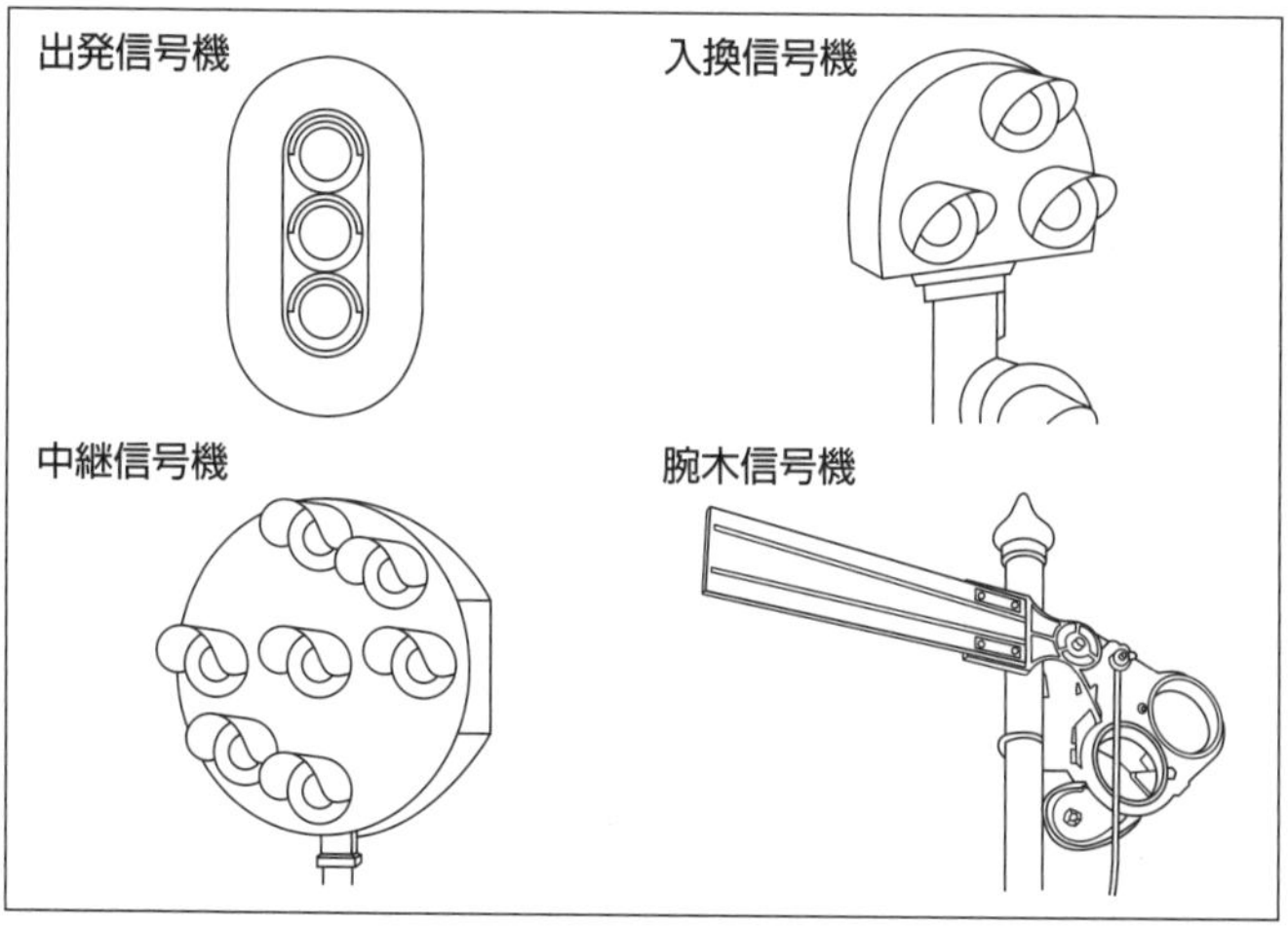

行」で、水平になっていると「停止」をあらわしている。

信号機だけでも多種多様だが、さらに信号設備を補佐するための標識も数多い。制限速度や列車の停止位置、異常発生、踏切表示(灯)などがある。

なかでもよく目につきやすいのが、駅に掲げられている出発反応標識（レピータ）である。

ホームがカーブしていたりホーム内の建物にさえぎられたりして、駅員から出発信号機が見えない場合、出発信号機を中継して知らせてくれる。一見すると、信号機のようだが、じつはこれは標識だ。停止のときには消灯しているが、進行をあらわすときには、白色灯が点灯する。

自動車と同じように信号待ちをする電車があるって、ホント？

鉄道が道路と交差するときに必要なのが踏切だ。

人も車も列車が通過中は待つしかない。だがその逆に、踏切で信号待ちをする電車が存在する。

東急電鉄世田谷線は、路線距離５・０㎞、停留場数10駅と決して大きな路線ではない。しかし、東京都の区で最も人口の多い世田谷区内の三軒茶屋《さんげんぢゃや》と下高井戸《しもたかいど》を結び、近くに日大文理学部のキャンパスもあることから、通勤のみならず通学にも欠かせない路線となっている。

また複数の鉄道会社の路線と接続しているため、いろいろな方面に出かけやすい便利さが魅力の路線なのだ。

この世田谷線は、「玉電《たまでん》」の通称で愛された旧玉川《たまがわ》線の一部だった。しかし、１９６９（昭和44）年５月に玉電の渋谷～二子玉川園《ふたごたまがわえん》間が廃止になり、三軒茶屋～下高井戸が残って世田谷線となった。

東急世田谷線

環七通りを横切る東急世田谷線。信号待ちをする珍しい電車である。

信号待ちをする電車とはこの世田谷線のことである。

三軒茶屋～下高井戸間を走る世田谷線は、電車専用の線路を走っているが、業務上は路面電車などと同じく軌道線扱いになる。

東京でも交通量の多い環状7号線（環七）と交差する若林《わかばやし》踏切では、世田谷線も車と同じく信号機に従って走行し、信号待ちをするのだ。

ただし、世田谷線の信号機は車用のものとは違い、タテ型の鉄道用のものに従う。

じつは、若林踏切も1966（昭和41）年までは、ちゃんと普通の「踏切」だった。しかし、交通量が多くなり、現在のように、車だけでなく電車も信号に従わざるを得なくなったというわけだ。

めったにお目にかかれない黄色い新幹線には一体、誰が乗るの？

新幹線のイメージカラーといったら何色だろうか。白や青、緑、シルバーなど、その人が普段利用する車両によっても様々に変わるだろう。それでも「黄色」と答える人はまずいない。

鉄道は信号などの周辺設備にトラブルがないかどうか、かつては検査員が徒歩で見回って検査していたものだが、現在では専用の試験車を走らせる方法が主流となっている。

東海道新幹線、山陽新幹線を走る総合試験車が、「ドクターイエロー」である。新幹線の路線を診断する医師のような存在であること、車体がよく目立つように鮮やかな黄色で塗装されていることからついた愛称で、「黄色い新幹線」とも呼ばれている。

ドクターイエローの正式名称は「新幹線電気軌道総合試験車」で、通常の新幹線と同じスピードで走行しながら、軌道、架線、自動列車制御装置（ＡＴＣ）や無線装置などの設備の状態を調べている。床下にはレーザー式センサーが装備されて線路状態を確認しており、異常があった場合は直ちに総合司令所や保線所へ情報が送信され、修繕や交換が行な

ドクターイエロー

浜名湖を通過するドクターイエロー923形。

われるようになっている。ドクターイエローは、月に数回、東京〜博多間を走行して検査をしているので、運がよければ出会えるかもしれない。

JR東日本には、「イースト・アイ（East i）」と呼ばれる試験車がある。こちらも正式名称は「電気・軌道総合検測車」というお堅いもので、最高時速275kmで走りながら検査をしている。

在来線にも最新の検測装置を備えた試験車があり、JR東海では「ドクター東海」、JR東日本では「イースト・アイE」「イースト・アイD」などが活躍している。

試験車によって何らかの異常が見つかった場合は、保守車両の出番となる。保線用としては、線路に振動を与えてバラストを突き固めたり、レールを正規の位置に戻す「マルチプルタイタンパー」、レール内部の異常を非破壊検査する「レール探傷車」、レールの表面を研磨して形状を整える「レール削正車」などがある。電力供給架線であるトロリ線を張り替えるのは「架線延線車」である。こうした作業のうち大がかりなものは、列車の走らない深夜の時間帯に行なわれている。

複雑で多様な鉄道設備に対応するために、試験車両、保守車両もじつに多彩である。これらの車両と、それを動かす人々によって、鉄道の安全が守られているのである。

新幹線の顔がカモノハシに似ている意外なワケとは？

列車の先頭部分は、最も目立つ部分であり、いわばその列車の顔である。初代新幹線の顔は、丸みがあり車両の先端から乗務員のドアまでの長さは約４・５ｍだった。最近の新幹線の先頭部分は長く尖ったようになり、そのうえ窪みや出っ張りのある複雑な形状をしている。

新幹線の使命は高速輸送だ。「顔」のデザインの変遷は当然スピードアップを追及して行なわれた結果だと思うだろう。ところが、あの丸かった顔を細長くしたり、カモノハシ

E5形

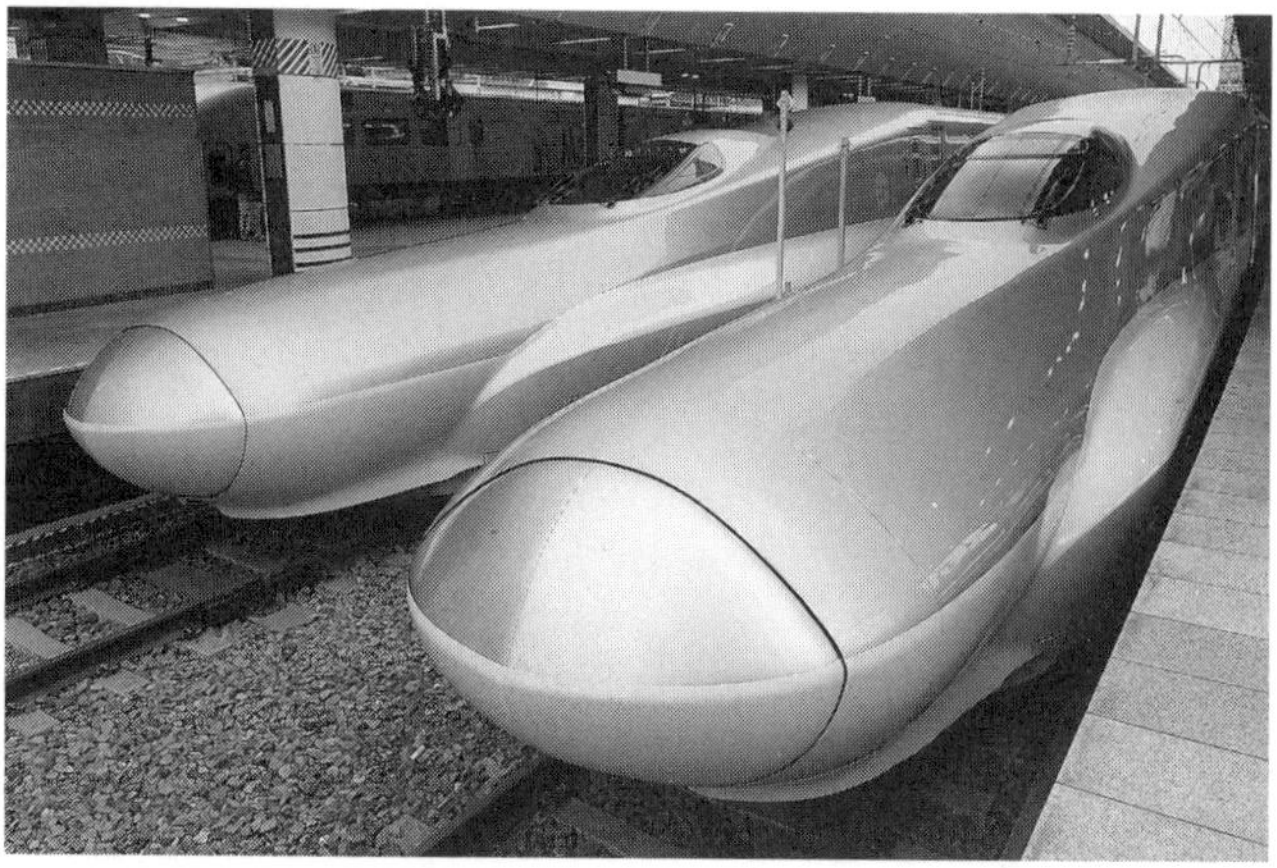

並んで停車するE5形。その先端はカモノハシのようなスタイルを取る。

のように個性的な曲面を加えたりした最大の理由は、「トンネルドン」対策なのだ。

列車が高速でトンネルに入ると、空気が急激にトンネル内に押し込められ、その圧力波が列車よりも早くトンネルの出口に到達して大きな音をたてる。これがトンネルドンと呼ばれる現象で、まるで大砲を撃ったような音が鳴り響く。トンネルが長ければ長いほどトンネルドンは大きく、近隣の民家の窓ガラスがビリビリ震えるほどだという。このためトンネルドンの解消が新幹線の課題であった。

トンネルの出入り口に、緩衝となる窓の開いたフードを設け、空気を逃がして圧力波の影響を緩和させる対策もとられたが、それだけでは十分ではなかった。新幹線がトンネルに突入する際に生じる気圧を、先端部分の形状を変えることで緩和させることが必要だった。その試行錯誤の結果が新幹線の顔に表われているのだ。

しかし、トンネル突入時の気圧変化を抑えるために、ただ先端部分を鋭角的に長くするだけでは先頭部分のドアをつけるスペースがなくなり、座席数も減ってしまう。また、運転席の窓の傾斜が緩すぎると、外光が反射して前方が見にくくなる。これらの制約のもとに、風洞実験やコンピューターシミュレーションを繰り返し、新幹線の顔は変化を続けてきたのである。

新幹線の700系車両の先頭部分は、その前の型の500系車両よりもむしろ短くなっている。

前から見ると、エラの張った下ぶくれでカモノハシの顔のようなユーモラスな形だが、真横から見るとすっきりスマートである。運転席の前には圧力の上昇を緩和するくびれがあり、エラの出っ張りは視野を確保した結果だ。このユニークな形によって、先頭部分を短くしつつも、700系はトンネルの出口で発生する衝撃波を500系と同程度に抑えられたのである。

現在では、このカモノハシの700系をベースに開発されたN700系、九州新幹線800系がデビューしている。

新幹線のファーストクラス「グランクラス」の中身

東北新幹線のＥ５系「はやぶさ」の営業開始で話題となったのが、なんといっても「グランクラス」車両の導入であろう。

グリーン車を超えるハイクラスの乗り心地とサービスを提供するために設けられた。名前の由来は、フランス語で「大きな」という意味を表す「Gran」と英語の「Class」を組み合わせた造語だ。

２０１１年３月から「はやぶさ」で営業がスタートし、その後、「はやて」「やまびこ」などのＥ５系に続き、北陸新幹線のＥ７系を用いた列車に設定されている。

１両のみに設けられ、定員わずか18名。普通車ならば５人分（３席＋２席）の座席幅にひとり掛けの座席と２人掛けの座席の計３席が６列しか並ばないという贅沢《ぜいたく》なゆとりである。

革張《かわば》りのリクライニングシートは電動式で、最大45度倒れる。レッグレストとフットレストも連動して動き、レッグレストに足を預けた座り心地は快適そのもの。それもそのは

グランクラス

「はやぶさ」が提供するハイクラス車両「グランクラス」の車内。

ず、JALのファーストクラスやベンツの座席をつくるドイツのレカロ社が手掛けている。

各座席にはアーム型の読書灯、引き出しテーブルは半分に折りたたんだり、スライドできたりと、細部にまでこだわっている。毛布、スリッパ、アイマスクのアメニティグッズはもちろん、新聞、雑誌まで用意されている。

そして最大の極みは、グランクラス専用アテンダントによる車内サービスだろう（一部の車両を除く）。発車間もなくおしぼりサービス、ウエルカム・ドリンクのサービスがあり、和食と洋食の軽食サービスの提供があるほか、茶菓のサービスもある。

飲み物はコーヒー、ジュースなどソフトドリンク、ビール、ワインなどのアルコール類は無料である。

至れり尽くせりのこのサービス、当然料金も高くなる。運賃、特急料金に加え、「グランクラス料金」と呼ばれる特別料金が必要になる。たとえば東京〜金沢間の場合、指定席なら1万4120円（大人正規料金）だが、グランクラスでは2万6970円（大人正規料金）と、約2倍である。それでもグランクラスは最高の旅を約束してくれる空間であることは間違いない。

車両に書かれている「クモ」「モハ」はどんな意味？

列車の車体には「クモ」や「モハ」などのカタカナやアルファベット、数字による記号が書かれている。もちろん、それらにはすべて意味がある。JRの場合、JR四国以外では、基本的にその意味は同じなので、文字や数字が示す意味を覚えておけば、一目で車両情報がわかる。

たとえば、よく見かける新型車両の場合、カタカナは、車両の構造と用途をあらわしている。記号の最初は、運転室のある車両なら駆動車の「ク」、モーターのついている車両ならモーターの「モ」、運転室もモーターもついている車両だと「クモ」と表示される。運転室もモーターもない車両なら「サ」になるが、なぜこれが「サ」なのかは「侍《さぶ》らふ」からきているとのことだが、詳しくは不明だ。

つづいて普通車かグリーン車かを見分けるにはロとハを使う。グリーン車なら「ロ」、普通車なら「ハ」である。これはかつて客室を設備によって一等から順に「イ」「ロ」「ハ」で表わしたことに由来する。

ただし現在「イ」に該当する車両は「ななつ星in九州」などのクルーズトレインだ。また、寝台車の場合は「寝る」で「ネ」と表示される。

カタカナに続く3桁《けた》の数字は、位によって意味が違う。百の位は電気の方式を表わしている。百の位に1～3の数字があれば直流、4～6なら交直流、7～8なら交流となる。十の位は、近距離用か急行なのか特急なのかを表わす。十の位が0～2なら通勤用の近距離型、5～8なら特急（国鉄時代の元特急も含む）となる。9とあれば、それは試作車であることを意味する。一の位の数字は設計順序を示すが、一の位には奇数を使うのが一般的だ。

このように前の3桁の数字で列車の形式等を表わし、ハイフンでつないだあとの数字は車両番号を表わす。

たとえば、「モハ４０１‐３０４」とあれば、「運転室とモーターがついていて、交直流式の通勤用の近距離に使用する1形式の列車で、車両番号３０４」ということになる（いくつかの例外はある）。

ところで、同じＪＲの列車でも、新幹線にはカタカナ記号を記さず、３桁の数字だけで車両タイプや、その車両がグリーン車か普通車か、車両構造上、集電装置が付いてるかどうかなども示している。これは、新幹線は編成単位で保守管理され、在来線車両のように編成を組み替えられることが少ないからだ。

また、ＪＲではＪＲ四国以外、国鉄時代の分類記号を今でも使用しているが、私鉄となると、この法則は通用しない。各社それぞれに記号の意味が変わってくる。ＪＲ東日本でも新形式の列車には頭文字の「Ｅ」をつけるなど、新たな記号が加わるケースもある。

ＶＩＰや国賓専用の特殊車両の知られざる工夫とは？

テロリストや暗殺者から要人を守るための、ＶＩＰや国賓《こくひん》専用特殊車両――映画や小説のような話だが、驚くなかれ、これがまことに実在するのだ。

お召し列車

東小金井駅付近を走行するＥ 655 系。恩賜林御下賜 100 周年記念大会時のもの。

要人を危険から保護すべく、特殊車両にはさまざまな工夫が凝らされている。

まず通常設置されているシートを取り外し、ソファやテーブルを据え付けることができる。このときソファやテーブルは窓や出入り口から離れた車両の中央部分にセットされる。こうすることで車外から要人を狙いにくくなるし、車両に侵入しようとしても、要人が座る中央部分に近づく前に、賊を取り押さえることができる。さらに、防弾仕様に改造された窓ガラスや車体が備え付けられ、どのような狙撃も阻止できるよう万全な警備体勢がとられているのだ。

この特殊車両は、秘密の車両基地で出番を待っているわけではない。新幹線の一部のグリーン車に備えられた設備であり、通常の編成に組み込まれ、一般運行にも使用されているという。しかし、外見では一般車両との見分けはつかず、その車両編成に関する情報は極秘で一切明かされていない。だから、知らないうちに一般乗客も「特別車両」で旅をしていたとしてもおかしくない。

日本で最高のＶＩＰ車両といえば、天皇陛下がご利用される「お召《め》し列車」の車両「こう御料車《ごりょうしゃ》（三代目）」だろう。この御料車は列車運行時のみ、車外窓下に菊の紋章が掲げられるそうだ。

御料車には、前後に2両ずつ「供奉車《ぐぶしゃ》」と呼ばれる車両が連結する。この供奉車には、警備や随員、鉄道関係者などが乗り込めるようになっているほか、電源供給用の車両が連結されている。

現在は新幹線や航空機のご利用が多くなったので、倉庫に保管されたまま使用されていない。

お召し列車用の車両は、しばらく新規の製造がなかったが、２００７（平成19）年に、皇族や国内外の要人利用をおもな目的としたＥ６５５系電車がデビューし、荘厳かつスタイリッシュなデザインが話題となった。この電車は御料車に相当する特別車両を除き、普段はジョイフルトレインとして団体専用列車に使用されることもあるという。一般人が利用する機会もあるようなので楽しみだ。

自動車と同じように列車にも車検があるの？

ご存知のとおり、自動車は車検を受けることが法律で義務付けられている。車検を行なうことで、ブレーキやヘッドライトなどの機能・性能が保安基準に合っているかどうかを確認しているのである。乗用車なら2年に1回、新車の初回車検は3年に1回行なわれ、商用車は年に1回行なわれる。

列車にも、自動車同様に、使用年数などに応じて実施すべき点検・整備が決められている。

検査のなかでも全体を細かい部分までチェックするのが「全般検査」だ。これは車両を完全に分解して行わなければならない。この「全般検査」がいわゆる、鉄道車両の車検にあたり、「全検」と呼ばれている。「全検」の検査周期は車両の種類や使用状況に応じて設定されている。

たとえば、新幹線は使用状況に応じて3年（新製した車両は使用開始後最初の検査は4年）または走行距離120万km。専門の設備のある工場や総合車両所ですることになっている。すべての機器を取り外してチェックするので検査には1～2週間もかかる。列車の車検は、車の車検よりもはるかに大がかりな検査なのだ。

「全般検査」のほかにも、「運転検査」「仕業検査」「交番検査」「台車検査」など、複数の種類の定期検査が行なわれている。これらの検査のタイミングは、鉄道会社によって多少異なる。

48時間～72時間ごとに実施される（新幹線は48時間以内）「仕業検査」は、列車の使用に先立って、消耗品の補填《ほてん》取替え、パンタグラフや台車、ブレーキ装置等について、外部から点検する検査である。この「仕業検査」はJRの呼び方で、ほかの事業者では「列車検査」とも呼んでいる。

「交番検査」は、約1か月毎または走行距離3万km以内に、分解はせずに機器を検査・調整するものだが、鉄道会社各社で規定に違いがある。仕業検査・交番検査の目的はおもに点検だ。

検査の種類がこれだけあると、線路を走るよりも検査の時間のほうが長いのでは、と想像してしまう。実際には車両の検査は、営業列車の運用の間を効率よく使って実施しているとのこと。駅や日ごろ使う電車からはなかなか見えない場所で、安全な運行のための大事な作業が日々なされているのである。

むかし、人が列車を押してレールの上を走らせていたって、知ってる？

蒸気機関車からディーゼル機関や電車へ、日本中に鉄道網が広がるのに合わせて列車の動力は進歩してきた。

このように動力機関が発展する一方で、なんと動力として人力が使われた列車が走っていた時代がある。人が車両を押して線路の上を走らせていたのである。

人車《じんしゃ》鉄道と呼ばれたこの列車は、6〜8人が乗れる箱型の客車を、車丁と呼ばれた車両押し係の男性ひとりかふたりが押して走るというもの。貨物列車も走らせていたし、1両でなく何両かが連なった連結状態で走ることもあったという。

レールはナローゲージと呼ばれる幅762㎜の軌道が用いられ、なかには木製で車輪の接する表面に薄く鉄板が張ったレールもあったようだ（旅客車両として用いられたかは不明）。当時の時刻表が残っていて、列車を時間どおりに、一日に何往復も走らせていたことがわかっている。

人車鉄道が初めて敷設されたのが、静岡県の藤枝《ふじえだ》〜焼津《やいづ》間。1891（明治24）年のことで、その2年前に開通した東海道線の焼津駅は、旧東海道沿いの藤枝の町の中心部から離れていた。このため、藤枝と焼津を結ぼうとしたものだった。

この藤枝焼津間軌道会社につづいて各地に人車鉄道会社が設立され、人や荷物を運ぶようになっていった。

その数は、内務省・鉄道院・鉄道省といった国の管轄下に置かれたものだけでも20社を超えていたという。

福井県の1社を除くと静岡県以北の東日本にしか走っていなかったが、その理由は今となっては不明だ。栃木県の7社、千葉県の4社など複数の軌道が敷かれた県もある。しかしどれも営業キロ数10㎞程度の小規模軌道だった。

規模が小さかったのは、藤枝〜焼津間と同様に既設の鉄道駅と町の中心部を結ぶ、あるいは鉄道の最寄り駅から温泉地や神社への参拝客を運ぶといった目的で設けられたものが多かったからだ。貨車が走っていた軌道も、最寄り駅と港や採掘場を結ぶといった使われ方で、常に既存の鉄道を中心に敷設された。

そんな人車鉄道の軌道が、そのまま現在の路線になっているのが、千葉県のいすみ鉄道だ。1912（大正元）年に大原《おおはら》〜大多喜《おおたき》間に敷設された人車鉄道が、のちに国鉄木原《きはら》線になり、いまは第三セクターの鉄道会社となっている。

ドレミを奏でて発進するユニーク電車ってどんなもの？

鉄道マニアの間では、関東大手私鉄の中で京急の人気はとても高いのだという。大きな理由としては「高速運転」を行なっていることと座席が進行方向に向かって座るタイプの「クロスシート車両」を積極的に投入していることが挙げられる。これは、関東にはほかにない、京急の特殊な環境が関係しているのだ。

京急の本線（久里浜《くりはま》線）は、東京の泉岳寺《せんがくじ》駅から神奈川の三浦《みうら》半島の先端三崎口《みさきぐち》駅までを走る。そのうち品川〜横浜間は、ＪＲ線と全くの並行路線を走っている。それもＪＲ線は東海道線・横須賀《よこすか》線・京浜東北線と複数の路線を走行させていて、京急にとっては、熾《し》烈《れつ》な競争が強いられる激戦区であり、一分一秒を争う高速運転が経営上必要不可欠になっているのだ。また、快特や一部の特急では高級感のある転換クロスシート車両も走っているが、普通運賃で利用できる。これは関東大手私鉄のなかでは異例である。もちろん特別料金は不要である。

こうしたサービスで鉄道ファンから人気がある京急では、ユニークな車両が走っている。

それは、発進時にドレミを奏《かな》でる電車だ。「もしかしたら乗客を楽しませるアトラクション的な意味で導入したのだろうか」と、京急電鉄に確認をすると、たしかに音階を奏でる車両は存在していて、正確には「ファ」から始まる音を出すとのこと。その車両を導入したのは性能とコスト面が優先されたもので、音は副産物なのだそうである。

音を出す装置はドイツのシーメンス社製のもので、電気の直流を交流に変換するインバータだ。もともと発進時に音が出る構造だったものを、「どうせ音が出るなら」という発想で、シーメンス社が遊び心からドレミを奏でるようにしたのだそうである。

この発進時にドレミ音を発する車両は、比較的初期のインバータを搭載する車両だ。新しい車両では消音化が進んでおり、ドレミを聞ける車両は一部となっている。どの車両がドレミを奏でるかは外見上で識別するのは難しい。京急を利用する際には、ぜひ電車の音にも注意してみてほしい。

各駅停車なのに阪神電鉄の「ジェットカー」はなぜ加速日本一なのか?

日本の鉄道でスピードに関する記録は、大抵は新幹線が持っていると思い込んでしまってはいないだろうか。新幹線を上回る速さを実現した電車が私鉄の、それもローカル線用の車両にある。

それは、大阪と神戸を結ぶ阪神電鉄の、「ジェットカー」と呼ばれる車両5001形(初代)だ。

しかもこのジェットカーは、各駅停車のために導入された。各駅停車ならゆっくり走ってもよさそうなものなのに、どうしてそれほどの加速度が必要なのだろう。

その理由は、阪神電鉄の路線の特徴にある。阪神電鉄は駅の数が多く、平均すると1㎞おきに駅がある。ここを各駅停車、準急、急行、特急が走っているのだが、各駅停車がゆっくり走っていると、他の電車がそれを待たなければならず、スピードを上げることができない。

そこで、加速度・減速度の高い車両をつくって各駅停車で走らせ、他の電車の妨げにならないようにしたのである。

ジェットカーの加速度は4・5だ。これは1秒あたり時速4・5㎞加速することになる。導入された1958(昭和33)年当時、他の電車の平均的な加速度は2・0だったことを考えれば、いかに加速度が高いかおわかり頂けるだろう。時速40㎞を超えると加速度が維持できなくなるのだが、それでも時速100㎞に達するくらいまでは新幹線にも追い抜かれない計算になる。

最初に二両を導入してから一年後に、阪神電鉄の各駅停車は、朝夕のラッシュ時を除いてすべてジェットカーに切り替えられた。ジェットカー効果が確認されたのである。

ジェットカーに刺激されたのか、関西の私鉄ではカタカナの愛称をつけた加速度４・０などの電車が次々に登場した。京阪電鉄のスーパーカー、近畿日本鉄道のラビットカーなどだ。

この動きは国鉄や関東の私鉄にも波及し、京浜急行、京成電鉄、都営浅草線ほかで、やはり加速度４・０の車両が走行した。

だが、ジェットカーにも欠点があった。急な加速や減速があると車内で立っている人がよろけてしまうし、最悪の場合は転倒しかねない。そこでシートの形を工夫したり、立っている乗客がつかまれるポールの数を多くしてみたが、それでもやはり加速の際は乗り心地が悪いといわれた。

高加速度の、車両の製造費が高くつき、電力の消費も大きい。高加速度を長い時間維持させるのは技術的にも問題があった。このため阪神電鉄のような路線でないのなら導入する意味がなかった。その結果、現在ではある程度の加速度が長く維持できる車両が主流となっている。

全車両を広告ジャック！ＡＤトレインの気になる値段はいくら？

広告宣伝はアイデア勝負だ。素晴らしいアイデアの広告ができたら、その広告を掲出する場所として、列車は効果的だと考えられる。

首都圏に近郊電車を走らせているＪＲ東日本では、１編成の全車両の広告に同じスポンサーのものばかり掲載した広告貸切電車、通称「ＡＤ《アド》トレイン」を走らせている。

ＡＤトレインの走っている路線をいえば、山手線、中央線快速、中央総武線、京浜東北線、京葉《けいよう》線、武蔵野《むさしの》線、常磐《じょうばん》線、横須賀・総武快速線、横浜線、南武《なんぶ》線、相模《さがみ》線から埼《さい》京《きょう》線・りんかい線と、首都圏のおもな通勤路線を網羅している。

ラッシュの人込みで文庫本すら開けず立っている人が、広告でも見るしかないかと見回せば、目に入るのはどれも同じ会社の広告ばかりという仕掛けだ。別の車両に乗り移っても、そこに広がる光景は同じ。

ひと口に全車両の広告といっても、その種類は多い。いちばん目につく中吊り広告のほか、窓上、ドア上、ドア横、ドア周辺のステッカーなどがそれ。

さらに山手線に限っていえば、新型車両でトレインチャンネルと呼ばれているドア上のモニターに流れる広告文も、ADトレインの企画対象に含む。吊り革のストラップ部分にキャッチコピーなどを入れることも、山手線なら可能だ。この広告ジャックは、半月間つづけることができる。

この全車両一斉というADトレインの手法は、広告主にはインパクトがあると同時に、ポスターのサイズや形、コピーの変化などで総合的に宣伝・告知できるという効果があると人気のようだ。

このADトレインの広告料は、11両編成の山手線から4両編成の相模線まで、いくつもの価格が設定されている。価格差がつくのは車両の数も関係するが、輸送量の多い路線ほど高く、また季節によっても値段が変わる。

季節別の料金設定とは、たとえば最も高額な料金設定になっている山手線の場合、半月でA期2030万円、B期1800万円、C期1500万円（いずれも2017年1月現在）。A期は年度末の3月、新入社員などが増える4月前半や秋、C期は休暇を取る人が多く、通勤通学の利用者が減る8月や1月だ。

これだけの料金を払って、使えるのは、山手線1編成11両でB3サイズのポスターだけをみても、中吊り約300枚、窓上約550枚、ドア横約230枚とかなりの量である。

この広告効果は計りしれない。

無人運転のはずの臨海線ゆりかもめに運転士がいるワケは?

東京の臨海副都心にはお台場海浜公園やフジテレビなどがあり、休日には各地から人が集まってくる。

臨海副都心の施設への交通機関として親しまれている東京臨海新交通臨海線「ゆりかもめ」は、無人運転の列車としても知られている。ハイセンスな乗り物をイメージさせる車両は、東京湾の眺めを楽しめるよう、先頭車両はパノラマウィンドウ、車両側面の窓も大型化を図り、明るく開放感のあるつくりになっている。

ゆりかもめは、ATO(Automatic Train Operation)という自動列車運転装置を採用した都内初の新交通システムである。このシステムを使うことで、ゆりかもめの動きをコントロールセンターで制御することができる。無人運転の長所は電車の増発をしやすいことだ。沿線にある国際展示場で大きなイベントが開催されるときなど、乗務員の手配が不要で余計な手間や人件費を考えることなく、すぐに増発ができるというわけだ。

じつは無人運転をしているゆりかもめにも、40名以上の運転士がいるそうだ。運転士のほかに、訓練を指導する社員も運転免許を所持しているという。異常時に有人運転ができるよう、ほぼ毎日、最低1～2本は訓練のために手動運転を行なっている。

列車はすべて手動運転用に開閉式の運転台も備えている。訓練は、その日を担当する運転手によって行なわれている。昼間は乗降客が多いので、夜間などの乗客数が少ない時間帯を狙って実施しているそうだ。

夜ゆりかもめに乗ると、もしかしたら先頭車両の一番前で人が運転しているかもしれない。とくに緊急を伝えるアナウンスがないならそれは定例の訓練乗務。こんなときは、珍しい有人のゆりかもめを楽しんでほしい。

札幌の路面電車はどうして竹ぼうきをつけて走るのか？

鉄道に限らず、交通機関にとって雪は大敵だ。降雪の少ない地域では、雪が積もると、鉄道もバスもストップしてしまうなどという事態すら起こる。雪の多い地方では、雪対策に知恵を絞ることとなる。

雪祭りが大々的に開催される札幌の冬の風物詩は「ササラ電車」である。ササラとは、竹を細かく割いたものを束にしたもので、飯櫃《めしびつ》を洗う道具を指すのが一般的だが、ここでは竹ぼうきのことだ。このササラ電車を考案したのは、札幌電気軌道の技師長だった助川《すけがわ》貞利《さだとし》氏で、1925（大正14）年のことだった。日ごろ使っている竹ぼうきを車両にとりつけて除雪することを思いついたのだという。

ササラ電車は、車体の前後にササラを取り付けておき、それを高速で回転させて除雪をする。ササラ電車で除雪すると、こびりついた雪や細かなところの雪まできれいに掃けるのだそうだ。たとえ雪が降っていなくても、始発の2時間前には路線を走り、除雪作業が行なわれる。ササラ電車が活躍するのは、札幌の路面電車路線である。ササラ電車一両にとりつけられるササラは800本。4両の電車がひと冬に2～3回は取り替えるため、7～8000本のササラが使われていることになる。

ササラ電車のひと冬の走行距離は合計7000キロにもなり、これは札幌から神戸までを2往復する距離に相当する。

残念ながら、ササラ電車は除雪車のため、一般人が乗車することはできない。観光として楽しむのは、運行の様子を眺めるのみということになる。

冬の札幌で路面電車を安全に走らせるために、ササラ電車が担っている役割は大きいが、

ササラ電車

除雪作業を行なうササラ電車。いまや札幌に欠かせないアイディア列車である。

そのほかにも冬の走行では気をつけなくてはいけないことが多い。

二村《ふたむら》高史《たかし》・宮田《みやた》幸治《こうじ》両氏の『がんばれ！路面電車』（山海堂）によると、札幌では豪雪のために、路肩が雪で覆われてしまい、その結果、自動車の車線が狭くなり、電車の軌道に侵入してくる自動車が多く、走行の妨げになりやすいという。札幌が雪国とはいえ、雪の積もった道路では危なっかしい運転の自動車が多いし、道路の雪を溶かすために大量にまかれる融雪剤《ゆうせつざい》がレールにこびりついて車輪がスリップする危険も頭に入れて運転をしなければならない。

このように冬の路面電車を安全に走行させるためには、ササラ電車を使った除雪の努力や運転士の細心の注意が不可欠なのである。

【参考文献】『鉄道廃線跡を歩く〈8〉』宮脇俊三、『地形図でたどる鉄道史〈東日本編〉』今尾恵介、『中央線オレンジ色の電車今昔50年』三好好三ほか、『大手私鉄比較探見　東日本編　首都圏10社の車両・ダイヤ・ターミナル…』広岡友紀（以上、JTBパブリッシング）／『「図説」鉄道車両を知りつくす　蒸気機関車から新幹線まで!! 車種別にわかる日本の鉄道車両の構造・技術・発達』川辺謙一、『学研の図鑑　鉄道・自動車』、『「図説」新幹線全史』、『「図説」新幹線全史〈2〉』、『「図説」私鉄全史』、『「図説」鉄道路線はこうして生まれる』（以上、学習研究社）／『鉄道地図の楽しい読み方』所澤秀樹、『時刻表を旅する本「数字の森」には魅力がいっぱい』松本典久編著（以上、ベストセラーズ）／『鉄道乗車術　乗り鉄のための完全マニュアル』結解喜幸、『まるわかり鉄道用語の基礎知識850』池口英司編著、『山手線誕生』中村建治、『よくわかる鉄道知識』伊藤久巳（以上、イカロス出版）／『鉄道用語事典』久保田博、『地下鉄の歴史』佐藤信之、『東北・常磐線120年の歩み』三宅俊彦（以上、グランプリ出版）／『鉄道の地理学』青木栄一（WAVE出版）／『列車で旅する北海道』原将人（エムジーコーポレーション）／『地図で歩く鉄道の峠』今尾恵介（けやき出版）／『鉄道の旅　関東・甲信越編』松尾定行（こうき社）／『環状線でわかる東京の鉄道網』、『私鉄ターミナルの物語』、『地下鉄の時代』藤本均（以上、たちばな出版）／『図解雑学電車のしくみ』宮本昌幸監修、『図解雑学よくわかる鉄道のしくみ』鉄道技術研究会、『図解雑学　日本の鉄道』西本裕隆（以上、ナツメ社）／『知れば知るほど面白い鉄道雑学157』杉山淳一（リイド社）／『図説駅の歴史』交通博物館編、『鉄道地図の謎から歴史を読む方法』野村正樹、『まるごと近鉄ぶらり沿線の旅』徳田耕一（以上、河出書房新社）／『阪急電鉄〈京都線〉』藤井信夫（関西鉄道研究会）／『九州鉄道ものがたり』桃坂豊（弦書房）／『メトロ誕生』中村建治、『ニッポン鉄道遺産を旅する』斉木実ほか（以上、交通新聞社）／『鉄道地図は謎だらけ』所澤秀樹（光文社）／『JR全線・全駅』（弘済出版社）／『「民都」大阪対「帝都」東京』、『鉄道ひとつばなし』以上、原武史、『至高の名列車名路線の旅』、『図解　新説全国未完成鉄道路線』、『鉄道カレンダー』以上、川島令三、『日本全国駅の旅　あの駅・この駅フォトスケッチ』真島満秀、『図解・鉄道の科学　安全・快適・高速・省エネ運転のしくみ』宮本昌幸（以上、講談社）／『駅のはなし―明治から平成まで』交通設計・駅研グループ（交通研究協会）／『100年のあゆみ　部門史』阪急阪神ホールディングス株式会社グループ経営企画部編（阪急阪神ホールディングス）／『がんばれ!路面電車』、『全国フシギ乗り物ツアー』、『ローカル私鉄なるほど雑学』以上、二村高史ほか、『地下鉄のフシギ!?』谷川一巳、『鉄道雑学のススメ』、『鉄道地図の「謎」』、『駅名の「謎」　駅名にまつわる不思議な話』、『鉄道珍名所三十六景〈関西編〉』以上、所澤秀樹、『JR東日本』、『JR西日本』以上、鉄楽舎、『詳解鉄道用語辞典』高橋政士編、『鉄道施設がわかる本　駅周辺の設備から、分岐器や信号設備、標識、橋りょうや踏切、架線、車両基地まで、鉄道施設の役割がよくわかる』坂本衛（以上、山海堂）／『三大都市圏の鉄道計画はこうだった〈地下鉄（高速鉄道）編〉』川島令三（産調出版）／『種村直樹の汽車旅相談室〈新版〉』種村直樹、『鉄道メカ博士リターンズ　鉄道技術の「?」にお答えします』川辺芭蕉（以上、自由国民社）／『JR全路線なるほど事典―鉄道を旅する』、『特選!全国JR鉄道の旅うんちくガイド』以上、南正時、『日本の鉄道なるほど事典』種村直樹編著（以上、実業之日本社）／『時刻表の謎』三宅俊彦、『日本の鉄道むかしむかし』おのつよし（新人物往来社）／『日本列島鉄道の旅』櫻井寛（小学館）／『北海道の鉄道』田中和夫（北海道新聞社）／『全国終着駅と盲腸線の旅』（人文社）／『鉄道連絡船100年の航跡』古川達郎、『21世紀に残したい鉄道風景』川井聡編著（以上、成美堂出版）／『技術しくみからデザインまですべてわかる鉄道』斉藤博貴（誠文堂新光社）／『みどりの窓口を支える「マルス」の謎　世界最大の座席予約システムの誕生と進化』『激突!東海道戦』以上杉浦一機、『この駅名に問題あり』楠原佑介、『全国鉄道事情大研究会〈東京都心部篇〉』川島令三（以上、草思社）（草思社）／『タイムスリップ山手線』巴川享則、三宅俊彦（大正出版）／『大江戸線をゆく』菊池由紀（鷹書房弓プレス）／『失われた鉄道100選』南正時（淡交社）／『日本の鉄道120年の話』、『日本の鉄道ことはじめ』、『日本の鉄道こぼれ話』以上、沢和哉（以上、築地書館）／『鉄道もの知り百科　毎日乗る電車の「仕組み」が手に取るように解る！』岩上篤行（電波新聞社）／『仙台市史　資料編5』仙台市史編さん委員会編（仙台市）／『新幹線の謎と不思議』、『鉄道駅と路線の謎と不思議』、『新幹線「徹底追及」謎と不思議』以上、梅原淳、『鉄道路なんでもおもしろ事典』浅井建爾、『鉄道』老川慶喜、『最新鉄道利用術　ここが変わった！』谷川一巳、『JR・第三セクター全駅名ルーツ事典』村石利夫（以上、東京堂出版）／『ビジュアル図解　まるごと！新幹線』梅原淳（同文館出版）／『ボクの鉄道あれこれ学』ヒサクニヒコ（同文書院）／『鉄道未成線を歩く　夢破れて消えた鉄道計画線実地踏査　私鉄編』森口誠之、『ローカル私鉄車両20年　路面電車・中私鉄編』寺田裕一、『東海道新幹線２　新しい世代を迎えた新幹線』須田寛、『鉄道構造物探見　トンネル、橋梁の見方・調べ方』小野田滋、『鉄道未成線を歩く　夢破れて消えた鉄道計画線実地踏査　国鉄編』森口誠之、『東京電車のある風景今昔　渋谷・銀座・池袋定点対比昭和30～40年代といま1』吉川文夫、『東京駅歴史探見　古写真と資料で綴る東京駅90年の歩み』長谷川章、三宅俊彦、山口雅人、『日本の路面電車1』原口隆行（以上、JTB）／『小田急五十年史』小田急電鉄（小田急電鉄）／『日本の鉄道碑』網谷りょういち（日本経済評論社）／『東京の鉄道がわかる事典　読む・知る・愉しむ』武田忠雄監修、『JR語の事典　巨大鉄道グループのしくみが丸ごとわかる』舛本哲郎、小須田英章、『おもしろくてためになる日本の鉄道雑学事典』南正時、『新幹線がわかる事典　読む・知る・愉しむ』原口隆之、『鉄道の歴史がわかる事典』浅井建爾、『東京の地下鉄がわかる事典』青木栄一監修（以上、日本実業出版社）／『日本の私鉄なんでも読本』森彰英（日本能率協会マネジメントセンター）／『知ってて損はない！おもしろ鉄道雑学94』大門真一編（日本文芸社）／『山手線の東京案内　鉄道と地図のフォークロア』木本淳（批評社）／『もっと知りたい！新幹線』、『JR全線読みつぶし・乗りつぶし』以上、恵知仁（以上、白夜書房）／『山手線の東京案内』木本淳、『にっぽんローカル鉄道の旅』、『駅を楽しむ！テツ道の旅』、『乗りテツ大全』以上、野田隆、『全国私鉄特急の旅』『日本全国路面電車の旅』以上小川裕夫（以上、平凡社）／『名古屋鉄道百年史』名古屋鉄道（株）広報宣伝部編（名古屋鉄道）／『〈図解〉鉄道のしくみと走らせ方』昭和鉄道高等学校編（かんき出版）／『廃線探訪の旅　日本の鉄道』原口隆行編著（ダイヤモンド社）／『鉄道の大常識』梅原淳監修（ポプラ社）／『仰天列車　鉄道珍車・奇車列伝』藤崎一輝（秀和システム）／『定刻発車　日本の鉄道はなぜ世界で最も正確なのか？』三戸祐子（新潮社）／『列車ダイヤのひみつ　定時運行のしくみ』富井規雄、『高速鉄道物語　その技術を追う』日本機械学会編（以上、成山堂書店）／『自動改札のひみつ』椎橋章夫（交通研究協会）／『小田急よもやま話　上』加藤一雄（多摩川新聞社）／『目覚めるキヨスク　東日本キヨスク全社改革の軌跡』菅原天意、森洋之進、田中宗英（中央経済社）／『鉄道ピクトリアル　2005年3月臨時増刊「東京地下鉄」』（鉄道図書刊行会）／『東京急行電鉄50年史』東京急行電鉄社史編纂事務局編（東京急行電鉄）／『東京メトロハンドブック2006』（東京地下鉄広報部）／『イッキ乗り　いま人間は、どんな運転をしているのか？』下野康史（二玄社）／『トコトンやさしい鉄道の本』佐藤建吉編著（日刊工業新聞）／『日本の私鉄なんでも読本』森彰英（日本能率協会マネジメントセンター）／『ちばの鉄道一世紀』白土貞夫（崙書房出版）／『駅おもしろ大百科』松尾定行（廣済堂出版）

【取材・写真協力】ＪＲ各社／北九州市／大原町／美作市／西武鉄道株式会社／豊橋鉄道株式会社／阪急電鉄株式会社／名古屋鉄道株式会社／鞍馬寺／邑南町／有限会社愛林／境港市観光協会／株式会社関電アメニックス／香美町／真岡鐵道株式会社／田主丸町観光協会／久米郡商工会／東栄町役場／会津鉄道株式会社／八雲町役場／つがる市／小田急電鉄株式会社／北海道旅客鉄道株式会社／株式会社ゆりかもめ／株式会社舞浜リゾートライン／京浜急行電鉄株式会社／一畑電車株式会社／東京急行電鉄株式会社／東日本旅客鉄道株式会社／株式会社ジェイアール東日本企画／東京地下鉄株式会社／東京都交通局／函南町役場

本書は小社より刊行された『世界で一番おもしろい鉄道の雑学』（２００８年）、『思わず旅に出たくなる！　鉄道地図　世界で一番のネタ帳』（２００９年）を加筆修正の上、再編集したものです。

監修者紹介

櫻田 純

1959年東京都出身。子供時代に東海道新幹線開業、蒸気機関車廃止、路面電車廃止など鉄道激変期を経験する。神奈川県立瀬谷高校、学習院大学では鉄道研究会の代表を務める。現在は民間企業の管理部門に勤務する傍ら、趣味で国鉄時代の鉄道車両を模型で再現している。主な著書に『カラー版「乗り鉄」バイブル』（中経出版）、『最新 歴史でひも解く鉄道の謎』（東京書籍）などがある。

通《つう》も知《し》らない驚《おどろ》きのネタ！鉄道《てつどう》の雑学大全《ざつがくたいぜん》

2017年3月10日　第1刷
2018年6月20日　第2刷

監修者　櫻《さくら》田《だ》　純《じゅん》

発行者　小澤源太郎

責任編集　株式会社プライム涌光
電話　編集部　03(3203)2850

発行所　株式会社青春出版社
東京都新宿区若松町12番1号〒162-0056
振替番号　00190-7-98602
電話　営業部　03(3207)1916

印刷・大日本印刷　　製本・ナショナル製本

万一、落丁、乱丁がありました節は、お取りかえします

ISBN978-4-413-11208-6 C0065